商务印书馆语言学出版基金
《中国语言学文库》第三辑

语序类型学与介词理论

刘丹青 著

商务印书馆
2013年·北京

图书在版编目(CIP)数据

语序类型学与介词理论/刘丹青著. —北京:商务印书馆,2003(2013.10重印)
(中国语言学文库)
ISBN 978-7-100-03653-5

I.语… II.刘… III.①汉语－词序－类型学 ②汉语－介词－研究 IV. H146.3

中国版本图书馆 CIP 数据核字(2002)第 096614 号

所有权利保留。
未经许可,不得以任何方式使用。

YǓXÙ LÈIXÍNGXUÉ YǓ JIÈCÍ LǏLÙN
语序类型学与介词理论
刘丹青 著

商 务 印 书 馆 出 版
(北京王府井大街36号 邮政编码 100710)
商 务 印 书 馆 发 行
北京民族印务有限责任公司印刷
ISBN 978－7－100－03653－5

2003 年 10 月第 1 版　　开本 880×1260　1/32
2013 年 10 月北京第 3 次印刷　印张 12 3/8
定价:35.00元

目　　录

序 ·· 徐烈炯　1

1. 引言 ·· 4
   1.1 "语言类型学"的名和义 ·································· 4
   1.2 "介词"的名和义 ·· 7
   1.3 本书的内容和结构 ······································ 9

2. 语言类型学述要 ··· 14
   2.1 类型学的形成：从古典到当代 ···························· 14
   2.2 类型学与形式语言学和功能语言学的简要比较 ·············· 18
      2.2.1 形式、功能、类型三大语言学范式的理论倾向 ·········· 18
      2.2.2 三大范式在方法上的各自特点：Test, Text, Attest ··· 21
   2.3 Greenberg 的语序类型学 ································ 29
      2.3.1 蕴涵性共性与四分表 ······························ 29
      2.3.2 优势语序的发现 ·································· 34
      2.3.3 语序和谐性的发现 ································ 35
      2.3.4 对语序问题的关注和对介词类型的重视 ·············· 37

3. 语序类型学的发展 ······································· 40
   3.1 Vennemann 与 Lehmann 基于原则的语序和谐
       性模型 ·· 40

3.2 Hawkins 的无例外语序共性和基于量化的跨类语序和谐性 …………………………………………… 45
3.3 Dryer 对和谐性模型的发展 …………………………… 51
3.4 语序共性的解释 ………………………………………… 56

4. 语序类型学中的介词和连词参项 …………………………… 61
   4.1 语种类型学与特征类型学 …………………………… 61
   4.2 介词参项的诸方面 …………………………………… 64
      4.2.1 介词参项的普遍适用性:如何看待"无介词语言" …… 64
      4.2.2 介词的语序与介词短语的语序 ………………… 66
      4.2.3 介词短语作状语与作定语 ……………………… 67
   4.3 Dik 语序类型学中的联系项(relator)理论与介词的语序 …………………………………………………… 68
   4.4 介词与连词语序类型的一致性 ……………………… 74

5. 介词语义学与语法化理论 …………………………………… 77
   5.1 介词语义学 …………………………………………… 77
      5.1.1 直接题元、间接题元与介词的赋元作用 ………… 77
      5.1.2 "谓语性"介词与"非谓语性"介词 ……………… 79
      5.1.3 介词的抽象度:基本介词、次级介词与介词的连用 …… 80
      5.1.4 介词语义的"处所主义"(localism) …………… 82
   5.2 语法化理论与介词的历史来源 ……………………… 83
      5.2.1 语法化理论概述 ………………………………… 83
      5.2.2 介词语法化的常见轨迹 ………………………… 87
      5.2.3 介词语法化来源的语义动因 …………………… 90
      5.2.4 框式介词及其语法化途径 ……………………… 92

6. 汉语语序类型既往研究评述 ………………………………… 95
6.1 汉语语序研究 …………………………………………… 95
6.1.1 结构主义前的汉语语序观 ……………………………… 95
6.1.2 结构主义式的汉语语序观 ……………………………… 98
6.1.3 类型学影响下的汉语语序研究 ………………………… 100
6.1.4 话题与汉语小句语序 …………………………………… 104
6.2 汉语介词(前后置词)研究 ………………………………… 105
6.2.1 "介词"名实的演变小史 ………………………………… 105
6.2.2 汉语前置词的研究 ……………………………………… 108
6.2.3 汉语后置词的研究 ……………………………………… 109
6.2.4 偏指性"介词"观的理论缺陷 …………………………… 113

7. 汉语介词的类型背景 …………………………………………… 117
7.1 汉语的语序类型 ………………………………………… 117
7.1.1 汉语小句结构的基本语序类型 ………………………… 117
7.1.2 "把"字句、句法化话题与汉语语序类型 ………………… 118
7.2 汉语对后置词的类型需求：联系项原则的语言学力量 ………………………………………………………… 121
7.2.1 影响汉语介词类型的语序特点 ………………………… 121
7.2.2 先秦汉语介词短语的位置与介词的类型 ……………… 122
7.2.3 先秦汉语的框式介词 …………………………………… 125
7.2.4 联系项原则的语言学力量 ……………………………… 127
7.3 语序演变与汉语后置词的进一步发展 …………………… 128
7.3.1 介词短语由后至前的历史性移位 ……………………… 128
7.3.2 方位名词向后置词的语法化 …………………………… 129

7.3.3　中介位置的其他填补成分 ……………………………… 137
　7.4　汉语的介词系统：前置词、后置词与框式介词 ………… 144
　7.5　汉语连词与介词的语序相关性 …………………………… 146
　　7.5.1　连词和介词的类型相关性 ……………………………… 146
　　7.5.2　连词和介词的共时和谐与历时相关性 ………………… 148

8. 汉语介词的来源 …………………………………………… 151
　8.1　动源前置词的语法化 ……………………………………… 151
　8.2　名源后置词的语法化 ……………………………………… 155
　8.3　副源后置词的语法化 ……………………………………… 159

9. 汉语前后置词的句法分工与语义分工 ………………… 162
　9.1　前后置词的句法分工 ……………………………………… 162
　　9.1.1　前后置词的句法分布 …………………………………… 162
　　9.1.2　前后置词的范域 ………………………………………… 168
　　9.1.3　PP与VP的边界纠葛：从属语标注与核心标注 ……… 174
　9.2　汉语前后置词的语义分工 ………………………………… 178
　　9.2.1　前后置词的语义抽象度和题元分配 …………………… 178
　　9.2.2　语义等级与句法范域的对应 …………………………… 180

10. 吴语的语序类型与介词类型 …………………………… 183
　10.1　吴语的语序类型 …………………………………………… 183
　　10.1.1　吴语介词类型及语序类型研究的意义 ………………… 183
　　10.1.2　小句基本结构的语序 …………………………………… 184
　　10.1.3　次话题在吴语语序类型中的重要性 …………………… 188
　　10.1.4　其他相关语序 …………………………………………… 191

10.2 吴语的介词类型 …………………………………………… 193
　10.2.1 吴语前置词概貌 …………………………………… 193
　10.2.2 吴语后置词概貌 …………………………………… 195
　10.2.3 由前置词加后置词构成的复合词（PPC）………… 198
　10.2.4 吴语和普通话介词方面的类型差异 ……………… 199

11. 苏州话介词的类型分析 ………………………………………… 201
　11.1 前置词系统 …………………………………………………… 201
　　11.1.1 基本方所前置词"勒"及相关成分 ………………… 201
　　11.1.2 伴随者与受益者标记"搭"和"帮" ………………… 203
　　11.1.3 与事与被动句施事标记"拨"与"拨勒" …………… 205
　11.2 后置词系统 …………………………………………………… 207
　　11.2.1 时空类后置词(1)：用于指人 NP 或时地专名的后置词 … 209
　　11.2.2 时空类后置词(2)：来自方位名词的后置词 ……… 211
　　11.2.3 其他题元性后置词 ………………………………… 216
　　11.2.4 定语后置词：介词兼作定语标记 ………………… 222
　11.3 多功能的前后置复合词（PPC） …………………………… 223
　　11.3.1 PPC 的内部结构 …………………………………… 223
　　11.3.2 PPC 用作存在动词 ………………………………… 226
　　11.3.3 PPC 用作紧缩介词短语 …………………………… 228
　　11.3.4 PPC 用作前置词 …………………………………… 229
　　11.3.5 PPC 用作体标记、语气词和结构助词 …………… 230
　11.4 苏州话介词系统的类型特点 ………………………………… 232

12. 上海话的前置连词与后置连词 ………………………………… 236
　12.1 上海话连词的前置与后置 …………………………………… 236

12.2 并列连词的前置与后置 ······ 236
12.2.1 "搭(仔)"与"咾"的并存 ······ 236
12.2.2 后置连词"咾"的句法表现 ······ 238
12.2.3 后置并列连词"咾"的其他用途 ······ 242
12.3 复句关联词的前置与后置 ······ 243
12.3.1 前置复句连词 ······ 243
12.3.2 作为复句连词的"咾" ······ 244
12.3.3 原因句连词"咾"构成的复合词 ······ 247
12.3.4 用"咾"构成的框式介词 ······ 248
12.3.5 作为话题标记的后置连词"末"及其他 ······ 248
12.4 上海话连词类型小结 ······ 252

13. 绍兴话介词的类型分析 ······ 253
13.1 绍兴话中的小句结构语序 ······ 253
13.2 PPC 在绍兴话中的特殊表现 ······ 256
13.2.1 绍兴话 PPC 的组成成分 ······ 256
13.2.2 绍兴话 PPC 的功能限制 ······ 259
13.3 后置词在绍兴话中的优势性 ······ 261
13.4 PPC 后字在绍兴话中的特殊发展 ······ 264
13.5 绍兴话介词小结 ······ 269

14. 介词的跨吴语比较 ······ 271
14.1 前置词的跨吴语比较 ······ 271
14.1.1 方所前置词的句法分布：动词前与动词后 ······ 271
14.1.2 "非谓语性前置词"(把、被、给)及相关句型的跨吴语比较 ······ 280
14.1.2.1 被动句中的施事标记 ······ 280

  14.1.2.2 受事间接格标记("把"的对应成分) …… 283
  14.1.2.3 与事(接受者)标记("给"的对应成分) …… 284
 14.2 后置词和框式介词的跨吴语比较 …… 288
  14.2.1 方所后置词的比较 …… 288
  14.2.2 框式介词的比较 …… 293
 14.3 PPC 的比较 …… 295
  14.3.1 PPC 构成的比较 …… 295
  14.3.2 PPC 句法功能的比较 …… 299
   14.3.2.1 PPC 整体带处所题元问题 …… 299
   14.3.2.2 PPC 的后字作前置词问题 …… 300
   14.3.2.3 PPC 或其一部分充当体标记问题 …… 301

15. 结语：事实与理论 …… 304
 15.1 有关汉语及吴语介词的基本事实 …… 304
  15.1.1 语言共性背景下的汉语介词 …… 304
  15.1.2 介词类型与语序类型 …… 305
  15.1.3 前置词的句法类别与句法限制 …… 307
  15.1.4 后置词的句法类别与句法限制 …… 309
  15.1.5 框式介词 …… 312
  15.1.6 前后置复合词 PPC …… 313
 15.2 汉语介词研究与语序类型学理论 …… 314
  15.2.1 制约介词类型和介词短语语序的多种原则 …… 314
  15.2.2 介词、连词类型与联系项原则 …… 315
  15.2.3 介词、连词类型与语序和谐原则 …… 318
  15.2.4 介词短语语序与时间顺序象似原则 …… 319
  15.2.5 介词短语语序与信息结构原则 …… 321

15.2.6　语序原则在介词参项上的互动 ⋯⋯⋯⋯⋯⋯⋯⋯⋯ 322
　　15.2.7　对语序类型学理论的几点新认识 ⋯⋯⋯⋯⋯⋯⋯⋯ 326
　15.3　汉语介词研究与语法化理论 ⋯⋯⋯⋯⋯⋯⋯⋯⋯⋯⋯⋯⋯ 329
　　15.3.1　语法化的基本原则与倾向 ⋯⋯⋯⋯⋯⋯⋯⋯⋯⋯⋯ 329
　　15.3.2　介词语法化的来源与途径 ⋯⋯⋯⋯⋯⋯⋯⋯⋯⋯⋯ 330
　　15.3.3　介词语法化的渐进性 ⋯⋯⋯⋯⋯⋯⋯⋯⋯⋯⋯⋯⋯ 331
　　15.3.4　介词语法化的前后不对称性 ⋯⋯⋯⋯⋯⋯⋯⋯⋯⋯ 332
　　15.3.5　介词语法化与语序自由度 ⋯⋯⋯⋯⋯⋯⋯⋯⋯⋯⋯ 335
　　15.3.6　介词语法化的语音方面 ⋯⋯⋯⋯⋯⋯⋯⋯⋯⋯⋯⋯ 337
　　15.3.7　介词语法化中的新旧交替和叠加现象 ⋯⋯⋯⋯⋯⋯ 338
　15.4　值得进一步探索的一个问题 ⋯⋯⋯⋯⋯⋯⋯⋯⋯⋯⋯⋯⋯ 339

常用代号 ⋯⋯⋯⋯⋯⋯⋯⋯⋯⋯⋯⋯⋯⋯⋯⋯⋯⋯⋯⋯⋯⋯⋯⋯ 343
引用语料 ⋯⋯⋯⋯⋯⋯⋯⋯⋯⋯⋯⋯⋯⋯⋯⋯⋯⋯⋯⋯⋯⋯⋯⋯ 345
参考文献 ⋯⋯⋯⋯⋯⋯⋯⋯⋯⋯⋯⋯⋯⋯⋯⋯⋯⋯⋯⋯⋯⋯⋯⋯ 347
主要术语索引 ⋯⋯⋯⋯⋯⋯⋯⋯⋯⋯⋯⋯⋯⋯⋯⋯⋯⋯⋯⋯⋯⋯ 364
英汉术语对照表 ⋯⋯⋯⋯⋯⋯⋯⋯⋯⋯⋯⋯⋯⋯⋯⋯⋯⋯⋯⋯⋯ 369
后记 ⋯⋯⋯⋯⋯⋯⋯⋯⋯⋯⋯⋯⋯⋯⋯⋯⋯⋯⋯⋯⋯⋯⋯⋯⋯⋯ 371
重印版后记 ⋯⋯⋯⋯⋯⋯⋯⋯⋯⋯⋯⋯⋯⋯⋯⋯⋯⋯⋯⋯⋯⋯⋯ 375
专家评审意见 ⋯⋯⋯⋯⋯⋯⋯⋯⋯⋯⋯⋯⋯⋯⋯⋯⋯ 沈家煊 377
专家评审意见 ⋯⋯⋯⋯⋯⋯⋯⋯⋯⋯⋯⋯⋯⋯⋯⋯⋯ 徐通锵 381

序

《语序类型学与介词理论》以刘丹青 2000 年在香港城市大学完成的博士论文为基础补充修订而成。著作内容读者读了就了解,书中的观点大家可以评论,这里着重介绍写作过程。作者在攻读博士学位期间,已担任正教授职,兼研究所所长,出版过几部著作,在国内外刊物上发表过数十篇论文。以他的资格和经验来读学位,有人认为轻而易举,有人认为并不必要。也有人认为我作为导师招到这样水平的学生指导起来一定十分轻松,不胜羡慕。然而我们两人一开始就认定这项任务绝非易事,决不等闲视之,因为我们定的目标不是一篇能通得过的学位论文,而是一部体现未来汉语语言学研究方向的著作。

众所周知,由于历史原因,国内的汉语研究与国际上语言学理论的发展长期不接轨。这一状况大家早已觉察,也都有意改变。但是短期出国访问,请人来国内讲学,和国外学者坐在一起开几次国际会热闹一番,读几篇介绍国外语言学发展的科普文章开开眼界,借一些语言学术语来洋为中用……都不足以从根本上改变不接轨的状况。真正做到用现代语言学理论来研究汉语,必须既精通语言理论又掌握语言事实。国内有些学位论文虽然苦心积累丰富的语言材料,却没有上升到理论,甚至不太知道什么叫理论。国外有些研究汉语的博士论文用最新的理论来套汉语,只透露有限的事实,难免牵强附会,捉襟见肘。新一代的语言学著作应当克服这两方面的缺陷,应该既有深刻的理论见解,又有语言事实支持。

刘丹青来香港就读时已经有在国内环境下从事语言研究的雄厚基础和丰富经验。他定的研究课题要求有语法和方言两方面的知识,他两方面都具备了。而要达到我们定的目标他还必须选定一个理论框架,然后苦读国外语言学理论著作。其实任何科学理论都是没有国界的,语言学理论也不例外,即使是国外语言学家研究出来的理论也属于全人类知识宝库,不过要开启宝库必须熟练运用英语。这几年来经常看到刘丹青阅读许多英文文献,听到他在国际会议上用英语发言,读到他在国外刊物上用英语发表的文章。他选定的理论框架是类型学。国内做比较研究向来注重历史比较,不大作类型学比较,大概是因为类型学研究必然涉及多种语言,而不仅是多种方言。研究类型学的并不一定要会说许多种语言,但要了解许多语言的有关现象。国内语言学界有个"建立中国特色语言学"的口号,我总是怀疑有些人在为自己外语不过关找借口,企图使人相信研究汉语不用管其他语言的现象。不了解其他语言怎么知道哪个现象是外语没有的汉语特色?不了解国外的研究怎么知道哪项研究是国外没有的中国特色?刘丹青学好了英语,接触到大量英语资料,了解各种不同类型语言中介词的语序,立即体会到行此一步,研究水平又上一层楼,从此海阔天空。

除了钻研理论以外,他还在语料上下工夫。汉语事实当然在中国最容易取得,但也要花费时间精力做调查研究,广泛收集材料。他使用了香港城市大学做的一百万字上海话语料库,还不满足于此,写论文期间又专门调查了十几个方言点,终于获得了丰富的方言资料。于是一部既有理论目标,又有材料论证的高水平学术著作问世,体现了健康的汉语语言学研究方向。在论文答辩会上,几位专家一致予以好评:"无论是研究领域还是研究方法均具开拓性","在汉语语法研究方面作了极大的贡献","是近年所见最杰出的博士论文"。衷心希望《语序类型学与介词理论》一书出版能带动年青一代学者从新世纪开始走理论与材料结合的语言研究科学道路,使汉语语言学研究健康发展。

徐烈炯

1. 引 言

1.1 "语言类型学"的名和义

从名称上看,语言类型学就是给语言分类的学问,其实问题不这么简单。当代语言类型学的全称实际上是"语言共性与语言类型学(language universals and linguistic typology)"。Comrie(1981,沈家煊中译本"科姆里")作为语言类型学的概论性著作,就拿这个全称作书名。另一本语言类型学概论性著作,即列入剑桥语言学丛书的 Croft(1990),则以《类型学与共性》(Typology and Universals)为书名[1]。语言学界公认 Greenberg(1963)是当代语言类型学的开山之作,而该文恰恰以语言共性为标题的核心——《一些主要与语序有关的语法共性》。由此可见语言类型学和语言共性研究这种"二而一"的关系。正如 Croft 的书名所显示的,语言类型学也可以进一步简称为"类型学"。类型学当然也可以是植物学等其他学科的分支,但在语言学界它指的就是本书所说的语言类型学。

语言类型学可以看做当代语言学的一大分支,也可以视为当代语言学的一大流派。

把语言类型学当作语言学的一个分支,是就类型学的研究对象来说的。语言学家往往了解熟悉不止一种语言,但许多学者的研究对象还主要是集中在一种或少数几种语言上,或致力于描写、解释该语言的众多现象,或在此基础上进行理论创造。类型学家的工作有所不同。

他们致力于从跨语言(及跨方言)的角度观察研究人类语言,通过跨语言比较寻求或验证语言共性,再以语言共性为背景更透彻地揭示具体语言的特点并以此将众多语言归为若干类型。语言类型学的研究弥补了单一语言研究的不足,为观察人类语言的本质提供了单一语言研究所不能提供的视角,也为单一语言的研究提供了在语言内部所达不到的视角。在此意义上,类型学家的工作和其他语言学者的研究有互补关系,于是语言类型学成为语言学的分支学科。

说语言类型学是一个流派,则着眼于类型学的理论背景和方法。20世纪50年代后期以来,以生成语法为主的形式语言学挟"乔姆斯基革命"的浩荡之势发展成西方语言学的主流。70年代以来,包括认知语言学在内的广义的功能主义语言学异军突起,挑战形式语言学的基本理念。虽然功能语言学未能根本上改变形式语言学在国际上的主流地位,但它也确实成为国际语言学界不可小觑的重要流派。语言类型学总体上与功能主义的关系更接近一些,因为功能学派的不少主将如T. Givón、S. Dik、S. Thompson等也积极从事类型学研究,而且不少"正宗"的类型学家如上文提到的B. Comrie、W. Croft等在观点上也主要倾向于功能学派。然而,类型学还是存在同时区别于形式、功能两大流派的地方,从而成为语言学中的"第三条道路"。简要地说,类型学主要以其研究方法而不是理论思辨为特色。当然类型学也有自己的语言哲学。它相信光凭对少数语言的发掘(哪怕是很深入的挖掘)是无法全面了解人类语言的共性所在的。因此,类型学致力于拓宽语言学的材料视野,在更加广阔因而也更加可信的基础上构建关于人类语言特别是其最奇妙的部分——语法的理论。当代类型学的鼻祖Greenberg对理论构建十分谨慎。他在其1963年的开山之作中所发现的语言现象,堪称神奇诱人,此文因此成为40年来被引用最多的语言学论文之一。换了另一种风格的学者,大可以借此解释发挥一番。但Greenberg却吝于发挥,仅有的一些解释也声明"完全是尝试性的"。他的做法也为类型学奠定了以事实说话的学术风格,多数类型学研究"小心的求证"远多于"大胆的假设"。因此,类型学没有直接卷入形式学派和功能学派关于语言的本质特别是语法的本质的尖锐观点对立。事实上,在类型学的旗帜下,有学者倾向于形式学派,如 J. Hawkins,也有学者倾向于功能学派,但是,通过跨语言比较而不是单一语言的研究来探求人类语言共性,是他们高度一致的信念。无论是形式学派还是功能学派都有人相信只要深入研究一种语言就能看到人类语言的本质所在。例如乔姆斯基本人尽管声称在寻找普遍语法,但其研究和理论主要就是围绕英语展开的。而认知学派的主将 Langaker 也主要是就英语建立其理论体系的。因此,我们完全可以把当代语言类型学看做一种不同于形式学派和功能学派的主要语言学流派。

既然类型学相信跨语言的研究比单一语言的研究更能发现人类语言的共性,那么很自然的,它也相信跨时代的研究比单纯的共时研究能更加全面地看到人类语言的本质。有些类型学家如 Croft(1990)明确指出,语言包括其语法一直处在演变中,几乎没有纯粹共时的状态,各种现象都是昨天演变的结果和明天演变的起点,很多现象是正处在演变中途的过渡状态。因此,几乎所有的类型学家都关心语言的历时问题,这是类型学家区别于其他主要流派特别是形式学派的一大特点。于是,语言类型学和一些历时研究的理论如语法化理论等也就形成了你中有我我中有你的密切关系。

假如我们把类型学看做当代世界语言学的主要流派之一,那么我们不无遗憾地看到,在改革开放以来国内语言学对国际语言学新理论新方法的介绍和借鉴中,类型学是几大流派中最欠缺的。至今为止,Comrie(1981)是仅有的翻译为中文在内地出版的类型学专著,Greenberg(1963,陆丙甫、陆致极中译 1984)等是仅有的几篇翻译为中文发表的类型学重要论文。而用类型学的方法对汉语、汉语方言及国内相关语言进行研究的论著也是凤毛麟角。汉语历史这么悠久,方言这么丰富复杂,有这么多关系密切的亲邻语言,正是类型学大好的用武之地。缺少对类型学及其丰富成果的了解,实在使我们错过了一块珍贵的他山之石。本书希望能对这种局面有所补救,通过对类型学重要思想和方法的提炼式介绍,尤其是通过用类型学方法对汉语实际问题的研究,从一个新的角度对国内的汉语研究和语言学研究进行一次推动。

当代语言类型学像其他流派一样,主要关注语法研究,其中语序更成为当代类型学的核心领域,Greenberg(1963)的里程碑式论文就是围绕语序展开的。在语序问题中,介词的语序类型又占有举足轻重的位置,因此,介词理论,就成为我们这一次尝试的一个切入点。

本书一方面将综合介绍当代语言类型学特别是语序类型学的理论、基本方法和研究成果,另一方面将以语序类型学理论及其他相关理论为框架,以跨语言比较的材料为背景,重点围绕介词问题,研究汉语,包括普通话、汉语史、尤其是吴语区诸方言的有关语序类型现象。首要关注的是介词的两大类型即前置词和后置词,同时将涉及与介词有类型学关联(和谐、蕴涵等)的其他语序类型,特别是连词的语序,主语、宾语和动词的相对语序,也会涉及跟主语宾语关系密切的话题结构问题。

1.2 "介词"的名和义

本书讨论的"介词",并不等同于汉语语言学文献中通行的"介词"。这里所说的"介词",是类型学里的 adposition。沈家煊(中译 1989)在翻译 Comrie(1981)时用"附置词"来对译中文文献中不太涉及的 adposition,在该书中它包括前置词(preposition)和后置词(postposition)两类。沈译的这个命名系统最符合这几个术语的原文意思。目前汉语研究文献中的"介词"其实指的就是"附置词"中的前置词,不管它用于汉语还是英语,在翻译成英文时也都用 preposition。若推行沈家煊的翻译法,则研究汉语时,"介词"一词似乎可以不用,因为小类是"前置词"和"后置词",大类则是"附置词",这就没了"介词"的位置。从基于跨语言比较的语言共性看,让前置词独占"介词"一名的确是以偏概全。不过,放弃已经"深入人心"的"介词",另用全新的"附置词"来概括两者也不容易通行。所以本书让"介词"作为上义词,指 adposition,它包括前置介词和后置介词,简称"前置词"和"后置词"。其实,中国的俄语学界一直在用"前置词"称呼俄语中的 предлог(=〈英〉preposition),只是后置词的名称在中国的语言学文献中还很少见。

我们之所以要计较这些名称问题,就是因为汉语中不但有前置词,而且还有后置词。假如像通常设想的那样,汉语只有前置性的介词,而没有后置词,那么在汉语中称"介词"还是"前置词"就无关紧要了,就像国内英语界多称"介词"而俄语界多称"前置词",不影响人们对这两种语言的认识。问题就在于汉语事实上还有后置词,所以用"介词"限于指前置词就会有误导性。

需要强调,"前置词"、"后置词"在本书中是"前置介词"和"后置介词"的简称。根据我们观察,连词其实也有前置后置之分,虽然不像介词那么明显;并且连词的前置后置跟介词的前置后置有最密切的类型相关性。这种相关性在类型学上还注意得不够,所以即使在英语文献中也还没有专用术语来称呼它们,需要时我们只能用 prepositional conjunction(前置性连词)和 postpositional conjunction(后置性连词)来翻译。对前、后置连词,本书也将有专门的探讨。为了照顾连词和介词分开的语法学传统,我们让"前置词"、"后置词"专指介词,而对连词则分别称"前置连词"、"后置连词"。

最后,关于介词的语序类型,还有一种类型必须提及。根据

Greenberg(1995),在前置词、后置词之外还有"框式介词"(circumposition)。同样的现象 Greenberg(1980)原称"框缀"(circumfix)。从系统性上来看,当然 circumposition 更能与其他三个含 position(位置)的术语相配:前置词(pre-)就是位置在前的虚词,后置词(post-)就是位置在后的虚词,框式介词(circum-)就是位置在前后都框住的虚词。而且,介词(adposition)一般被看做句法范畴,而词缀属于词法范畴。Greenberg 没有说明他改用术语的原因,但可能考虑到了这里分析的因素。框式介词也大量存在于汉语句子中,构成汉语介词类型的显著特点之一,所以也是本书的重要研究对象。不过,框式介词未必作为一个固定词项(lexical item)存在,而常是句法组合中临时出现的情况,前置词、后置词则一般都是词库中的现成词项。

从西方传统语法阶段开始,介词就在语法系统中占有一席之地。由于欧洲的印欧语大多是前置词语言[2],所以前置词(preposition)最早引起人们注意。实际上德语有些介词是可前可后的,但还是被叫做前置词,可能因为其前置用法是更加常规的位置。postposition(后置词)作为语法术语似乎要晚起得多,而概括这两者的 adposition(介词)直到当代类型学形成后才出现,最晚出现的术语可能是 circumposition(框式介词)。

1.3 本书的内容和结构

理清介词、前置词、后置词这些概念在汉语语言学中应有的含义,是本书想完成的任务之一,但这远非本书的全部意旨所在。本书的主要内容是借鉴语言类型学的理论方法研究汉语的语序类型。我们选择介词类型作为核心问题来展开汉语语序类型学的研究,主要是出于以下的原因:

1、当代类型学家通过跨语言的研究证明，介词类型在语序类型学中占有核心的位置，在某些方面比小句内主语、宾语、动词的相对位置还重要，也许是最重要的类型学参项。介词的类型，会影响一种语言其他很多方面的面貌（详 2.3.4，3.2—3.3）。假如对一种语言的介词系统还了解不够，甚至忽略整整一个重要介词类型的存在，肯定会妨碍对该语言句法特点的准确把握。汉语学界对后置词的忽视就成为汉语语法研究中的一大缺憾。

2、介词在句法系统中占有重要的地位，尽管不同语言在介词的词项数量上和虚化程度上可以相差很大。比如有著作列举冰岛语的前置词至少有 47 个（引自网上著作 Icelandic Grammar Notebook），而大洋洲瓦努阿图的 Kwamera 语据报只有 4 个前置词（Lindstrom & Lynch 1994:18）。介词是引进间接题元（主宾语以外的题元）的主要手段之一。介词和形态格（morphological case）、一致关系（agreement）一起构成最狭义或最核心的句法（即小句内句法 clausal syntax）的几种主要形式手段。汉语以没有形态格和一致关系著称。当然语序对汉语很重要，但语序不但是句法手段，也是语用或话语手段。单靠语序不足以清楚地表示汉语的句法结构与关系。于是，介词及所谓"结构助词"便成为汉语中仅有的小句内句法的专用形式手段。现有的汉语句法学，还没有赋予介词这么重要的地位，这也是本项研究的动因之一。

3、现有的汉语介词理论都基于汉语只有前置词的假设，而后置词的作用则被不恰当地分散在语法的不同部分不成系统地涉及，甚至还留下空白（如"近年来"中的"来"是什么？）。这样形成的介词框架是不完整的。在引入后置词后，我们将有可能建立更加全面和完备的汉语介词理论，也使汉语介词系统同其他语言的介词系统更具可比性，更能准确反映汉语介词的特点，使汉语介词的研究成果更容易为普通语法理论做出贡献。汉语前后置词兼备的类型特点本身，就是类型学上不可多得的研究样本。

4、汉语的前置词都来自实词,特别是动词;汉语的后置词也来自实词,特别是某些种类的名词。这两个来源都不出语法化(虚化)的常见途径,尽管国内的语法学界往往只熟悉前一种途径(实际上研究藏缅语等少数民族语言的学者已经注意到名词虚化为后置词,即所谓"状语结构助词"的常见性,例如戴庆厦 1998)。更重要的是,汉语的前置词和后置词大都尚未发展到纯虚词的阶段。因此,汉语前后置介词的研究,为语法化理论提供了丰富的材料,是语法化各个阶段的活标本。这跟许多语言的大多已很虚化的前置词(如英语)或后置词(如日语)都很不相同。又由于前后置词不但语序不同,来源也有显著差异,因此,汉语前后置介词的研究,也有利于揭示人类语言介词来源的多样性及背后的共同规律。

前置词在汉语语法学体系中一直被看做介词,而后置词却因为被归入不同的词类甚至无类可归而缺少统一的研究,因此汉语语法学对汉语前置词的观察和思考远超过后置词。有鉴于此,本书将在通盘考虑介词系统的前提下尤其注重对后置词的研究。

像很多类型学研究一样,本书在主要关注前、后置词的共时性质的同时,也将适当顾及前、后置词的历时演变。历时的角度对汉语介词的类型学研究来说特别重要。第一,汉语的前、后置词大多处在由实词语法化为虚词的不同阶段,历时考察有利于揭示介词的来源及其虚化轨迹。第二,汉语前、后置词在语法系统中的作用及其互动关系不是古今一贯的,两者的存在和消长明显跟汉语语序类型的演变密切相关。只有通过一定的历时维度的观察,才能更加透彻地理解汉语前、后置词的存在动因和发展动向。

本书将吴语列为重要研究对象,不仅是因为作者对吴语熟悉并有一定的研究基础,更因为:1、吴语作为一种方言,相对于 20 世纪以来受西方语言影响较大的普通话来说,更具有类型的同质性;2、我们在吴语中发现了更多虚化程度高的后置词,后置词在语法系统中的作用也更为活跃,因此可能更便于探讨后置词作为一种介词类型的存在和作用;3、吴语中有一些普通话所没有而富有类型学价值的前后置词现象,如由半虚化的前置词和后置词直接组合形成的功能极其多样的复合词(称之为 PPC,pre-postposition compound,详 10.2.3)。

吴语就其达 8000 多万的使用人口而言,是现代汉语中仅次于官话(Mandarin)的第二大方言(在一些海外出版的图表中,吴语被作为一种语言列世界第十位,仅次于德语)。它分布于整个上海,几乎整个浙江,苏南的大部分,还伸展到赣东、皖南及闽西北的部分地区。吴语分成许多次方言,其中有些彼此很难听懂。本书研究的吴语主要是分别以上海话和苏州话为新老代表的北部吴语(即太湖片),同时在田野调查的基础上进行一些吴语各个大片之间的跨方言比较。

本书首先将针对国内读者的需要简要介绍当代类型学的基本观念及研究方法,约略比较类型学与形式语言学、功能语言学的异同,重点评述语序类型学的发展过程及出现过的几个主要理论模型。然后,我们将讨论一些与类型学和汉语介词研究密切相关的语言学理论问题,主要包括语法化理论和介词理论,以此与语序类型学一起作为汉语介词研究的理论背景。在进入对汉语介词的具体研究之前,我们还将回顾一下《马氏文通》以来汉语语法学史上有关汉语介词的几种主要观点,指出片面的介词观之由来及其给汉语语法学体系带来的困扰。然后本书将依据上述理论背景,针对片面介词观的不足之处,构建一个新的汉语介词理论框架,并以此框架展开对汉语介词的历史、现状特别是吴方言的讨论。最后,讨论汉语介词研究与语序类型学、语法化等普遍理论的关系,总结汉语介词的类型学研究和语法化研究可以给相关理论带来哪些新的启示,同时指出介词研究中尚待解决的一些问题。

[1] 该书现有外语教学与研究出版社的国内英文版,加的中文书名是《语言类型学与语言普遍特征》。

[2] 欧洲以外的印欧语也有后置词型的,如波斯语。Greenberg(1980,1995)研究了两个语族中框式介词的形成过程,其中之一就是波斯语所在的印欧语系伊朗语族。

2. 语言类型学述要

2.1 类型学的形成:从古典到当代

当代的各门人文社会学科多少都包含一些不同社会不同民族间比较的内容,不过就性质来说,大部分人文社会学科是可以在单一民族文化的背景中产生、存在和发展的,如文艺学、美学、伦理学、法学、经济学、社会学、历史学、教育学等等。但是,确实有些学科是绝对无法在单一民族文化的背景下产生和存在的。最突出的是文化人类学或民族学(后者是前苏联式学科分类体系中的一门学科),其研究的对象就是不同民族文化的异同,研究的方法就是跨文化比较。离开了复数意义上的文化(cultures,参阅刘丹青1991),目光局限于自己生活其间的民族文化系统,对异族文化不感兴趣甚至不屑一顾,那么文化人类学这样的学科根本就无从产生。中国古代重视夷夏之辨,甚至用带"犭"、"虫"的"狄、猺、蛮"等字去命名少数民族。在这种心态下,难以用客观的态度去比较不同的民族文化,虽然可以有经学、史学、诗学、文章学之兴盛,但确实难以孕育产生文化人类学这样的学科。同样的,在语言学领域,有些分支学科,如语法学、语音学、词汇学、社会语言学、心理语言学、计算语言学等,可以在单一语言内产生或发展,而语言类型学却好比是语言学内的文化人类学,它必然存在于跨语言的比较中。要是目光局限于单一的语言(通常是母语),对他族语言除了实用之需外没有兴趣,那就不会有语言类型学的产生。语言类型学必然起源于对母语以外的大量异族语言的兴趣。正是这种兴趣,在19世纪的欧洲催生了早期的语言类型学,或曰古典类型学。这是语言类型学的早期形态。

19世纪欧洲的古典类型学,起源于当时欧洲(尤其是德国)的一批语言学家对大量"异族语言"的兴趣和初步的归类尝试,其中的代表人物有:Friedrich von Schlegel(1772—1829)、August Schlecher(1821—1868)、Wilhelm von Humboldt(1767—1835)、August Wilhelm Schlegel(1767—1845)。他们最重要的成果是形态分类法,即将语言分成屈折语、黏着语、孤立语(后又有以美洲印第安语言为代表的多式综合语),影响直至今天。所以当时的语言类型学基本上就是形态类型学。不过,古典类型学中也有比类型分类法更重要的理论遗产。当时已有学者注意到,语言的不同要素之间存在着跨语言的相关性,即具有某种特征的语言往往也会有另一种特征。这种观念假如再朝精密化系统化方向走一步,就会产生语言特征蕴涵关系的观念。Greenberg开创的当代类型学的一大理论支柱,就是这种蕴涵关系。

不过,古典类型学到当代类型学的路也并不十分平直。类型学在20世纪上半叶结构主义描写学派占优势的时期发展不快。类型学的发展必须以某种意义的语言共性为前提。要是语言之间没有共性,就缺乏了可比的基础,类型也就无从划分。而在结构主义阶段,主流语言学更强调语言之间的差异性而非共同性。且看当时的一句名言:你今天认为是人类语言共同特性的东西,也许在你明天调查的一种语言中就被打破。当时只有少数学者,如Sapir(1921,中译本,萨丕尔1962)对类型学做过一些深入思考。其主要贡献是认识到类型分类的复杂性,大量语言难以简单地划入某一类型。所以他通过对众多语言的仔细分析提出了一个变定性为定量、从单一参项到多重参项的分类方案,一种语言可以根据一种参项(即分类角度)归入某种类型,根据另一参项归入另一种类型。许多语言都是多种类型属性的综合体,但各种属性的比重不同。虽然他的方案操作起来比较麻烦,但确实更加精致地反映了不同语言在形态方面的复杂表现,而其多参项的思路更是可以给后世的类型学发展提供很大的启发。此外,结构主义布拉格学派,包括后来移居美国的 R. Jakobson 等,也对类型分类有所贡献。布拉格学派强调语言的功能,为当代功能语言学的理论源头之一。他们从语言功能的角度来研究和解释一些语言的共性和类型现象,例如认为类型一致性或和谐性符合语言的经济性原则。Jakobson 则对语音现象的语言共性有许多贡献,例如,他在 1958 年(中译,雅柯布森 2001:70)就指出,"有些语言没有摩擦音(fricatives),但是没有一种语言没有闭止音(stops)。没有一种语言有闭止音与塞擦音(affricates,比如/t/—/c/)的对立,却没有摩擦音(比如/s/)"。前一句说了一条现象共性,后一句指出了一条蕴涵性共性——"有闭止音与塞擦音的对立就蕴涵着存在摩擦音"。这些发现已超越古典类型学,而开始过渡到当代类型学的时代。

本书所关注的当代类型学,尤其是语序类型学,主要是由 Greenberg(1966[1963])所开创的。比起古典类型学来,它在许多方面有了飞跃性的发展,突出表现为以下特征:

1、**有更加明确的研究目的**。类型学不再满足于给人类语言分类,其目标已提升为通过跨语言比较探求人类语言的共性,于是类型学成为"语言共性与语言类型学"的简称。

2、**大大拓展了类型学的研究范围**。虽然形态仍在关注的范围,但研究兴趣已远远超出形态学的范围,而像 20 世纪以来世界语言学的主流一样形态主导转向句法主导,从而明确区别于古典时期的形态类型学。在句法中,语序现象得到了最多的关注和最深入的研究。并且,语序的类型学研究还进一步由句法类型拓展到语用类型。请看 20 世纪 90 年代的几本功能倾向的类型学文集的书名:《语序变异的语用学》

(Payne 1992)、《话语中的语序》(Downing & Noonan 1995),可见当代类型学关注的范围和重点已超越古代类型学有多远。

3、**逐步发展出更加完善的研究规范和方法**。Greenberg(1966)以抽样统计为方法,以蕴涵性命题、四分表为表述的做法,已经成为类型学的经典样板,而抽样、统计、推导、建立等级序列等具体方法还一直得到不断的改进和精密化(如 Hawkins 1983 对语序类型学统计方法的改进,Dryer 1992 对抽样方法的改进,详第 3 章),这些方法和技术使类型学植根于更坚实的经验基础和逻辑基础上。类型学的方法还深刻影响了形式语言学的发展。被看做形式语言学最新发展的优选论(Optimality Theory),实际上就吸收了类型学的一些方法。

4、**从描写发展到解释,深刻影响语言学的主流**。当代类型学家在建立共性和划分语言类型的基础上还不断寻求对共性的解释,使类型学与人类语言交际功能、认知功能、生理与神经机制的多角度研究相互结合,并以自己特有的跨语言研究的材料和方法优势,审视形式语言学和功能语言学的理论成果,使类型学成为推动当代语言学发展的重要力量。生成语法由大体上建立于单一语言基础的"标准理论"进入力图具有跨语言解释力的"原则与参项理论",当代类型学的成果是一个重要推动力,其定型(configurational)语言和非定型(non-configurational)语言之别就由直接参与类型学研究的生成派学者提出。在"原则与参项"框架下进行的一些研究被视为类型学的一个支派(Fukui 1995)。类型学对功能语言学的促进更为明显和直接,许多著作都公开表明同时基于功能学派的思想和类型学的材料方法,如 Givón(1984),Van Valin & LaPolla(1997)。功能派学者 Dik(1997)更针对 Chomsky 有关语言学目标的观察、描写和解释三个充分性提出了语用、心理和类型三个充分性。

当代类型学的这些新发展,尤其是对语序(包括介词语序)的重视和基本的研究方法,在 Greenberg(1966)的开创性论文中就奠定了基础,产生了深远的影响,因此本章第 3 节将通过深入分析这篇重要论文来显示类型学理论、方法的基本特点。在此之前,让我们先对类型学和形式、功能两大学派作一个简要的比较。

2.2 类型学与形式语言学和功能语言学的简要比较

2.2.1 形式、功能、类型三大语言学范式的理论倾向

形式学派、功能学派和类型学可以看做当代语言学的三大主流范式。其中前二者在语言哲学(即对语言本质尤其是语法本质的理解)上构成对立,进而影响到研究对象和方法的差异,类型学则主要在研究对象和方法上形成了特色,在语言哲学方面持较为谨慎的态度,大多属于温和的功能派,也不排除形式主义倾向。

形式学派和类型学派都非常强调语言共性,把追求人类语言的共性看做首要的理论追求,universal(共性/普遍的)成为两者共用的核心术语。这其实也代表了世界当代语言学的主流意识(这与国内一些学者追求汉语的特点而对人类语言共性不甚关心的状况形成强烈对照)。不过,两个学派在使用 universal 这一术语时所赋予的含义却颇为不同。

形式学派的主流是 Chomsky 创立的生成语法。形式学派主要把 universal(普遍的、共同的)当形容词用,强调自己追求或发掘的是具体语言表象下人类共同的语言能力,称为普遍语法(Universal Grammar,简作 UG),每种具体语言的语法不过是普遍语法与具体语言特有规则结合而成的变体。生成语法相信普遍语法是先天具备的,因而是普遍

共同的,并且能在很短的时间里无需专门教学就被心智未开的儿童熟练掌握。类型学则在可数名词的意义上使用 universal,经常使用其复数形式,称为语言共性(language universals,又译作语言普遍特征)。其中有的直接表现为不同语言的共同特征,如不同语言都有元音辅音之别,都有名词和动词等词类差别等,更多的共性表现为语言现象之间的普遍相关性,例如 VSO 语言都使用前置词。语言类型学就以发现各语言中的共同现象特别是发现和解释不同要素之间的相关性为己任。

形式学派总体上以研究单一语言为主,例如 Chomsky 本人就主要通过对英语的深入观察和分析发展其"普遍语法"理论模型。当然也有不少生成语法学者研究英语以外的语法,但也主要以那种具体语言为对象。生成学派相信,既然普遍语法存在于任何具体语言的深层,那么对任何语言的深入研究都能把这种人类共同的能力揭示出来。对不同语言的研究不过是在更多的语言里证明这种普遍能力。这好比是一种挖井哲学——既然地层深处总是存在地下水,那么在任何地方深挖下去都能挖成水井,打出井水——普遍语法。此外,生成语法相信普遍语法是先天就有的,是人类的物种特征,所以强调句法的自主性,认为不必用语言以外的因素如认知或交际能力来解释。不过,面对类型学的发展以及由此产生的对生成学派某些结论的挑战,生成语法总体上越来越重视语言的多样性,进而提出"原则与参项理论",即承认有些语言规则是人类语言共同遵守的原则,另一些现象则归入参项,在某一参项下不同语言可以有不同的选项,以此解释语言间的差异。在理论上,生成语法公开承认,有关普遍语法的假设应该得到、也已经开始得到两个方面的证实。一个是儿童语言发生发展的研究,另一个是跨语言研究即类型学研究。有些生成语法学家如美国麻省理工学院的 Ken Hale 等也积极参与了类型学的研究。这使类型学和形式学派更加靠拢。当然生成学者的类型学研究还是从生成语法的基本假设出发的,跟类型学家的主流在研究目标和方法上都大异其趣。

与生成语法不同,典型的类型学家从来不在单一语言内部提出关于语言共性的假设。只有得到许多语言验证的现象、规律或倾向才被看做语言共性或占优势的倾向,所以类型学所总结出来的共性具有更加牢固的经验基础。不过,形式语法认为,通过归纳得到的共性只是一些表面现象,形式语法追求的不是现象共性,而是更加深层的形式共性。站在类型学的立场,则可以对号称普遍语法而并未经过大量语言验证的规律提出怀疑,而形式语法的理论框架变化很快,很多假设几年以后就被自己学派的发展所否定。这种变化本身也从一个角度显示未经跨语言验证的共性是可以怀疑的。其实类型学家也经常从事对单一语言或一群具体语言的深入研究,但他们在研究具体语言时总是不忘类型学的已有成果,实际上是以跨语言研究为背景的具体语言研究,而且其目的也是为了更深入地了解该语言哪些现象体现了语言共性,哪些体现了所属类型的特点或自身在同类型语言中的真正个性。本书实际上也是以语言共性为背景对具体语言方言进行的类型学研究。

类型学家在试图解释跨语言共性或类型特点时,大多倾向功能主义的解释,从交际过程、认知能力等方面来解释语言的共性及语言类型的演变(参阅科姆里 1989)。这使类型学在理念上与功能学派接近得多。功能学派不相信语言之所以如此是因为语法的先天性,而相信语言是服务于人类交际、认知等功能的一种工具,语言的结构特点、语用表现、演变方式、人类语言的共同性本质上都是由语言的这些功能决定的。功能主义者,特别是其中注重交际功能的流派,特别强调活的实际语料的研究。此外,多数功能学者都注意将语言的现状与语言的历史结合起来研究,这也是功能学派和类型学派的共性,区别于尽力区分共时平面和历时平面的形式学派。有很多功能派学者非常重视跨语言研究,同时是重要的类型学家,如 T. Givón、S. Dik 等。也有很多类型学家很注意功能性的解释,如 Hawkins 关于语序共性的解释,J. Haiman 对象似性理论的阐述等。不过,功能学派总体上是以其语言哲学而不是跨语言比较为特征的,所以也有一些功能派学者主要从事单一语言的研究,比如著名的认知语言学家 Langacker 就主要通过对英语的深入研究来构建自己的理论。

2.2.2 三大范式在方法上的各自特点:Test, Text, Attest

当代语言学的三大范式在研究方法上也形成了各自的特点。本书把它们各自的核心方法归结为三个音近的英语单词:test(测试)、text(语篇)和 attest(验证)。

测试是指诉诸说话者内心语感的研究方法,是一种内省式的研究。这是形式主义的主要研究方法。传统语法研究多注重通过收集已经出现的句子来总结语法规律。在汉语语法研究中,一度存在几乎"无一句无来历"的惯例,即全部或至少绝大部分例句都要有书面出处,否则就无法写语法论文。而在形式语法看来,这种做法有两大问题。第一,任何语言能够说出的句子都是一个无穷大的集,能收集到的句子比起能说的句子永远只是极小一部分,无法凭这极小一部分来归纳语法规律。第二,更重要的是,收集到的例句只能说明该语言里什么可以说、合语法,而无法说明什么不能说、不合语法。语法是说话人所掌握的语法能力而不是实际的应用,即只造合格句而避免不合格句的能力。为了划出合格句和不合格句的界线,研究者必须诉诸内心的语感,即对句子合格与否的判断能力。理论上这种能力在同一母语的人之间是相同的,假如研究者本人是该语言的母语使用者,那么研究者自己的内省就是最好的材料来源。这种研究方法具体表现为内心的测试(test)。假设我们在很多语料中收集了千百个实例,都是"在大路上走"、"往北京开"这类实例,而没有"走在大路上"、"开往北京"的实例,那也只能说明"在……"这种前置词短语可以用在动词前,而不能排除它也可以用在后面,因为通过内心测试就能知道,后面两例用在动词后的句子虽然在材料中没有,却是完全合格的。再通过更多前置词的测试,如"从大路上来〜*来从大路上","窗户朝南开〜*窗户开朝南"等,又可以知道,确实有一大批前置词是不能用于动词后的。

  上面只是个最简单的例子。事实上传统语法也部分采用内省测试,到 20 世纪五六十年代,更有朱德熙等少数国内学者开始主要依靠内省测试而不是收集例句来进行语法研究,并且获得了比多数语法学者都突出的成果。当代形式语言学的发展是在一些新理论思考的指导下自觉应用内省测试来探测语法合格性在不同向度的极限,从而确定这些极限背后的规则和原则。其中有些测试是注重收集实际材料的研究者很难想到的。比如,生成语法发现有些句法位置是句法移位的禁区,即所谓孤岛。并列短语是孤岛中的一种,其中的并列项之一不能离开其他并列项而移出该位置。比较:

    (1) a. 我到过泰山。〜 b. 泰山$_i$我到过[t_i]。

    (2) a. 我到过泰山和黄山。〜 b. *泰山$_i$我到过[t_i]和黄山。〜 c. *泰山$_i$我到过[t_i]黄山。

(1,2)中的方括号表示这里的成分"泰山"移到前面作了话题,留下一个与话题"泰山"同指的语迹 t_i。而(2b,c)显示当宾语是并列结构时,禁止只移走其中的一个并列肢。值得注意的是,(2b,c)这样的星号句不但不会出现在实际语料中,而且不会出现在外国人的汉语病句中,因为它违背的是人类语言的普遍性限制。只有通过内心测试才能发现。不用内省测试、单纯从语料出发的传统式研究,难以获得这样深入的观察,也就发现不了孤岛条件这种人类语言中值得探究并需要解释的现象。形式语言学对测试方法的又一重要发展在于不仅注意能说不能说,而且关注句法成分在语义方面的同一性或差异性[1],从而引导学者进行更加深入的研究。比如,生成语法早期提出的英语主动句和被动句的转换规律在带有全量成分时就遇到了挑战,因为转换的结果语义不再同一:

(3) a. Every student has read a book. ≠ b. A book has been read by every student.

(3a)句是说每名学生都读了一本书,但各人所读的书未必相同,涉及的书可以有很多。(3b)句是按一般的转换规律从(3a)句得到的被动句,意思却是有一本书被所有的学生都读了,即各人所读为同一本书。为什么转换中 a book 的指称会变了呢,这是生成语法的经典理论所不能解释的,于是引出了以后对量化算子及其辖域的深入研究,从一个方面促进了"管约论"(管辖与支配理论,Governing and Binding Theory,简作 GB)的产生。生成语法对语义同一性的测试在众多学者对"自己"的回指关系的大量研究中得到最充分的体现。传统语法那种收集材料的研究思路,难以获得这样的研究角度和观察结果。测试法的另一个特点是实验室精神,就是所用的例句只涉及需要关注的因素,尽量不牵扯与讨论无关的成分。例如(2)关注并列项的移位问题,例句中就不需要放进"从前"、"我小时候"、"跟我爸"等状语或"著名的旅游胜地"等同位语(如"我小时候跟我爸到过著名的旅游胜地泰山和黄山"之类),因为牵扯的成分越多,就越难以判断到底是哪个因素制约了移位。传统语法研究讲究从文献中直接摘例句,句子往往比较复杂,这种句子反而不符合形式语法的实验室式的要求。

简而言之,测试法的特点是:依靠说母语者(通常是研究者本人)的内省式判断,致力于发现合格句和不合格句(星号句)的界限,注意相关句法成分的语义同一性和差异性,尽量采用简短的撇开了无关成分的例句。

功能学派(这里主要指注重语言交际功能的功能派主流)的研究方法与形式语法大不相同,它关注的恰恰不是内省出来的实验室句子,而是真实语篇(text)中的句子。功能语法强调,语言包括其语法是服务于其交际等功能的,所以语法分析应在实际语篇尤其是口语中进行。功能派学者注重语法结构的出现环境、信息结构、出现频率及其所完成的功能等,而不是脱离了语境的合格与否。形式语法测试中常用的某些句子,如"我认为张三同意李四支持王五派遣赵六调查自己的问题",功能语法可以认为这种句子在语法学上意义不大,因为它们是实际语料中永远不会出现的。再如对于"把"字句,形式语法关注符合什么句法条件的及物结构可以构成"把"字句,哪些动宾结构可以与"把"字句相互转换,哪些不可以,哪些及物结构只能用"把"字句而不能采用动宾结构。功能语法认为这样的研究是不够的。功能语法注意到,即使某个"把"字句和动宾句被认为可以互换,它们在特定的语境中也常常不能互换:适合动宾结构的地方很可能不适合"把"字句,反之亦然。因此,功能语法关注的是,"把"字句、动宾句以及相关的受事话题句、"被"字句等各自适合什么样的言语环境和上下文,各有什么语用和话语功能,在汉语的及物结构的表达中,这几种句式各占多少文本比例。搞清了这些,才算了解了"把"字句等句式的性质。Sun 和 Givón(1985)关于普通话动宾结构和"宾动结构"(包括"把"字句),张旺熹(1991)关于"把"字句篇章环境的统计分析,都属于这类研究。较"彻底"的功能学者甚至怀疑静态的句法结构的现实性。他们认为传统的句法概念如"句子、短语"等未必是自然的语法单位,只有在真实语料中被停顿隔开并带上特定语调特征的单位才是自然真实的语法单位,是语法研究的对象。陶红印的主张就接近这一类功能观点。他认为"有一个'说话单位(speech units)'的层次,是语法成分和语调单位的对应物,它们是语言生成中的真实单位,对语言研究来说是更合适的分析单位"(Tao

2.2 类型学与形式语言学和功能语言学的简要比较

1996:175)。

　　功能语法和传统语法虽然都从实际语料取材,但处理方法其实还是非常不同。功能语法注意语法单位和实际语境的关系,而传统语法则把例句从语篇中抽离出来,看不出其与语境的关系;功能语法关注实际语料中一切语法单位,其中很多被传统语法看做倒装、残缺、结构累赘等,而传统语法通常只选取"结构完整"的句子;功能语法注重语料整体的同质性,不同的语体分别考察,并且更加注重真实自然的言谈的研究,而传统语法把不同语体的例句放在一起讨论,更喜欢从书面语特别是经过精心加工的书面语中选取例句,因为结构更加"完整";功能研究极其注意量化分析,有关结构的出现频率简直是功能语法的灵魂,而传统语法通常不作量化分化,至多有一些印象性的"经常"如何如何,"不太"如何如何等。因此功能语法得到的是很不同于传统语法的结果。

　　简而言之,功能语法的研究方法是选取真实语料、尤其是口语和会话语料,关注一切出现在语料中的单位,不管是精心组织的或支离破碎的,注重语法单位和语境的关系,一般采用统计方法进行量化的分析。

　　与传统语法最接近又最不同的是类型学的研究方法。说最接近,是因为类型学关心的是语言中静态的基本句法结构,如动宾句、双宾结构、领属结构等等,这些正是传统语法关心的核心。它不太会深入细致到像形式语法那样关心"我认为张三同意李四支持王五派遣赵六调查自己的问题"中的"自己"表示谁,或能否将一个内嵌得很深的成分提取出来作为特指疑问对象,也不会像功能语法那样非常细致地考察真实对话中各种"支离破碎"的语言片段。说它们最不同,是因为传统语法和形式语法、功能语法一样都在某种语言内部进行研究,而类型学的核心方法是跨语言的**验证**(attest),即考察某种句法结构在不同语言(有时是不同方言或同一语言不同时代)之间的分布和表现,验证某种结构在什么样的语言中会存在。

类型学以验证为主的研究方法是由类型学的研究目标所决定的。类型学追求人类语言的普遍规律和倾向,注重研究不同语言要素之间的关系,并根据重要的语言要素特征给语言分类。类型学家发现,语言要素在众多语言中表现出来的实际状况经常少于逻辑上可能的状况,这正体现了语言的共性。所以在方法上,类型学首先列出逻辑上的所有可能性,然后拿各种逻辑可能性到大量语言中去验证,得到验证的是符合语言共性的,得不到验证的就是违背某种语言共性的。比如,表示给予类行为(我给他书),总是需要涉及三个论元:施事(我)、客体(书)、与事(他),形成一种双及物结构。双及物是一种基于语义格的论元结构,而不是句法结构。不同语言除了施事通常作主语外,其他两个成分的句法处理可以因语言而异,逻辑上不外乎这几种选择:1、客体作宾语而与事作间接格(oblique,即用虚词引入的论元,如"奖一本书给他"),2、客体和与事都作宾语(双宾句,如"奖他一本书"),3、两者都作间接格(如"把一本书奖给他"),4、与事作宾语而客体作间接格(如"*把一本书奖他",不过可说"把一本书给他")。然后把这几种逻辑上的选项放到一个语种库中去验证。就目前我们观察到的验证结果看,选项1在所有语言中都存在,选项2、3在不少语言但并非全部语言中存在,选项4几乎不存在,汉语虽然"给"等少数动词因"把"字句的发达而出现这种情况,但许多典型的给予类动词如"奖"仍不能用于此式。由此可以得出若干共性:1、给予类双及物结构最自然最不受限制的句法实现是客体作宾语而与事作间接格,而不是双宾语结构,这种情况反映了客体与动词的关系紧密度超过与事与动词的关系紧密度。2、给予类双及物结构最难以接受的句法实现是与事作宾语而客体作间接格,显然因为这种结构让动词的亲者远、疏者近(关于双及物结构的类型学分析,参阅刘丹青2001b)。

简而言之,验证法通常从某种基于语义或语用功能的范畴(如给予类双及物论元结构)出发,而不一定直接从纯句法范畴(如双宾语结构)出发,因为前者是人类语言普遍的,适于用作比较的基础,而后者可能只为特定语言所用,其他语言表达同类语义可能使用非句法甚至非语法的手段(如词汇手段)。比如我们可以比较复数概念在不同语言中的表现,却无法充分比较复数形态的表现,因为很多语言没有复数形态。验证法的基础是一个尽可能大而分布均衡的语种库。验证法通常只能关注表达基本范畴的句法或形态现象。

三大范式的研究各有所长,也各有所短。下面简要分析一下各派方法的局限。

形式学派注意定性(合格与不合格之别)而忽略定量,事实上语法中合格不合格的纯粹定性标准并不存在。很多句子处在不同的语法合格度上,而且可接受性往往因人而异、因语境而异,于是出现了介于合格句和星号句(不合格句)之间的问号句(接受性较弱)和双问号句(接受性极弱)。这种合格度等级实际上已经承认了句法的合格性是可以量化的。合格性强,往往就是出现概率高、能适应的语境较为多样或中性、认可的说话者多;合格性弱的往往出现频率低、需要很特别的语境、认可的说话人少。这些正是功能语法所注重的因素。形式语法需要凭借语感对单一语言进行深入研究,而从单一语言中总结出的规律实际上混杂了人类语言普遍规则和个别语言特有规则两种情况,研究者本身未必都能加以分辨。形式语法声称的普遍语法规律很难避免属于具体语言特点的现象混入其中。

功能语法注重研究实际语料,而实际语料牵扯的因素很多,使研究者难以清晰分离出相关因素和无关因素。语篇内的句法结构受内容的制约较大,有些很基本的结构也可能因内容的关系而不出现。比如汉语学界讨论了几十年的"王冕七岁上死了父亲",大家公认这是汉语里的常用结构,从未有人对此结构的合格性和基本性表示怀疑。但有学者统计了一个上千万汉字的普通话语料库,竟然没有一例带"死"字的句子属于该结构。要是完全依赖真实语料,就会把这么重要的结构也遗漏掉。此外,每个语篇的实际情况都是独一无二的,从语篇分析中得出的某些结论可以解释该语篇的情况而未必适合其他的语篇,缺乏形式语法所追求的可重复性和可预测性,而可重复性和可预测性是科学性的重要指标。最后,单纯在一种语言内部归纳出的功能原则也未必是人类语言的共同规则,有些可能只对部分或个别语言有效,有些还可能同语言社团的文化特性有关。

类型学的测试方法可以避免单一语言研究以偏概全的毛病。但是,类型学的测试法也不是没有局限。类型学研究者不可能同时是大量语言的专家,更不可能是许多语言的母语使用者。同人类语言的总数相比,类型学家个人直接懂的语种不可能太多,熟练到能进行内心测试的语言更是极其有限。因此,他必须借助间接的语言材料。间接的描写报告往往详略不一、侧重点各异。可以拿来进行大量语言比较的项目,只限于少数基本的语法现象,不可能像形式学派那样去研究高度依赖内省语感的非常细致的句法问题,也不可能像功能学派那样仔细观察有关结构的出现环境。如"自己"的回指关系这种极其深入细致的问题,就不可能通过一般的语言描写报告来验证,双及物结构几种句法变体各自适应的语境条件也无法通过一般的描写著作去验证。此外,验证法对语言描写的质量非常依赖。一些显要大语种如英语、日语、俄语、德语等比较好办,因为其描写的质量受到众目睽睽之审视,验证时尽可以只挑选"口碑好"的著作。而大量小社团的特别是原始部落的语言,语言描写报告往往"只此一家、别无分店",引用者难辨其质量高低,难免有时会受低质描写材料所累。

事实上,语言类型学家往往也花大量的时间精力从事具体语言的调查、描写和深入研究。通过对众多偏僻小语种的调查描写,既可以使类型学验证获得更多的可比材料,也较好保证了描写的质量和效果,因为有语言共性视野的学者,比单一语言内部的描写者更了解具体语言诸要素中哪些更值得重视、哪些更具有可比性、哪些更能体现该语言的特点。类型学家对个别语言的深入研究也很感兴趣。因为他们具有语言共性的目光,所以其研究能把具体语言中最具有类型学价值的现象及其背后的语言共性揭示出来,而具体语言研究中遇到的一些问题又促使类型学家挑选出一些新的项目来进行跨语言验证。语言类型学就在这种"跨语言验证——具体语言调查研究——跨语言验证"的循环往复中不断发展,日益逼近对人类语言共性和本质的理解。

2.3 Greenberg 的语序类型学

下面,我们先总结 Greenberg(1966)对语序类型学的几项开创性贡献,然后分析其语序类型学框架中的一些内在矛盾。这里不拟详论他所提议的 45 条共性的内容,而着重分析其蕴涵共性的逻辑与经验基础及介词参项在其中的作用。

2.3.1 蕴涵性共性与四分表

Greenberg(1966)把古典类型学对不同语言要素之间跨语言相关性的印象式观察变成明晰的蕴涵性共性,这是他最突出的贡献。他用抽样方法建立了 30 种语言的语种库(language sample),以此建立了以后被反复引用的主要跟语序有关的许多重要共性。根据 Greenberg 的处理方法,由观察并统计语种库得到的蕴涵性共性可以由两种逻辑上等价的形式来表示。比较简单的形式就是蕴涵性命题。更为详尽的形式则是四分表(tetrachoric)。下面试用简单的符号和例子分析一下 Greenberg 蕴涵性共性的逻辑形式。

先看蕴涵性命题。假如我们把 Greenberg 讨论的有蕴涵关系的两种语言要素用字母来表示,蕴涵性命题可以表现为(4a)这种文字性命题或(4b)这种蕴涵关系逻辑式:

(4) a. 文字式:假如 P,那么 Q。

b. 逻辑蕴涵式:P⊃Q

在(4)中,P 是蕴涵项(implicature),或"前件",Q 是被蕴涵项(implicatum),或"后件"。 (5)是用实例填入(4)的形式后得到的:

(5) a. 假如一种语言浊辅音有送气和不送气的音位对立,那么,清辅音也有这种对立。

b. 浊送气 对 浊不送气 ⊃ 清送气 对 清不送气

(5)之所以成立是建立在对大量语言观察和概括的基础上。只要所观察的语言中有一种语言浊辅音有送气与否的对立而清辅音没有,(5)就不成立。

由(4)还可以得出一种逻辑上等价的推导式,即(6),这是不需要另外的经验证明的。但由(4)却无法推出(7),除非另有经验的证明:

(6) −Q ⊃ −P

(7) −P ⊃ −Q

以(5)为例,−Q 表示一种语言清辅音不分送气与否,就必然意味着浊辅音也不分送气与否,即−P。英语就属于这样的类型。但是浊辅音不分送气与否,却不能推出清辅音也不分送气与否。汉语吴方言浊辅音不分送气与否,但清辅音照样分送气与否,并不违背(5)。详细说明这一点,是因为一些有影响的语序类型模型,就是建立在并不可靠的(7)的基础上。

回到语序问题。语序就是至少两个语法成分在线性序列中的相对位置。假如每一个成分都用一个字母来代表,让字母的顺序代表成分之间的语序,则(4)可以表现为(8):

2.3 Greenberg 的语序类型学

(8) WX ⊃ YZ

例如:Greenberg 的共性 25(简称 GU25,余仿此)指出"假如代词性宾语后置于动词,那么名词性宾语也同样如此。"。我们用 V 代表动词,用 O_n 和 O_p 分别表示名词性宾语和代词性宾语,则 GU25 体现为(9):

(9) VO_p ⊃ VO_n

此外,对于由 W 和 X 构成的语序来说,假如不考虑自由(两可)语序的情况,那么 −WX 就等于 XW。所以就像(4)有等价的(6)一样,(8)也有一个等价的推导式(10),但不能推出(11):

(10) ZY ⊃ XW

(11) YZ ⊃ WX

还以表现为(9)的 GU25 为例。由这条共性从逻辑上就能推出,假如名词性宾语前置于动词,那么代词性宾语一定也前置于动词。日语、藏语等都是这样的语言。因为假如这时候代词性宾语还是后置,就意味着出现名词性宾语前置这一违背 GU25 的现象了,或者说 GU25 就无效了。所以(8)与(10)等价。另一方面,GU25 并没有告诉我们,假如名词性宾语后置于动词,代词性宾语是否后置。例如,法语名词宾语按常规是后置于动词的,但人称代词宾语却前置于动词。这没有违背 GU25。

假如蕴涵关系不是单向的,而是双向的,那就不是逻辑上"如果"(if)表达的蕴涵关系,而是"当且仅当"(if and only if,简作 iff)的关系了。Greenberg 发现语序的蕴涵性共性大多只属于单向蕴涵关系。

再看四分表。每一条蕴涵性共性都可以表达为与(4)这种蕴涵式逻辑上等价的四分表,只是四分表的形式详尽列举了蕴涵关系两端共存或相斥的各种可能,是蕴涵命题的一种分析性的表达。如(4)就可以表达为(12)这样的四分表:

(12)

+P, +Q	−P, +Q
*(+P, −Q)	−P, −Q

对蕴涵命题来说,惟一排斥的就是 P 真而 Q 假的情况(表中带星号者)。任何蕴涵共性变成四分表后,都有一格是不成立的,也可以说是空的。假如我们用(5)代入(12),就得到(13):

(13)

+浊送气,+清送气	−浊送气,+清送气
*(+浊送气,−清送气)	−浊送气,−清送气

再转换为文字表述,就得到下列结论:

(14) a. 浊辅音分送气与否,清辅音也分:可能(如印地语[2])

b. 浊辅音不分送气与否,清辅音分:可能(如汉语中的吴语和老湘语)

c. 浊辅音分送气与否,清辅音不分:不可能

d. 浊辅音不分送气与否,清辅音也不分:可能(如英语)

换句话说,观察两种语言现象在语种库中的分布,假如能建立只有一格为空的四分表,就可以确立一条语序共性。四分表用于语序共性蕴涵式(8),就表现为(15)这种形式:

(15)

WX, YZ	XW, YZ
*(WX, ZY)	XW, ZY

再用 GU25 代入,就得到(16),其中 V 表示动词,O_p 表示代词性宾语,O_n 表示名词性宾语:

(16)

VO_p, VO_n	O_pV, VO_n
*(VO_p, O_nV)	O_pV, O_nV

Greenberg 对蕴涵性共性的研究,以及研究蕴涵性共性的整套方法的建立,为人类语言共性的研究开辟了一个革命性的新境界。人类语言的共性,比较容易发现的,是显性的共性,也就是现象共性或生成

学派说的实体共性(substantial universals),比如所有语言都有元音辅音构成的音节,所有语言都有词类的差别等。但这样的探讨最终难免令人失望,因为不同语种共有的现象实在并不太多。Greenberg 式的蕴涵性共性却显示,在表面上很不相同的现象中,其实蕴藏着许多人类语言的共性,这就是不同语言现象之间的蕴涵关系:一种语言可以有或者没有现象 P,但它不会违背现象 P 和现象 Q 之间的蕴涵关系。这样一来,原来无关的语言现象间可以变得有关,原来体现差异的现象,现在也许体现了共性,能发现的共性大大地增加。

当然,面对数以千计的语言,任何"共性"都不可能是完全归纳推理的结果。因此,应当现实地看到,任何"共性"都建立于有限的语种基础之上,语种库的规模和代表性可能会影响考察的结果。此外,即使在一定语种库的范围内,蕴涵性共性也并不总是依赖绝对的四分表空格。例如,Greenberg 所提议的部分蕴涵性共性,就建立在四个格子语种数目非常悬殊但并不绝对空缺的基础上,这时他的共性往往会加上频率修饰语,如:

(17) GU4. 以绝对大于偶然性的频率,以 SOV 为正常语序的语言是后置词语言。

这实际上是将语种极少的格子视为"准空格",出现在准空格中的极个别语种被看成了共性的某种例外。这种共性实际上已经不是严格的蕴涵性共性,而是 Comrie(1989:19—23)所说的语言的"倾向",当然也有其语言学意义,但其力量比无例外的蕴涵共性要弱一些。Greenberg 所建立的语种库虽然尽量照顾到了区域、谱系和类型的平衡,但毕竟只有 30 种语言(当中还"碰巧"没有作为母语使用人口最多的汉语),比起人类语言数以千计的总数来,是很少的。随着语种库规模的扩大,很多在小范围验证中获得的蕴涵性共性可能就因为"例外"的出现而"降格"为倾向共性。我们相信,真正无例外的蕴涵共性不会很多,但非常悬殊的语种分布已经有它的类型学力量。此外,假如发现四分表中有两个空格,被考察的两项只有同正或同负才真(实格),一正一负都为假,则成为难得的双向蕴涵关系。

2.3.2 优势语序的发现

大部分蕴涵性共性是单向性的。单向性意味着蕴涵关系两端在语种分布上是不对等的。试以上文(5)(也表现为四分表(13))为例,这里记作(18):

(18) a. 浊送气对 浊不送气 ⊃ 清送气对 清不送气

b.

+浊送气,+清送气	-浊送气,+清送气
*(+浊送气,-清送气)	-浊送气,-清送气

据(18),浊辅音分送气与否是有条件的,即清辅音也必须分送气与否;而清辅音分送气与否是无条件的,不管浊辅音是否分送气不送气。可见,在蕴涵性共性中,被蕴涵项(后件)相对于蕴涵项(前件)来说是优势项。在四分表中,优势项都出现两次,而非优势项只能出现一次。用于语序也一样,处于被蕴涵项位置的语序相对于处于蕴涵项的语序来说就是优势语序(dominant order。Dik 1997:34—41 用 priorities 指包括优势语序在内的各种优势现象)。而且语序的蕴涵性共性还有一种等价的推导式,即前述(8)(WX⊃YZ)和(10)(ZY⊃XW)的关系。所以从(8)可知,不但(8)的后件 YZ 相对于前件 WX 来说是优势语序,而且(10)的后件 XW 相对于前件 ZY 来说也是优势语序。以 GU25 为例,一方面名词宾语后置于动词相对于代词宾语后置于动词来说是优势后置语序,另一方面代词宾语前置于动词相对于名词宾语前置于动词来说是优势语序。法语就是这方面的一个例证。

可惜,Greenberg(1966)并未像本书这样用逻辑形式清楚地表示蕴涵共性中的优势语序,而只是在其分析过程中包含这样的观察,到

Greenberg(1978)才有一些相关的逻辑表述。也许正由于 Greenberg 当初没有正面强调优势语序现象,一些后来的语序类型学模型实际上是很忽略甚至无视优势语序现象的(详 3.1)。

优势语序是人类语言中很值得注意、也需要寻求合理解释的现象。另一方面,优势语序不仅存在于蕴涵共性中,也存在于非蕴涵性共性中,特别是表现为非蕴涵性的倾向共性。在 Greenberg(1966)中就包含了这样的共性。例如:

(19) GU14. 条件从句在所有语言中都以前置于主句为正常语序。

(19)告诉我们,条件从句本身的优势语序就是前置于主句。这些优势语序不需要同其他语序相对而存在,不受其他语序蕴涵。就这条共性而言,其优势的原因当与语言的时间顺序象似性(iconicity)有关。条件句表示的内容在时间上当在主句所述的事件之前,所以语言形式也优先采纳符合客观事理顺序的语序。

2.3.3 语序和谐性的发现

语序的和谐性(harmony,又称 agreement '一致性',如 W. Lehmann 1978a,或 correlation '对应性',如 Dryer 1992)可能也是由 Greenberg(1966:97)首次明确提出的:

(20)a. 一种优势语序总是能存在,而其反面,即劣势语序,却只能在与该语序和谐的结构也存在的情况下存在。

b. 在相似的结构中,对应的成分倾向于出现在同样的语序中。

(20a)显示 Greenberg 是在与优势语序的关系中引出和谐性的,(20b)则是对和谐性的正面表述。(20a)说明和谐性是与蕴涵性共性和优势语序相关的现象,而不是一条独立存在的普遍原则。而在以后的某些类型学模式中,(20a)被有意无意地忽略,(20b)则被过分地强调,和谐成为最核心的概念。其实简单化的和谐性并不符合 Greenberg 的原意。而形式语言学采纳的类型学观念中,恰恰是这种被过分强调的绝对和谐性,如把语言简单地归为核心居首类型(head-initial 或 head first)和核心居末类型(head-final 或 head last),至今犹然。所以这个问题需要展开分析一下。

和谐语序和优势语序都是从四分表的空格得来的。再回顾一下表示语序蕴涵性共性的两种等价的表达形式:

(21) a. WX ⊃ YZ (= ZY ⊃ XW)

b.

WX, YZ	XW, YZ
*(WX, ZY)	XW, ZY

设蕴涵式两端的 WX 和 YZ 是和谐的语序(比如代词宾语后置于动词,名词宾语也后置于动词),则 XW 和 ZY 也是和谐的语序(如代词宾语和名词宾语都前置于动词),当然都能成立。但是根据这种蕴涵关系,XW 和 YZ 尽管是不和谐的语序(如代词性宾语前置于动词,名词性宾语后置于动词),却也能成立。GU25 排除的只是 WX 和 ZY 这种不和谐的语序(如代词性宾语后置于动词,名词性宾语前置于动词)。为什么同为不和谐语序,一种能成立,一种不能?原因就在于如 Greenberg 所发现的,语序共性的蕴涵关系一般都是单向的,做后件的语序是优势语序。在(21a)里,YZ 做后件,是优势语序,XW 则在其等价的蕴涵式中做后件,是优势语序。两种优势语序不和谐,但可以并存。而 WX 和 ZY 都不是优势语序,又不和谐,所以不能并存。优势语序项在四分表中都能出现两次,一次和谐,一次不和谐;非优势语序只能出现一次,必须是和谐的。由此可以把 Greenberg 揭示的和谐语序和优势语序的互动规则更详尽地表述如下:

(22) a. 两种语序有和谐关系时可以并存于同一种语言,即使其中有非优势语序。

b. 两种语序都是优势语序时可以并存于同一种语言，即使两者不和谐。

c. 两种语序没有和谐关系，而且都不是优势语序时，不能并存于同一种语言。

由上分析可见，优势与和谐密切相关，又具有内在的矛盾。优势语序完全可以在不和谐状态中存在，这种不和谐语序是自然而正常的。

和谐性和优势语序的矛盾在于蕴涵关系的单向性。假如蕴涵关系是双向的，就不存在这样的矛盾，和谐就成为主导因素。在 Greenberg 的共性中确有少数是双向蕴涵的。如：

(23) GU2. 在具有前置词的语言中，领属语几乎总是后置于中心名词。在具有后置词的语言中，领属语几乎总是前置于中心名词。

不考虑其中的概率限定语"几乎"，把 GU2 的两个命题合起来，就是"当且仅当有前置词，领属语后置于中心名词"。据此，介词短语和领属结构是一对和谐结构，其中介词和被领属的中心名词是和谐结构中的相对应成分，被介词支配的名词和领属语是相对应成分。以双向蕴涵为基础的和谐是最可靠最纯粹的和谐，但在语序共性中只占极少数，而且是有例外的共性。汉语正是这条共性的例外，它有前置词，但领属语却一律前置于中心名词。

2.3.4 对语序问题的关注和对介词类型的重视

Greenberg 奠基之作的另一个重要贡献是把语序问题提到语言学的显著位置，其中介词的语序类型，即前置词后置词问题，被提到前所未有的重要位置。

古典类型学主要关注形态及其与句法的关系。这与西方人熟悉的语言大多是形态语言有关。随着语法学的发展，语言学界逐步意识到句法才是语法的核心，形态是为句法服务的；几乎没有一种形态是普遍存在的，而不少句法范畴是普遍存在的。于是，句法取代了形态成为语法学的核心。在句法现象中，语序是最普遍存在的现象(当然语序并非在一切语言中都有句法价值，有时语序改变不影响句法，而只影响语用。参阅 Connolly 1991:6)。Greenberg(1966)把语序作为核心课题，创立了区别于形态类型学的语序类型学。

在各种语序中，Greenberg 最重视的，第一是小句基本成分(主语 S、宾语 O、动词 V)的相对语序，第二就是介词的语序。从 GU 的排列看，GU1 是关于 S、O、V 语序的，他根据动词的位置分出 I 型(VSO)、II 型(SVO)和 III 型(SOV)三种主要类型(据 Tomlin 1986 统计，这三类语言约占语言总数的 96%)。紧接着，GU2 就是关于介词语序的，体现了他对这两种语序的特别重视。从 GU 的数量看，在 45 条共性中，与主宾动有关的有 15 条，占首位，与介词有关的有 7 条，占第二位(反映这两者关系的共性两边都计入)。在语序类型学中，一种语序之所以被重视，被用做类型学参项，无非因为它与其他许多句法结构乃至形态结构有关，或为蕴涵前件，或为蕴涵后件。主宾动的位置向来是被语言学家注意的，因为它是小句的主干成分。而介词的语序类型，在 Greenberg 以前还从未被这么重视。而沿着 Greenberg 方向研究的其他类型学家如 Hawkins(1983)，Dryer(1992)等，发现介词问题可能比 Greenberg 设想的还要重要。

Greenberg(1966)所用的语种库没有包含汉语，而汉语恰恰在好些方面似乎构成了 GU 的例外，不限于刚刚提到的领属定语的位置。这里先顺便列举一下 GU 中与介词有关而又跟汉语研究有关的几条，同时也列出国内汉语研究界对有关问题的通行看法。可以发现汉语学界通常认定的不少情况跟 Greenberg 的共性不一致。是 Greenberg 的共性不够准确全面,还是目前通行的对汉语的看法有偏差,这正是本书选题的一个重要动因(详见后文讨论)。

表1-1 Greenberg 语序共性与对汉语的通行看法

Greenberg 共性	对汉语(普通话)的通行看法
GU2.在具有**前置词**的语言中,领属语几乎总是**后置**于中心名词。在具有后置词的语言中,领属语几乎总是前置于中心名词。	有**前置词**,没有**后置词**,领属语**前置**于中心名词
GU4.以绝对大于偶然性的频率,以 SOV 为正常语序的语言是后置词语言。	SVO 语序,前置词
GU9.当疑问句助词或词缀相对于整个句子有专用的位置时,以远超出偶然的频率显示,位于句首时,该语言是前置词语言,位于**句末**时,该语言是**后置词**语言。	疑问句助词"吗"等位于**句末**,属**前置**词语言
GU22.当差比句的惟一语序或语序之一是"基准—比较标记—形容词"时,该语言为后置词语言;如果惟一语序是"形容词—比较标记—基准"时,大于偶然性的绝对优势可能是该语言为前置词语言。	差比句语序是"比较标记—基准—形容词"(比他高),前置词语言
GU23.如果一种语言只有**后缀**,则这种语言是**后置词**语言。如果一种语言只有前缀,则这种语言是**前置词**语言。	普通话几乎只有**后缀**("阿—"基本上是南方话前缀),属**前置词**语言
GU24.如果关系从句**前置**于名词是该结构的惟一表达法或可选表达法之一,或者这种语言是**后置词**语言,或者形容词定语前置于名词,或者两者都是。	关系从句**前置**于名词是惟一语序,属**前置**词语言,形容词定语前置

[1] 生成语法看重语义的同一性和差异性,尽量避免使用具体的语义描述来解释句法现象,因为同一性和差异性是讲同一母语的人都能感知和测试的,即可证实的,对语义的描述却不免带有主观性,往往难以取得一致意见。

[2] 浊辅音的送气与否是就其音系学地位(phonological status)而言,不管其确切的语音学性质(phonetic nature),如是否为气化声(murmur)等。

3. 语序类型学的发展

3.1. Vennemann 与 Lehmann 基于原则的语序和谐性模型

  Greenberg(1966)以后,不同的类型学者发展了 Greenberg 语序类型学说中的不同部分,因而出现了相差颇大的一些语序类型学模型。本章将就此作一个简要评述。

  受 Greenberg 研究的鼓舞,20 世纪 70 年代一些类型学家乐观地相信可以用更少的原则来概括和解释更多的语序现象。其代表人物是 W. Lehmann(如 1973,1978a,b。本书将涉及另一同姓学者 C. Lehmann,所以姓前加上名字缩写)和 Vennemann(如 1974)。W. Lehmann 在他所编文集的头尾两文(1978a,b)中用的标题典型地反映了这种乐观情绪:The Great Underlying Ground-Plans'奠定基础的深层大原则'和 Toward a Understanding of the Profound Unity Underlying Languages'走向对各语言深层统一性的理解'。两个标题指的主要就是语序和谐性的发现。W. Lehmann 和 Vennemann 的语序类型学模型可以概括为基于原则的纯和谐主义,即和谐性是语序类型学所遵循的根本大原则。各种语序共性乃至语序的历史演变都是由这一原则决定的。他们的类型学理论表现在下列三个方面。

  一、他们发展了 Greenberg 语序研究中的语序和谐性思想,都相信语序共性主要是由和谐原则决定的,并大大增加了和谐性原则的适用范围。

  Greenberg(1966)的成果主要基于统计事实的共性描写,文末的理论性概括和总结相当谨慎而克制。而他们两位都相信和谐是语序共性背后的主要原则。根据 Greenberg,和谐性发生在"类似结构"中,他所举的类似结构也是严格的。到 W. Lehmann 和 Vennemann 的模型中,"类似结构"的概念被大大泛化,甚至进一步推广到几乎一切语法结构。

  例如,W. Lehmann(1978b:395—396)把所有句法结构都看做由统辖成分(如动宾结构中的动词)和被统辖成分(如宾语)两部分组成,而各种结构都倾向于和谐的语序,统辖成分都在结构的同一侧,被统辖成分在另一侧。W. Lehmann(1978a:16—19)用 SOV 型的僧加罗语(Sinhalese)与 VSO 型的爱尔兰语(Irish)为例,来说明这一原则的作用范围。他提到的受和谐原则支配的结构按"统辖—被统辖"方式可以列举如下:动—宾;介词—名词、形容词—比较基准、头衔—人名、名—姓、系数—位数(以上为单句结构类);中心名词—关系从句、中心名词—领属定语、中心名词—描写性形容词(以上为定语类);疑问助词—句子、否定词—被否定动词(以上为状语类);包孕动词—被包孕小句(复句类)。根据这种模型,凡是 VO 型语言,其他结构都会取上述语序,凡是 OV 型语言,其他结构的语序也都会与上述顺序相反。在同文稍后处,他列了一张更长的没有一一举例的清单,包括了近 40 种结构。Vennemann 的看法与此类似。他管 Lehmann 的统辖成分叫核心(head)、被限定语(specified)或被操作符(operand),把 Lehmann 的被统辖成分称为从属语(dependent)、限定语(specifier)或操作符(operator),所以他的理论又被称为"从属语—中心语理论"。

  他们的概括,能得到一部分语言的支持(但连他们自己也承认,很少有语言全面符合设想的语序,见 W. Lehmann 1978b:400),在语言学界产生了不小的影响,生成语法的著作中的"核心居首(head-first/head-initial)"对"核心居末(head-last / head-final)"参项即来自于此。W. Lehmann(1978b:22—23)还根据一些观察提出语序类型跟非语序现象甚至非语法现象间的对应,如,被动化在 VO 语言较普遍,OV 语言音节结构较简单,VO 语言倾向于语音的逆同化,而 OV 语言倾向于顺同化,等等。Vennemann(1974)也很强调语序类型与形态类型的关系,例如认为稳定的 SOV 语言总是有充分的主—宾语形态手段。

Vennemann 和 Lehmann 的语序类型学模型拓宽了人们对语序相关性的认识视野,其中有些新纳入他们清单的语序确实与动宾语序等有一定关系。但是,他们的模型雄心太大,想概括的范围可能远超过了实际的适用范围,因而在经验上和逻辑上都遇到困难。Hawkins(1983)指出,据统计,即使只考虑动宾、介词、领属结构、形名修饰结构 4 个项目,符合 Vennemann 模型,即所有操作符在一侧,被操作符在另一侧的语言,在 Greenberg 的三十种语言中只占 23%,在 Greenberg(1966)附录 2 的语种库中只占 48%。假如列入他们的更多参项,和谐的比例当然就更低得多。逻辑上,纯粹的和谐语序只存在于双向蕴涵的语序共性中(参阅 2.3.3),可大部分语序共性只是单向蕴涵关系,其中蕴涵的后件是优势语序,根据四分表,它完全可以跟不和谐的语序并存于同一种语言。和谐性与优势语序在逻辑上的内在矛盾决定了单用和谐来解释语序共性是行不通的。和谐本身也可能是由多种原因造成的,如语法化源流关系、表达的经济原则、认知的省力原则等。把和谐性看做决定语法本质的根本总原则令人难以置信。

二、Vennemann 和 W. Lehmann 都赋予动宾结构以核心的地位,同时认为可以忽略主语在语序类型学中的作用。Greenberg 的 VSO、SVO 和 SOV 三种类型被他们简化为 VO 和 OV 两类。在 W. Lehmann(1978b)中,VO/OV 被当作语言的**类型**,而其他结构的语序都是某种类型下的**特征**。他们的分类法至今仍有影响,比如用 VO 语序作为"核心居前语言"的代表,而 OV 语序作为"核心居后语言"的代表。这样处理,虽然在某些方面简化了语序类型的格局,但同时也带来了新的问题,增加了另一些方面的复杂性。

Greenberg 的语序共性的确显示,宾语作为类型参项比主语更有预测力。纯粹从逻辑上看,SVO 在另外两种类型之间是不偏不倚的:它像 SOV 一样是 SV 类型,又像 VSO 一样是 VO 类型。从 Greenberg 总结的情况看,SVO 语言在语序上更靠近 VSO 而不是 SOV。这说明宾位在语序类型学上比主位更起作用。但是,如果 S 真可以忽略不计,则 VSO 语言和 SVO 语言的类型特点就应该全面等同了。事实上,Greenberg(1966)就已经注意到,VSO 和 SOV 处在类型的两端,各结构的语序表现几乎处处对立,而 SVO 语言的类型特征并不一致,不同的 SVO 语言以不同的方式和程度在另两个类型之间摇摆。所以 Greenberg 并没有将 SVO 和 VSO 两型归并。Hawkins(1983)更注意到,尽管 SVO 和 SOV 是两种分布最广的类型,但 Greenberg(1966)的 15 条跟主宾语有关的共性中竟没有一条涉及 SVO。Greenberg 避开 SVO 型的原因很清楚,假如用 SVO 做参项,就难以得出无例外的共性,因为即使知道一种语言是 SVO 也难以预测其别的方面的语序。单以动宾结构的语序给语言贴上核心居首或核心居末的标签,虽然在语言学界颇为流行,但这实在是一种过于粗疏的处理。因为汉语正是摇摆不定的 SVO 语言,所以我们对 VO-OV 类型学应当抱特别谨慎的态度。

三、两者都关注历时演变,用自己的和谐模式作为语序演变的主要动因,把复杂的语序演变大多归结为 VO 和 OV 两种类型之间的互变。他们作为纯和谐论的提倡者也看到远非所有语言都符合和谐的理想模型。即使像英语这样被看做典型的 VO 型（统辖—被统辖）的语言，也不乏定语前置于名词、状语前置于动词（被统辖—统辖）的情况。对此，两位学者都用历时演变的原因去解释：某种语言内部或外部因素造成个别结构的语序演变，为适应新变化，其他结构可能也会发生相应的变化以达到新的和谐。由于演变过程通常会延续数百年，所以很多类型不一致的语言其实是处在中间状态。这样，不和谐现象似乎得到了解释，而且和谐性的意义也进一步扩大，它不但是语言共时状态的原因，也是历时演变的主要动力(Vennemann 1974；W. Lehmann 1978b)。

他们两位都做了一些语序演变的个案研究，有一定的说服力。Vennemann 研究了英语因格系统衰退引发的 SOV 向 SVO 的演变。W. Lehmann 考察了德语在拉丁语影响下形成从属句的 SOV 语序并由此引发一系列向 OV 型语言靠拢的现象。他们认为类型一致的语言处在稳定状态，不容易演变，如日语。他们两位和其他一批学者的研究把几十年来较受忽视的历时研究变成一些语言学流派如功能语法、认知语法、类型学、语法化等的重要组成部分，强调历时演变对共时状态的影响，这也是值得肯定的。

然而，用演变作为一切"不和谐"语言现象的解释（暂称"和谐—演变论"），却是难以让人全盘接受的。首先，有些语言的历史显示不符合和谐性的状态可以延续很长时间而并没有发生向"稳定状态"的显著演变。Jepson(1985:240—242)、LaPolla(2002)都注意到汉语两千年来一直有明显的不和谐语序（例如 VO 的核心居首型和领属语在前的核心居末型之间的不和谐），但并未发生和谐—演变论所预期的变化。和谐—演变论在逻辑上也存在缺陷。它看似能覆盖一切，其实经不起推敲。犹如声称世界上只有红、绿两色，其他颜色都是不稳定的，自这两色之一而来，奔对方而去，总有一天还要回归非红即绿的状态。似乎能解释一切色彩现象。但是另一个人也可以声称稳定的是黑白两色，或另外哪两色,其他都在向这两色演变的途中,同样难以驳倒。这显示和谐—演变论无法证伪(unfalsifiable),因此构不成科学假设。Hawkins(1983:234—236)指出过和谐—演变论的逻辑窘境:假如共时的共性足够充分,即对人类语言共时状态的解释面很广,则意味着例外很少,和谐—演变论难有例证;假如共时的共性不充分,即大量语言与此不符,则没有理由相信其他语言在朝这种状态演变。另外,假如和谐性真有那么强大,那么经过这么长的历史发展后,人类语言应该只剩下 VO 和 OV 两种主要类型,其他结构的语序应该分别与之和谐,事实上情况远比这复杂,在 Greenberg(1966)的附录 2 中,仅根据前述四种结构,就分出了 24 个类型。这是和谐—演变论难以解释的。Lightfoot(1979,转引自 MacMahon 1994:148)还提出过一个质疑:重新走向和谐的路既然很长(动辄数百年,跨越许多代人),那么处在中间阶段的说话人怎么能保证只奔向将来的和谐,而不会往回走到从前的和谐?

我们认为局部语序变化引发其他结构语序的相应变化以符合语序共性或倾向,是可能的,他们二位的某些具体研究也是可信的。以上质疑是想说明,和谐—演变论经验上和逻辑上都难以成为一条涵盖所有语序现象的总原则。

3.2　Hawkins 的无例外语序共性和基于量化的跨类语序和谐性

Hawkins(1983)是当时讨论语序类型学最详尽的一本专著。Greenberg 语序类型学一开始就存在优势语序和和谐性两个有所矛盾的方面。体现优势语序的单向蕴涵共性追求共性之质(无例外,宁缺毋滥),反映了语序客观上的不对称性;和谐性理论追求共性之量(概括大量结构,允许例外),体现语序的对称性。Vennemann 和 W. Lehmann

发展其后者,而 Hawkins 则追求其前者。

一、追求无例外的蕴涵共性,并将有关共性系列化。

Hawkins 不满意 Vennemann 和 W. Lehmann 的和谐论模型例外太多,因此他致力于建立比 Greenberg 更严格的无例外共性。他的语种库有 300 多种语言,追求无例外更加困难,然而他在一定程度上做到了这一点。其方法也源自 Greenberg,就是增加蕴涵关系的前件,以双重前件追求无例外的蕴涵共性,Croft(1990:52)称之为"复式蕴涵共性"。比较(1)和(2)(HU 指 Hawkins 总结的共性,区别于 Greenberg 总结的 GU,编号均据两位的原文):

(1) GU5:如果一种语言以 SOV 为主要语序,并且领属成分后置于支配它的名词,则形容词也如此(后置于名词)(Greenberg 1966:79)

(2) a. HU II:如果一种语言有 VSO 语序,并且如果形容词后置于名词,则领属定语也后置于名词。(Hawkins 1983:65)

b. HU XIII:如果一种语言有前置词,并且动词的位置不是 SOV,那么关系从句也后置于名词。

单纯靠 SOV 一条,无法预测该语言形容词是否后置于中心名词,事实是不少 SOV 语言的形容词是前置于中心名词的,如日语。因此,Greenberg 又加上一条前件,即领属成分后置于中心名词,那么可以预测该语言形容词也后置于中心名词。这样的复式蕴涵共性在 GU 中还是少数,到了 HU 中就是基本形式了。凭借这一方法,Hawkins 在 300 多种语言中建立不少无例外共性。不过,解读这类共性的语言学意义比理解其字面意义要复杂一些。例如,GU5 着重反映的实际上不是 SOV 语言和形容词后置的相关性,而是形容词后置的语序对 SOV 语言核心居末的偏离。SOV 大体上是核心居末语言,这样的语言领属定语大多是前置于核心名词的,形容词定语也常常前置于名词,日语、朝鲜语等均如此。不过,比起领属语来,形容词要"不规矩"得多,在 SOV 语言中也有呆在核心后面的,如藏语领属定语在名词前,形容词定语大多在名词后,见王志敬(1994:286—290);彝语领属定语前置于名词,单音节形容词定语却后置于名词,双音节形容词定语则可前可后,见丁椿寿(1993:350)。假如连领属语也"大破规矩"呆在核心后面,那形容词就更是肯定"不规矩"地呆在后面了。这就是 GU5 真正反映的事实。从优势语序理论看,在 GU5 中,形容词后置是蕴涵式后件,领属定语后置是前件,当然后件是优势语序,即形容词后置相对于领属定语后置是优势语序。

Hawkins 对蕴涵性共性的改进,还表现在相关的语序共性的组合和系列化。他将多条相关的共性组合为一条更加复杂的含有等级序列的共性,而仍保持其无例外的性质,如:

(3) HUXVIII:Postp ⊃ ((AN ∨ RelN ⊃ DemN & NumN) &((DemN ∨ NumN ⊃ GN))

HUXVIII 可以用语言表达如下:

(4) 若某语言属于后置词语言,并且若其形容词定语前置于名词,或者关系从句前置于名词,那么其指示词、数词都前置于名词;或者,若其指示词或数词前置于名词,那么领属语也前置于名词。

这条系列化共性不但反映了后置词语言中与名词有关的多种成分与名词的语序,而且反映了这些成分之间前置于名词的优先序列。具体地说:

1、领属语前置于名词位于蕴涵式最后的后件,是最占优势的语序,亦即领属语是后置词语言中最符合核心居末的性质、最倾向于前置的定语。只要其他成分前置于名词,那么领属语一定前置。

2、相对于领属语而言,指示词、数词前置于名词在后置词语言中不是优势语序,亦即比领属语更容易后置。但相对于形容词或关系从句而言,指示词、数词前置于名词又是优势语序。只要形容词或关系从句前置,指示词、数词一定前置于名词。反之,若指示词或数词前置,则形容词、关系从句仍可能后置于名词。

3、形容词和关系从句前置于名词处在系列蕴涵命题最前面,即这两种成分在后置词语言中最可能不规矩地跑到名词之后,不符合核心居末语言的和谐性要求。

4、在上述前置于名词的优先等级序列中,形容词和关系子句处在同等地位,指示词和数词处在同等地位。

由上面这个例子可以看出,Hawkins对无例外共性的探求和表述都相当形式化,能将这么复杂的蕴涵关系在一条共性中表现出来,显露出类型学中倾向于形式学派的风格。

二、用前后置介词取代S、O、V作为核心参项。

使Hawkins的共性变得更"干净"的另一因素是将核心参项由S、O、V的位置改为介词(前后置词)。Greenberg视介词类型为仅次于S、O、V间语序的第二重要的参项,已明显提高了介词在句法中的地位。Hawkins又大进一步,明确将介词类型提到超过S、O、V语序的首要位置。Hawkins分析了S、O、V参项的薄弱点,最突出的是SVO语言占人类语言很大一部分,类型特征却不稳定,不具备语言共性所追求的预测性,无法建立无例外共性,所以Hawkins更钟情预测性强的介词参项。上文举的HUII、HUXIII、HUXVIII都用到了前置词后置词属性,其中有的分别用到了类型属性较稳定的SOV和VSO,但没有涉及SVO类型。Siewierska(1988:18)在评述Hawkins的选择时,也论证了介词类型学(Pre/Pos typology,以介词为核心参项)比动宾类型学(VO/OV typology)更有力量。她用下面两张表(格式经本书简化)来说明这一点,其语种库同样根据Greenberg(1966)的附录II:

3.2 Hawkins 的无例外语序共性和基于量化的跨类语序和谐性

表 3-1a 动宾类型学

	VO 型(共 78 种语言)	OV 型(共 64 种语言)
Prep：Post	71%：28%	8%：92%
GN：NG	29%：71%	83%：17%
AN：NA	33%：66%	45%：55%
NA+NG：AN+GN	51%：14%	17%：45%

表 3-1b 介词类型学

	前置词(共 63 种语言)	后置词(共 79 种语言)
GN：NG	10%：90%	89%：11%
AN：NA	29%：71%	47%：53%
NA+NG：AN+GN	70%：8%	9%：44%
VO：OV	92%：8%	25%：75%

这两张表反映了有关参项下对立语序在语种分布上的数量差异。动宾类型学的各对百分比差异较小,显示 VO/OV 和其他语序的相关性小,以此为依据的和谐性较软弱;而介词类型学的各对百分比差异较大,显示介词类型和其他语序的相关性大,以此为依据的语序和谐性较强大。假如仍用 S、O、V 作为核心参项,Hawkins 难以获得这么"干净"的共性。

介词参项的重要性对汉语研究来说特别重要。至今对汉语语序类型的探讨,都还是以 S、O、V 为主,前后置词的问题虽然有人提及(详 6.1.3),但并没有被放到重要地位,这不能不影响汉语类型学研究的深度和质量。

三、用量化方式来处理和谐性,不追求绝对性和谐,从而减少了例外。

Hawkins 不把和谐性看做严格的语序共性,而是看做一种统计上的倾向,他称之为跨类和谐性(Cross-Category Harmony)。他选择了主宾俱全的小句结构的三种语序(V1, V2, V3,即动词居首、居中、居末)、带领属语和形容词定语的名词短语的三种语序(N1, N2, N3,即名词居首、居中、居末)、前后置词这三类结构做参项,以其语种库中材料齐全的 100 多种语言为基数,统计不同的和谐程度在语种分布上的差异,其统计结果见表 3-1(据 Hawkins 1983:140)。为了清楚,我们在和谐语序后加标"和",不和谐语序后加标"否",和谐性居中的语序后加标"中",通过高中低与语种数字的对比可以看出和谐的量化意义:

表 3-2a 介词短语—名词短语的语序和谐性

63 种前置词语言	79 种后置词语言	特定语序的语种总数
44 种 N1(和)	7 种 N1(否)	51 种 N1 语言
14 种 N2(中)	37 种 N2(中)	51 种 N2 语言
5 种 N3(否)	35 种 N3(和)	40 种 N3 语言

表 3-2b 小句结构—名词短语的语序和谐性

26 种 V1 语言	52 种 V2 语言	64 种 V3 语言	特定语序的语种总数
19 种 N1(和)	21 种 N1(中)	11 种 N1(否)	51 种 N1 语言
5 种 N2(中)	22 种 N2(和)	24 种 N2(中)	51 种 N2 语言
2 种 N3(否)	9 种 N3(中)	29 种 N3(和)	40 种 N3 语言

表 3-2 大体上显示,一种语言内各结构之间语序和谐度越高,语种分布就越广;和谐度越低,语种分布就越少。这说明人类语言的各语序虽不可能绝对和谐,但还是有追求和谐的明显倾向。当然我们也注意到,表 3-2 也存在不很理想的数字。在表 a 中有一处:79 种后置词语言中,和谐的 N3 语言有 35 种,反不如中等的 N2 语言 37 种。表 b 则有两处不理想。51 种 N1 语言中,和谐的 V1 语言 19 种,不如中等的 V2 语言 21 种;又,51 种 N2 语言中,和谐的 V2 语言 22 种,不如中等的 V3 语言 24 种。这说明即使通过量化,和谐性仍非处处占上风。另一方面,表 3-2 的不理想数字似乎也反映前后置词为一方得到的和谐性(表 a),强于不包含前后置词的结构间的和谐性(表 b),显示介词参项较强的力量。

四、追求永不违背共性的历时解释。

Hawkins 也认为语序共性和和谐性会影响历史演变。但他相信今天有效的共性在历史上也有效,永远不能被违背,因而希望能找出在演变途中也不违背共性的机制,这与 Vennemann 和 W. Lehmann 用演变途中来解释大量不和谐状态的观点又成鲜明对比。他用一定阶段两种结构双重存在,新结构通过频率提高来取代老结构,以及被蕴涵语序必须同时或早于蕴涵语序存在等假说来达到他的理论目标,并举了一些分析实例。由于这些假说需要大量语言的历时研究来验证,现在还很难评说其合理性。

总体上,Hawkins 的语序类型学模型比 Vennemann 和 Lehmann 的更加精致和严密,后出转精,尤其在技术操作上形成了一套形式化的方法。但是,Vennemann、Lehmann 和 Hawkins 的模型虽然发展了 Greenberg 模型中很不相同的甚至对立的方面,一求大而全,一求纯而精,但比起 Greenberg 来,他们都对语序类型学抱有过于乐观和理想的追求。大而全不可能,绝对的纯而精也难达到,根本上也许只能是倾向,不过倾向有强弱而已。即使是 Hawkins 的无例外共性,也是在有限的语种库中获得的,很难保证其绝对的普遍适用性,尤其难以保证其历史上的永久适用性(参阅 LaPolla 2002 对此的批评)。

3.3 Dryer 对和谐性模型的发展

Dryer(1992)致力于用新的材料来验证"Greenberg 式的语序对应性"(和谐性)。Greenberg 的语序类型学包含和谐性和优势语序两个侧面。Dryer 像 Vennemann 和 Lehmann 一样只关注前一侧面,并且同样以 VO/OV 为基本参项,而不像 Hawkins 更着意发展后一侧面。因此 Dryer 更像是在验证 Vennemann-Lehmann 式的和谐性。但是他大大扩充了材料,改进了方法,因而其验证结果很值得重视,而他别具一格的解释理论也比单纯和谐理论更有见地。

一、加大语种库,改进统计方式。

Dryer建立了一个迄今最大的语种库,收集了625种语言的材料(并非所有625种语言都齐备各参项所需材料);另一方面又认为单纯增加语种仍不能防止地域、谱系等造成的统计偏差。他采用的改进方法,是将625种语言分为100多个谱系上相关、地域和类型一致的亲缘组(genera)。再将这些组分为6大区,汉语组(含几大方言)属东亚东南亚太平洋大区,其他5区是北美、南美、非洲、西亚、欧洲。统计时某一对对应语序必须在亲缘组数目和大区数目上占双重多数才算成立。分布很不平衡的对应语序不被重视。这样得到的语序对应性应该具有更大的说服力。

二、提供了语序和谐性(对应性)的新图景,介词短语语序的地位得到凸现。

经过改进后的验证,Dryer确认下列结构是跟动宾语序有对应关系的配对语序(correlation pair),其中前一个是动词的对应成分(verb patterner),后一个是宾语的对应成分(object patterner),亦即VO型语言一般都有下列顺序,OV型语言则正相反:

(5) 介词—被支配名词

名词—关系从句

名词—领属定语

形容词—比较基准

动词—介词短语

动词—方式状语

系词—谓语(即国内所说的系词—宾语)

表想要的动词—"想要"所带的行为动词

值得注意的是,在这些对应配对中,与介词有关的占了两项。Dryer不但考察了介词类型(前置词/后置词),而且增加了介词短语相对于动词的语序(比较汉语:在上海住～住在上海)。更有意思的是,他注意到,介词短语的语序这个曾被忽略的参项是所有参项中与动宾结构语序的对应关系最密切的,几乎是无例外共性。

Dryer 的统计也体现了汉语与语序和谐性相当突出的相左之处。上面讲介词短语与动宾结构语序的和谐几无例外,其实反例只有东亚的一个亲缘组即汉语组(Dryer 1992 没有点明是汉语组,但在 Dryer 1999 中明确指出就是汉语组)。在 60 个 VO 型亲缘组中,59 组都使用以"动词—介词短语"的语序,如英语 dance on the stage,但只有汉语 1 组却以"介词短语—动词"的语序为常规,如"在台上跳舞"。此外,汉语在名词和关系从句、形容词和比较基准(Dryer 不考虑比较标记)方面也是 Dryer 统计中的惟一例外。VO 语言都使用"名词—关系从句"(如英语 the book that I read)语序和"形容词—比较基准"(如英语 taller than John)语序,在 VO 语言中唯有汉语使用"关系从句—名词"(我看的书)和"比较基准—形容词"(比小张高)两种语序。Dryer (1999)把语种库扩大到逾 900 种,汉语在这些方面惟一例外的身份仍然没变[1]。这确实是非常值得汉语学界深入探究的课题。

根据 Dryer 的统计,下列被 Vennemann 等看做与 VO/OV 语序和谐的结构都没有理由看做动宾结构的对应结构:

(6) 名词带形容词定语

名词带指示词定语

形容词带程度状语

动词带否定词

动词带时/体标记

不过,需要指出,Dryer 模型只关注纯和谐性,不考虑优势语序现象,因此可能会掩盖某些和谐现象。试设想 WX 与 VO 和谐,同时 WX 又是优势语序,那么 WX 也可能分布在许多 OV 语言中(优势语序不必出现在和谐状况中),但反过来非优势的 XW 决不可能分布在大量 VO 语言中。但 WX 在 OV 型语言中的大量存在使得 W 和 X 的语序在 Dryer 的模型中无法构成与动宾结构的和谐关系。可见,Dryer 也没能避免忽视优势语序造成的片面性。

三、重新认识某些结构的核心—从属关系。

Dryer 的统计显示,还有一些结构,按以前和谐论定性的中心语—从属语,不但难以建立对应关系,而且统计数字与预期的正好相反。这就意味着,假如反过来把中心语和从属语颠倒看,对应关系反而成立。换句话说,可以跟动词对应的,在传统语法中被看做从属语,可以跟宾语对应的,在传统语法中反倒看做中心语。如冠词/尾词 (article),传统上被看做名词的修饰语,但在语序上,冠词/尾词往往与动宾结构的动词对应,而名词则与宾语对应。即 VO 语言多用"冠词—名词",OV 语言多用"名词—尾词"。他举的这类对应结构有下面这些(按 VO 型列举):

(1) 冠/尾词—名词

时体助动词—主要动词

否定助动词—主要动词

疑问助词—句子

表复数的词—名词

有趣的是,传统语法认作从属语的成分而 Dryer 从语序对应看属于核心的成分,有些在生成语法中也被看做核心,是投射整个短语 (XP) 的词汇项或功能项 (X)。比如,冠词 D 是 DP(指示词短语)的核心,NP 则是冠词的补足语;否定成分 Neg 是 NegP(否定短语)的核心,被否定的 VP 则是其补足语,等等。这也许反映了一定程度的殊途同归。但语序类型学远非与生成语法处处合拍。根据语序类型学,冠/尾词可以是动词的对应成分,而指示代词不是,甚至还更接近宾语的对应成分。在有的语言如藏缅语族中的夏尔巴语(Sherpa)中,定指成分同时出现于名词短语的两端。据 Givón(1984:157)所记,"这男人"在夏尔巴语中说成 ti mi-ti,他用英语词对词翻译是 the man—DEF,即前一个 ti 是定冠词,后一个 ti 是定指后缀(DEF 是 definite'有定'的缩写)。根据他的标写法,显然前 ti 独立性强于后 ti,后 ti 更虚化,因此也许更适宜对译为 this man—the,即前 ti 是指示代词,后 ti 是与英语定冠词相当的"定尾词"。夏尔巴语像其近亲藏语一样是 SOV 语言,核心居末。定尾词作为核心居于名词后非常合理,而指示词像其他一些修饰语一样居于名词之前,与 OV 语序和谐,这也很正常[2]。在生成语法中,将指示词和冠/尾词所在的短语统称 DP。对英语等部分语言来说,指示词和冠词的确是语序一致的,而且在同一 DP 中互相排斥的(*the this man / *this the man),统一处理尚无大碍。可是对夏尔巴语这种冠/尾词和指示词可以同现并且语序不同的语言来说,生成语法的 DP 理论就不是处处可行了。这时候,区分指示词和冠/尾词十分重要,而且只有冠/尾词才是这种短语的核心,指示词不是核心。

四、解释语序和谐(对应)性的新假说。

Dryer 觉得用核心语—从属语的模型难以全面解释语序的各种对应和不对应现象,因而提出了自己的新假说:分支方向理论(Branching Direction Theory,简称 BDT)。根据这个假说,跟动词位置对应的成分都是词汇性单位,至少是不能按递归原理充分扩展的单位,如介词、冠词、否定助动词等等,而跟宾语位置对应的成分都是可以按递归原理充分扩展的短语性单位,是可分支的结构,如名词短语、动词短语,等等。一种语言倾向于向同一方向分支:不可分支的词汇性单位在一侧,可以分支的短语单位在另外一侧。他的理论也许可以较好地解释和谐现象在什么范围内起作用,即什么是 Greenberg 说所的"类似的结构",其两个成分的相互位置会对应于动词和宾语的相互位置。但是,正如我们一再强调的，和谐只是语序共性的一个方面，优势语序现象同样重要。所以，Dryer 的原则也不能成为语序共性的总原则。此外，核心—从属语理论关心的是句法结构的关系类别问题（在一个结构中何为核心，何为从属语），Dryer 的分支方向理论则不关心句法结构的关系类型而只关心其层次问题（哪个是不可扩展的单层结构，哪个可扩展为多层结构？）。假如 Dryer 的理论成立，那么人们可以进一步问：为什么在语序共性中语法的层次结构比关系结构还重要？这是非常值得进一步探讨的。

3.4　语序共性的解释

Greenberg 的开创性论文是描写重于解释。而以后的语序类型学家往往在描写的同时也致力于对语言共性的解释。总体上，大部分类型学家倾向于用功能方面的因素来解释语言共性，而不大采用 Chomsky 的语法先天性理论来解释（见 Comrie 1989：223—229）。Hawkins 是类型学家中比较乐意采纳生成语法的部分成果的，例如用生成语法的 X 标杆（X'）理论来解释他的跨类和谐（Hawkins 1983：183—205）。因为 X' 理论设定句法结构有一种系列化倾向，不同的结构都遵循同样的模式，这样可以降低语法的复杂性，他据此部分解释了跨类和谐的原因，但并没有因此承认生成语法所信奉的语法先天性。

20 世纪 90 年代以来，国内不少语法学者不满足于单纯的描写解释，也开始追求对语法现象的解释。其实，解释具有不同的层次，解释和描写之别是相对的而非绝对的，一种语言学的处理往往对下一层描写而言是解释，对上一层解释而言又只是描写。描写本身必然要采纳一定的描写框架，而这些框架，如直接成分法、X 标杆理论或配价结构等，本身就带有对语法现象作基本解释的要素。对所描写现象的直接解释,也可以看做一种高层次的描写,本身还需要更高层次的解释。比如用类型学方法进行跨语言比较,发现不同结构语序之间的相关性,这是典型的类型学描写,相对于一种语言内部的语序描写而言,这也可以看做是一种解释:某语言的语序为什么如此? 原来这不是偶然的,而是语言的共性;而面对为什么这些语序之间有相关性的问题,则还需要进一步的解释。

Hawkins(1983:88—92)针对一系列与修饰语语序有关的蕴涵性共性及组合而成的名词修饰语语序优先序列(见 3.2 例 3,4 及其分析),提出了重度等级(Heaviness Hierarchy)的解释:人类语言倾向于把重的(即长和/或结构复杂的)成分放在右边(即后面)。所以,在 SOV 语言中,关系子句最不规矩,时常跑到名词后面去,因为关系子句是各种定语中最"重"的一种。然而,人们还是可以如好奇儿童般进一步发问:为什么重的会在后? 这还需要进一步解释。再如前述 Dryer 的分支方向理论也是对语序和谐性的一种直接解释,而为什么分支方向决定语序,也需要进一步的解释。以上 Hawkins 和 Dryer 的解释,共同反映了一种重要现象:结构的层次性和复杂度可以比结构的关系性质更多地影响语序。这背后应该有交际和/或认知方面的原因。对这些原因的解释,可被视为进一步的解释。Arnold 和 Wasow(2000)就通过心理语言学实验从言语理解特别是言语生成等角度对重成分后置原则作了较好的进一步解释:重成分占用较多的短时记忆,放在后面可以减少短时记忆负担;重成分的生成也需要说话人更多的思考时间,放在后面也减少了说话的思考负担。

布拉格学派的类型学家 Sgall 把和谐现象归结为经济性原则(参阅 Shibatani & Bayon 1995:8)。请注意,由法国功能派学者 Martinet 等提出来的经济性原则,主要关心的是交际中的经济性;而 Sgall 这里谈的实际上是一种认知方面的经济性:类似的结构用同样的语序规则,减少了大脑记忆和处理的负担。

Comrie(1989)提到的共性(不单是语序共性)的解释思路有:世界语言单源说、先天说、功能说,并认为功能说最有希望。

Croft(1990)提出的解释也都属于语言的功能方面。Croft(1990:246)同时认为功能解释最终要归结到人的心理乃至生理基础,因为无论是认知功能还是交际功能都以人类的心理和生理条件为基础。他认为这一来,功能解释与生成语法最终仍是相通的,因为生成语法就是把语言能力归结为先天因素,先天因素当然也就是由生理条件决定的。他具体讨论的功能因素有:经济性、象似性和交际动因。在语序共性方面,他引用 Bybee 等研究,指出成分在线性序列中的接近度与概念间的紧密度一致,体现了语言很强的象似性。Haiman(1983)一书汇集了诸多用象似性解释语法共性的论文。

Hawkins(1994)一书是他研究语序共性的又一宏著。与他 1983 的专著着重对语序共性的描写不同,这本新著主要致力于语序共性的解释。他(1994:409)认为语序应当从语言应用(performance)的角度寻求解释,而生成语法所相信的语言能力(competence)的先天性对语序共性的作用不应高估。他相信语序共性的背后成因是寻求语言操作的容易性,亦即降低语言结构的操作难度和复杂性。对于结构复杂度,他大体上是用类似形式语法的结构树形图来定义和测量的(同上 29),其计算方式与陆丙甫(1986a,b)提出的组块分析及难度计算颇多相似。他认为语言为了达到操作简便的目的所遵循的主要原则是"直接成分尽早确认原则"(Early Immediate Constituents),简称 EIC 原则。全书大部分篇幅都用来对各种语言进行测试,说明它们怎样可以用 EIC 来解释。值得注意的是,与多数类型学家的操作性解释不同,Hawkins 指出 EIC 原则主要是解释句法操作("直接成分"是句法概念),而不是其他人强调的语义或语用操作。即使有些句法概念源于语义或语用,它们也都是作为句法化了的句法成分接受 EIC 原则支配的。在强调句法独立性这一点上,他更接近形式学派的立场。他并且指出,用话语功能解释共性的理论存在明显的矛盾,如布拉格学派的从已知信息到新信息的原则与 Givón(1988)的从"重要信息/不可预测"到"次要信息/可预测"原则就是矛盾的。他认为这些相矛盾的原则都只能解释部分语言,而他的 EIC 才能解释真正的语序共性。当然,Hawkins 也清楚不是所有语序现象都符合 EIC。但是他认为符合 EIC 的结构在语种分布和话语分布方面都有绝对的优势。他认为 EIC 既可以解释生成语法的很多发现,也可以给功能派学者不同的答案找到共同的解释,这不免显得过于自信。可以肯定有些语序共性和倾向与直接成分辨认没有必然关系。比如,条件句前置和目的句后置的强烈跨语言倾向,与语言的象似性明显有关,而跟直接成分完全靠不上。从理论角度说,可以像生成语法那样相信语法的根本规则由先天机制造成,也可以相信语法规则是由语言操作规则决定的。Hawkins 已经取了后一种态度。假如承认是操作决定的,那么操作的目的就是有效地传达信息并让对方按说话人的意愿听辨及理解信息。承认操作的决定性作用,同时又坚持一种排斥语义语用规则的纯句法观,这种观点是有内在矛盾的。

有一些研究语法化的学者更愿意用历时演变来解释语序共性。这与用语序共性来解释历史演变的做法形成某种对照,到底何为因,何为果确实值得进一步思考。Mallinson & Blake(1981:385—390)在 Vennemann 研究的基础上进一步揭示了动词、名词和介词在发生学上的普遍联系,从而造成动宾语序、领属结构语序与介词类型的和谐。在 VO 语言中,由动词虚化来的介词当然会是前置词。在 OV 语言中,则动源介词会是后置词。又因为 VO 语言多采用 NG(名词+领属语)语序,所以由被饰名词虚化来的介词也会是前置词,反之在 OV 语言中则会

3. 语序类型学的发展

是后置词。LaPolla(2002)主要以汉藏语系为例,也对不同结构之间的语序相关性采用了历时语法化的解释。

[1] 此外,兼有 SVO 和 SOV 的白语也是关系从句前置的。一般认为白语是受汉语影响最深的藏缅语,郑张尚芳等则认为白语不属藏缅语,而与汉语组成"汉白语族",相当于深受藏缅语影响的汉语。

[2] 根据金鹏主编(1983:65—67)和王志敬(1994:420),藏语近指词是 ti[13]。此同夏尔巴语 ti(也当与上古汉语"之、是"系指示词同源)。两书都提到 ti[13] 可以在名词前,也可以在名词后,王书并指出在拉萨口语中还是 ti[13] 后置更多。但两书例中均未见 ti[13] 在名词前后同时出现的情况。这是否与夏尔巴语有别,待考。

4. 语序类型学中的介词和连词参项

4.1 语种类型学与特征类型学

在第 2、3 章中,我们已经讨论到介词和介词短语在当代语序类型学中的"显赫"地位。本章进一步正面讨论介词参项在语序类型学中的作用,以及介词和连词在语序类型方面的高度相关性。在这之前,我们需要先讨论一下类型学本身的一种分类,即语种类型学和特征类型学,因为我们对介词类型所持的就是一种特征类型学的态度。

在形态还主导着类型学时,萨丕尔(1962[1921])就注意到,同一种语言不但可以根据不同的形态参项(例如屈折还是黏着,综合还是分析)划归不同的类型,而且可以根据同一种参项同时划归多种类型,只是不同类型特征的比重可能不同,如屈折多于黏着,或黏着多于孤立,诸如此类。语序类型学同样面临这个问题,这方面德语是一个突出的例子。德语的小句语序若按主句分,是 V2(动词占据第 2 位置)类型。V2 语言难以简单地纳入 Greenberg 的三类型模式。Greenberg 的 II 型语言是 SVO,而德语主句虽然动词居二,但不是 SVO 这么简单。假如 V 前是主语,则是 SVO;假如 V 前不是主语,而是处所状语之类,则主语要到动词后,于是成为 VSO。另一方面,假如按从属句分,德语又是标准的 SOV。于是,Greenberg 的 I、II、III 型,德语给占全了。引入介词使德语的类型图景更显复杂:德语既有前置词,也有后置词,还有前后一起用的临时性框式介词。德语的类型复杂性真可以与汉语在分类时的难处同病相怜。此外,正如 Downing(1995:18-19)所指出的,并非所有语言都能用同样的标准确定类型,因为有些语言不存在用作参项的语言范畴。据我们所知,自由语序语言、部分话题优先语言和部分作格(ergative)语言就不是很适合根据 S、O、V 的位置分类。

  这些复杂和困难的情况,并不意味着类型分类没有意义。假如我们把不同参项组合起来考虑,则逻辑上的可能类型比实际上能验证的类型要多许多倍。许多逻辑上存在的类型完全找不到例证,而且参项越多逻辑类型也越多,逻辑类型和实际类型的差额也越大。这正是激发类型学家们探究欲望的主要动力之一。例如根据两个参项、每个参项有两个构成成分参与语序,则逻辑类型有 4 种(AB—ab;AB—ba;BA—ab;BA—ba)。假如根据三个参项,每个参项有三个成分参与语序,逻辑类型就激增至 216 种(ABC—abc—XYZ, ABC—bca—YXZ……)。语序类型学显示实际验证的类型远远小于逻辑类型。其中部分原因,如 LaPolla(2002)指出的,是人类语言总数还不够大,没有足够机会填补所有逻辑可能;许多语言还有谱系和地域联系,不排除"遗传"(早期同源)和"传染"(后来接触)导致类型趋同。但是也不能过高估计谱系和传播的力量。英语和德语这么"亲"(同属日耳曼语族),爱尔兰语和英语这么"近"(地域相邻),语序类型却大异其趣:英语是 SVO型,德语是主句 V2 型、从句 SOV 型,爱尔兰语是 VSO 型。人类语言实际语序类型远少于逻辑可能类型的主因之一,还是不同句法结构间存在蕴涵性共性或强弱不等的和谐,使很多逻辑上的类型不可能出现。比如,AB 的语言都使用 ab 语序和 XY 语序,则 AB—ba—XY、AB—ab—YX、AB—ba—YX 等逻辑上可能的类型就无法出现了。因此,根据一定的参项来进行类型分类不但是可能的,也是非常必要的,因为它引导我们思考是什么因素使这么多语言集中在很少几种类型,而让大量逻辑可能的类型成为无语言可验证的"空类型"。不过,面对有些语言内部的复杂情况,我们确实需要改进类型分类的方法。

德国学者 Altmann 和 Lehfieldt(1973,转引自 Vennemann 1984:597)提出一般类型学(general typology,译自德文 allgemeine Spachtopolie)和局部类型学(partial typology,德文 Teiltypogien)的观念,就部分地针对语言内部类型特征复杂的状况。一般类型学用许多特征给一种语言整体上进行分类,例如该语言整体上是 SVO 还是 SOV 类型等。局部类型学只给语言中的某一具体要素特征(部件)分类,例如该语言有前置词,具有前置词所蕴涵的其他语序特征,但并不排除它也可以同时存在后置词,具有后置词语言的一些相关特征。由于语言要素的各种复杂性,一般类型学很难取得令人满意的结果,这一点 Sapir 在作形态分类时已经看到。Vennemann(1984:597)于是认为类型学只应该是局部类型学,一般类型学根本无法存在。Croft(1990:33)用整体类型学(holistic typology)和局部类型学来称呼两者。他没有完全否定前者,但同意应更加关注后者。根据 Croft 的用语,整体类型学分出的类型为语种类型(language types),例如孤立语还是屈折语,SVO 语言还是 SOV 语言等;局部类型学分出的类型则为语言特征类型(linguistic types),例如德语有 V2 类型(含 SVO 和 VSO 两种变式),又有 SOV 类型,既有前置词、又有后置词,等等。本书把整体类型学叫做"语种类型学",把局部类型学叫做"特征类型学"。

语种类型学和特征类型学之别对解决汉语语序这个老问题很有帮助。特征类型学是一种更加现实、也更加精密的类型学。它以要素特征为单位,不会让同一个特征出现在不同的类型中。特征参项得出的类别也很少,通常为两三个,例如根据领属语和中心名词的相对位置,只有领属语前置、领属语后置、领属语前后置都允许三种情况。不会出现类型多得难以应付的局面。更重要的是,特征类型学保留了特征和特征之间的蕴涵关系及和谐关系。语言要素难以记数,只有具备蕴涵关系及和谐性的特征范畴才有资格被选中作参项。以语种类型学为基点,则许多语言如汉语、德语因为跨类而成为棘手的案例;以特征类型学为视角,就可以看到即使在兼有多种类型特征的语言中,特征之间的蕴涵或和谐关系仍然存在。例如,德语 VO 和 OV 并存,无独有偶,德语前置词和后置词也并存。用这种特征类型学的角度来研究汉语语序和介词类型,很多问题就可以有更令人信服的解释。而以前关于汉语语序 SVO 还是 SOV 的讨论,大多受限于语种类型学的观念,使问题难以解决。

4.2 介词参项的诸方面

4.2.1 介词参项的普遍适用性:如何看待"无介词语言"

介词类型问题得到当代语序类型学越来越多的重视,这是因为介词类型比其他结构的语序更具有类型学预测力(从一种语序预测另一些结构的语序),上面对几个语序类型学模型的分析显示了这一点。但是,介词似乎还不是一个普遍适用的参项,因为根据语言描写,有少量语言是没有介词的。其实在很多情况下,有无介词不是语言事实问题,而主要是术语问题。例如,日语的后置介词,在日语传统教学语法中常被称为助词,而日本的类型学家则称它们为后置词。不过,没有介词有时还似乎真是个语言事实问题,但 Tsunoda 等(1995)借助计算机软件的大规模调查统计从一个角度解决了这个问题。他们检查了 130 种语言的 19 个语序参项,然后用计算机统计方法根据接近度逐层归类,结果发现人类语言可分为前置词语言和非前置词语言两大类。非前置词语言又包括后置词语言和无介词语言两类。这一研究表面上承认无介词语言的客观存在,实际上却进一步加强了介词参项的重要性。

第一,他们事先赋予介词参项和其他语序参项同等地位,一起输入电脑,没有给予介词参项以特殊的地位。然后,由电脑进行没有先入之见的综合计算,看用什么语序作参项最能按语序给语言分类。统计的结果表明,人类语言的最大的语序类型界限确实是用介词参项划出的,即用什么介词对其他语序的连带影响最明显,能预测的语序最多。因此,语序类型学确实应当以介词为核心参项。

第二,介词参项不但适用于有介词的语言,也适用于无介词的语言,后者的语序表现是与后置词语言相同的。

第三,在130种语言中的19种"无介词"语言的各种语序表现与后置词语言一致。这提醒我们注意"无介词"与后置词的特殊关系。无介词语言中很多是用所谓格助词或格标记来表示间接题元的。例如列入统计的缅甸语,被归入无介词语言,但据我们所知,该语言就是用后置的格助词来起介词作用。所谓格助词如果表现得更加虚化和弱化一些,就被称为格标记或后缀,一般都是后置的。Greenberg(1966)已注意到后缀相对于前缀是优势类型。Tsunoda 等的论文也提到了前后置词不对称:后置词更容易失去独立性变成词缀。而从介词到格标记是极其正常的语法化途径,实际上只是虚化度和黏着度问题(C. Lehmann 1995:79)。所谓格标记其实正是弱化后的后置词。因此,所谓无介词语言,多半应该是格后缀语言,说到底就是后置词弱化、独立性弱的后置词语言。所以后置词语言和无介词语言类型上的共同点,就是后置词语言的共同点。反过来,前置词在句法上和韵律上都有更强的独立性,很难虚化为格前缀,据 Hawkins 和 Gilligan (1988,见 Hawkins & Cutler 1988:286)考察,"假如一种语言中名词有格词缀,它们必然是后缀"。由此可见,所谓无介词语言的存在毫不影响介词参项作为普遍适用的语序类型学参项。

Tsunoda 等的成果也给汉语研究提出了挑战。他们按习惯,把汉语归入前置词语言,结果发现汉语是仅有的个别例外之一:在其他语序方面,汉语跟非前置词语言更接近。这使我们进一步怀疑把汉语单纯看做前置词语言是否准确。

4.2.2 介词的语序与介词短语的语序

多数语序类型学家关心的介词问题就是介词本身的语序——前置词还是后置词。Dryer(1992)和 C. Lehmann(1992)则在同一年强调了介词语序的另一方面:介词短语和所修饰核心的语序。

Dryer(1992)发现,介词短语和所修饰动词的语序是与动宾结构语序最和谐的。这进一步凸显了介词在语序类型学中的重要性,尽管 Dryer 的框架本身是基于动宾—宾动语序的。

C. Lehmann(1992)则为了研究语法化的程度而区分了介词语序的两个方面。一方面是介词相对其所支配的 NP 的语序,即介词在介词短语内的语序。这一参项下有前置词(即"介词+名词"语序)和后置词("名词+介词"语序)这两种情况及两者并存的情况。另一方面是介词相对于统辖整个介宾短语的 VP 的语序,即介词短语整体的语序,有"介词短语+VP"和"VP+介词短语"两种情况。C. Lehmann 注意到,介词本身的语序比介词短语的语序更加固定。语法化程度较低、刚从实词中来的介词,其两方面语序都比较灵活。如德语中有些介词既可作前置词,也可作后置词。以这种介词为核心的整个介词短语语序也比较灵活,在动词前后都可出现。语法化程度较高的介词,本身在介词短语内的位置已固定,如德语中的很多纯前置词,但以这种介词为核心的整个介词短语的语序仍比较灵活。到更高的语法化程度,则介词的语序和介词短语的语序都可能变得固定。

上述两位的介词理论帮助人们留意在类型学中曾被忽视的介词短语整体的语序,这对汉语研究有直接的启示,后文将深入探讨介词语序和介词短语语序两者之间的密切关系。

4.2.3 介词短语作状语与作定语

上面所说的介词短语的语序,指的都是介词短语相对于其所修饰的动词的语序,因为介词短语的作用首先是作状语修饰动词,为动词介引间接题元。不过,很多语言中介词短语还可以作定语修饰名词,其中的一些现象也颇值得语序类型学思考。因此,本书把介词短语修饰名词的情况也纳入考察范围。

介词短语作定语时,介词有兼定语标记和不兼定语标记两种情况,因语言而异。有些语言介词短语作定语跟作状语一样都以介词为从属标记,介词实际上兼有定语标记作用。如英语 the book in the chair'椅子里的书'和 to sit in the chair'在椅子里坐'都以 in 为引导的虚词,没有另用虚词标记。说这类语言的人可能根本不觉得作定语标记是介词"兼有"的功能,而会看做是介词应有的功能。假如多看些语言,就会发现原来介词并不一定具备定语标记的作用,介词短语作定语时可能还得请真正的定语标记出场。譬如,日语后置介词短语作定语时就需要另外加上一个定语标记,也是后置的,两者形成叠加:

(1) しんぶん　へ　の　ひはん
　　　shinbun　e　no　hihan
　　　报纸　　对　的　批评
the criticism of the newspaper '对报纸的批评'

表示"对报纸"的后置词短语作定语时除后置词 へ e 外,还要加一个后置的定语标记 の no。这个 no 在英语中是不需要的,单靠一个 of 解决问题。

介词短语作定语和作状语语序是否一致也非常值得注意。两者可能相同,也可能有所不同。在日语中,定语和状语一律前置于核心,两种语序是一致的。在英语中,介词短语作状语有动词后和动词前(尤其是主语前)两种语序,作定语只有后置于核心一种,两者并不完全一致。在汉语中,尤其是古汉语中,作状语也有动词前和动词后两种语序(在后时或称"补语"),而作定语只有前置于核心一种,定状的情况也不等同,但介词短语定语的位置正好与英语相反。总体上介词短语作定语和状语的语序是全同或大部相同,尚未发现定语位置和状语位置完全相反的语言。

虽然介词短语作定语在英语和汉语中的语序正好相反,但两者在更高层次的重要共同点是介词短语定语的语序比介词短语状语的语序固定。这并非偶然。语言学家早就发现了语序方面的一条规律:语法单位所在的层次越高,其语序越自由,反之,则其语序越固定。各级语言单位按语序从固定到自由的排列大致是:词内的语素 ＜短语内的词 ＜小句内的短语 ＜复句内的分句 ＜篇章或句群内的句子。定语只是名词短语内的词(或更小的短语),定语所在的定中短语才充当小句的成分。状语是直接修饰小句核心的成分,是小句结构的组成成分。定语的语序比状语固定是非常自然的。

4.3 Dik 语序类型学中的联系项(relator)理论与介词的语序

为什么介词会在语序类型学中占据如此重要的位置?介词本身在句法中的地位固然是重要因素(见 5.1),而一个更直接的原因则是 Dik(1997)的"联系项"理论所揭示的介词的"联系项"性质。尽管发现、揭示介词共性的类型学家如 Greenberg、Hawkins、Dryer 等并没有将与介词相关的共性同联系项的位置特点联系起来,但我们在分析了 Dik 的"联系项原则"后发现,这里存在着直接的相关性[1]。

4.3 Dik 语序类型学中的联系项(relator)理论与介词的语序

Dik 认为连词、介词、格标记、各种从属小句引导词(subordinators,包括关系代词等)、修饰语标记(包括形容词标记,如英语 traditional 中的 al;副词标记,如英语 slowly 中的 ly;领属标记,如英语 John's room 中的 s)等都是"联系项"(relator)大家族中的成员,其共同作用是将两个有并列或从属关系的成分连结成一个更大的单位,并且标明两个成分之间的关系(同上 398)。Dik 为联系项专门提出了一条含两个子条的语序原则(同上 406):

(2) 联系项的优先位置为:(i)在两个被联系成分之间;(ii)如果联系项位于某个被联系成分上,则它会在该被联系成分的边缘位置。

(2)的两个子条实际上反映了联系项位置的两个不同的方面,而两者常常是可以同时满足的。比如,就普通话连词"和"来说,在"中国丝绸和意大利皮鞋"中,"和"作为联系项正处在被联系成分"中国丝绸"和"意大利皮鞋"之间,符合(2i)。另一方面,假如在这个短语的两项中间插入停顿,可以发现停顿只能在前肢与"和"之间(中国丝绸,和意大利皮鞋),不能在"和"和后肢之间(* 中国丝绸和,意大利皮鞋)。这表明"和"本质上还是加在后面一个被联系成分上的,而且位于这个成分的前边缘位置,所以也符合(2ii)。

所谓"优先位置",就说明他的原则不是绝对共性,而是倾向共性,不过这条原则具有很强的经验基础、预测力量和理论力量,其意义和价值表现在以下三个方面。

首先,正如 Dik 自己指出的,联系项原则具有很强的预测力,它覆盖的结构很多,其"预测力至少在很强的统计意义上是正确的"(同上 406)。就我们接触的几十种语言材料看,联系项原则的预测力确实非常强。下面只就介词的情况略举数例。

在前置词语言中,前置词短语通常在 VP 后,呈"VP+前置词+

NP"的语序,前置词正好处在介于 VP 和 NP 中间的位置。如:

(3) 英语(SVO 型)

  a. to sit in the chair

    坐 在…里 这 椅子 '坐在椅子上'

  b. to open it with a key

    开 它 用 一 钥匙 '用一把钥匙打开它'

(4) 傣语,西双版纳(SVO 型,梁敏、张均如 1996:869)

  a. up^9 tɔ^5 su^1 tsau^3 (调号指调类)

    说 对 你 '对你说'

  b. mai^3 mən^1 fai^2

    热 像 火 '像火一样热'

(5) 佤语(兼 VSO 和 SVO 型,颜其香、周植志 1995:437—438)

  a. Sai hu mai maiʔ

   (人名)去 和 你 'Sai 和你一起去'

  b. kiʔ tciak kahkhɔ

   挖掘 用 锄 '用锄挖掘'

  c. Nji lhauŋ khaiŋ nɔh

   (人名)高 比 他 'Nji 比他高'

(6) 复活节岛语(Easter Island,VSO 语言,Chapin 1978:146)

  a. he oho te miro mai Magareva ki Nuku Tava

   过去时 去 这/那 船 从 (地名) 到 (地名)

 '那条船从 Magareva 到 Nuku Tava 去了'

在后置词语言中,后置词短语通常在 VP 前,呈"NP-后置词-VP"的语序,后置词还是在 VP 和 NP 中间的位置。如:

(7) 日语(SOV 型,Kuno 1978:79)

  Taroo ga zidoosya de Hanako to Tookyoo kara Hiro-

  太郎(主格) 汽车 用 花子 跟 东京 从 广岛

4.3 Dik 语序类型学中的联系项(relator)理论与介词的语序

shima made ryokoosita

　　到　　旅行

'太郎跟花子一起坐车从东京到了广岛旅行'

(8) 朝鲜语(SOV 型,取自互联网材料)

haksaeng i chigum hakkyo so Han-guk mal

学生 （主格）现在　　学校　在…里　韩国　语言

ul kongbu hamnida

(宾格)　　学习

'学生现在在学校里学习韩国语'

(9) 匈牙利语(兼 SVO 和 SOV 型。取自互联网材料)

a. Az irodá ban dolgozik

　他　办公室　在…里　工作　　'他在办公室里工作'

b. London ból Romá ba utazom

　伦敦　从　罗马　到　旅行　'从伦敦来到罗马旅行'

(10) 拉祜语(SOV 型,戴庆厦 1990:89)

la^{31} nɔ^{33} tha^{31} la^{31} pe^{31} thï^{35}（调号为调值）

手指　在…上　戒指　戴　'手指上戴着戒指'

(11) 纳西语(SOV 型,戴庆厦 1990:87)

sï^{55} kv^{33} nɯ^{33} dze^{33} khv^{33}

镰刀　用　麦子　割　'用镰刀割麦子'

其次,从以上举例可见,Dik 的原则可以帮助解释其他已发现的有关介词的共性。学者们已经发现,以动宾—宾动语序为参项,跟它最和谐(最对应)的两类语序是介词类型(见 3.2)和介词短语对所修饰核心的语序(见 3.3)。现在可以明白,这与更为概括的联系项原则有关。Dryer(1992)的统计显示,现代汉语以外的 VO 型语言都以介词短语后置于所修饰的核心为常。这时要让联系项位于所联系的两个成分之间,惟有使用前置词,如英语 sit *in* the chair,古汉语"青取之于蓝,而青于蓝"。在 OV 型语言中,介词短语在所修饰的核心之前,这时要让联系项位于所联系的两个成分之间,惟有使用后置词,如日语 zidoosya *de* ryokoosita(用汽车旅行。字面语序:汽车—用—旅行)。当然,更为直接的和谐性应当存在于介词类型和介词短语的位置之间,即使用前置词的语言,介词短语当在动词后,如英语、壮语等,使用后置词的语言,其介词短语当在动词前,如日语、拉祜语等。可惜囿于看重动宾结构的传统,这一对和谐语序尚未有人做大规模的语言分布调查统计,但我们从其他相关共性中已足以间接观察到其间的相关性。

    最后,联系项原则又可以从更高层次的大原则得到合理的解释。Dik 的若干条语序总原则(GP)中,放在第一位的便是象似性原则(Dik 同上 399)。我们凭直觉就能知道,联系项位于所联系的两个成分之间是最符合象似性原则的。所谓联系项,就相当于社交场合的介绍人。当 A 要介绍 B 和 C 互相认识时,最自然的位置当然是站在 B 和 C 之间,假如介绍人 A 站在 B 的后面介绍 B 和 B 前面的 C 认识,那是很别扭。换一个比方,联系项也相当于黏合剂,把两个东西连接在一起。拼接两块木头的榫头当然要在两块木头之间,黏合两块砖的水泥也必须抹在两块砖之间。联系项原则体现了语言规则对行为规则的最佳模拟。此外,对介词来说,联系项原则也符合 Dik 的另一条总原则,即"核心相近原则",同时符合 Hawkins(1994)提出的"直接成分尽早确认原则"。介词是介词短语的核心,介于 NP 和 VP 之间的位置使它在整个短语中最靠近上一层的核心即所修饰的动词核心。如在英语 sit in the chair 中,in 作为 PP 的核心与整个 VP 的核心 sit 是最靠近的。核心靠近,在理解句子时也最容易辨认出直接成分。7.2.4 将用汉语的例子说明联系项原则也最有利于减少结构性歧义。至于另一子条(2ii),则符合 Dik 的另一条语序总原则,即"范域整合原则"(The Principle of

4.3 Dik 语序类型学中的联系项(relator)理论与介词的语序

Domain Integrity)(p402)。该原则要求各成分的范域界限清楚,避免交叉。联系项只有位于所在短语的两端之一才能保证范域界限清楚。假如插在所在短语的中间,如把英语 in my chair 说成 * my in chair,就造成了范域的交叉:in 管辖 my chair,这个短语却被分割在 in 的两边;chair 管辖 my,却被它所不能管辖的 in 隔开。

联系项原则不但是介词与小句结构之间语序相关性或和谐性的深层原因,而且是其他一些已被注意或尚未被注意的语序共性的深层原因。语序类型学家向来重视差比句的语序。表1—1所引的 GU22 就是一条有关差比句和介词相关性的共性:

(12) GU22 当差比句的惟一语序或语序之一是"基准—比较标记—形容词"时,该语言为后置词语言;如果惟一语序是"形容词—比较标记—基准"时,大于偶然性的绝对优势可能是该语言为前置词语言。

为什么差比句跟介词类型如此相关呢。看一下 Greenberg 描述的两种情况。"基准—比较标记—形容词"的结构,如毕节彝语(ŋv²¹ bu¹³ ʔa³³ mu³³) ŋv²¹ ka³³ mu²¹(我—的—哥哥)我—于—高,'(我的哥哥)比我高'(丁椿寿 1993:286),实质上就是一种"从属语—联系项—核心"的结构,联系项(即比较标记)居中,与"NP-后置词-VP"是同一模式,难怪这种语言会使用后置词。反之,"形容词—比较标记—基准",如英语 taller than John,古汉语"(苛政)猛于虎",实质上就是"核心—联系项—从属语",联系项也居中,与"VP-前置词-NP"(如英语 to sit in the chair,古汉语"卧于地")是同一模式,当然也就会使用前置词了。这些共性的核心意义在于保证联系项的居中位置。此外,联系项原则也是介词语序类型和连词的语序类型高度一致的重要原因之一。上面的几种语序类型学模型尚未涉及连词的语序类型,所以本书将专门研究一下介词和连词在语序类型方面的这种高度一致性。

4.4 介词与连词语序类型的一致性

连词与介词同属联系项范畴,联系项原则实际上已经注定这两种词类在语序上的一致性。在一种语言中,从属句的位置总是倾向于跟介词短语的位置一致,因为介词短语是句中的从属语。在此情形下,同为联系项、同样倾向于居中位置的介词与从属连词当然会呈现出相同的语序特点。比如在英语这样的语言中,从属句主要后置于主句,介词短语主要也后置于核心动词,于是介词和连词都会作为前置标记处于中介的位置。如 go ***by*** bus 和 I will go ***because*** they have invited me。日语的语序比英语还固定,其情形则正好与英语形成镜像:状语和从属句都在相对的成分之前,而介词和连词则作为后置标记仍处于中介位置。后置词短语修饰动词的例子如前举 zidoosya de ryokoosita。下面(13)是 Kuno(1978:122)所举的日语偏正复句例,其中的时间句连词 node(自从)用在偏句末尾,也正好在偏句和正句之间:

    (13) Bukka ga agatta node, minna ga komatte iru
       价格 (主格) 上升(过去) 自从 所有 (主格) 遭受着 是
       '自从价格上涨,所有的人都受了害'

不过,需要补充说明,连词和介词之间强烈的和谐性并不都同联系项原则有关。比如对于并列结构来说,无论是前置词语言还是后置词语言,连词都倾向位于并列成分或并列小句的中介位置,联系项居中,照理不应有差别,如英语的 John and Bill(John 和 Bill)和日语的 Taroo to Hanako(太郎和花子)。Siewierska(1991:207)在介绍 Dik 的联系项原则时也说,在用于并列结构时,联系项不跟两个并列肢中的任何一方有成分关系。可是,Siewierska 的看法并不精确。只要加入停顿,差别就显现出来了:即使在并列结构中,联系项也只与并列肢中的一方有成分关系。在英语中,加进停顿后只能是 John,and Bill,而在日语中只能是 Taroo to,Hanako。换言之,在前置介词语言如英语中,并列连词其实是前置连词(这是本书提议的术语,可译为 prepositional conjunction),加在后一并列肢的首部;而在后置介词语言如日语中,并列连词其实是后置连词(postpositional conjunction)。并列连词和介词的和谐性与联系项原则无关,因为前置后置都是居中位置。

生成语法开始时也没有注意到并列连词的前后置之别。Zoerner(1995:8—12)指出 X 标杆理论对并列结构的典型处理是(14),这样处理使并列结构不无遗憾地成为句法中惟一的非单一核心的结构:

(14)

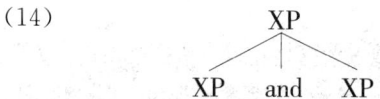

Zoerner 提议设立以并列连词为单一核心的连词短语"&P",使连词首先只同一个并列肢组合。这种处理使 &P 与介词短语 PP 及其他一切短语在生成语法框架中都具有相同的分层结构,不再成为惟一例外。他认为这种处理除了使 X 标杆理论更一致外,另一个好处就是反映核心居首语言和核心居末语言在连词方面的差异。这种差异可以表现为(15),b 式中的日语并列连词 to 是本书作者所加:

(15)a.(核心居首语言)&P

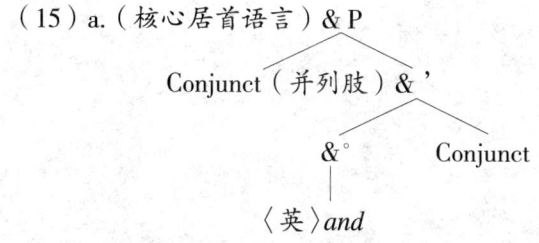

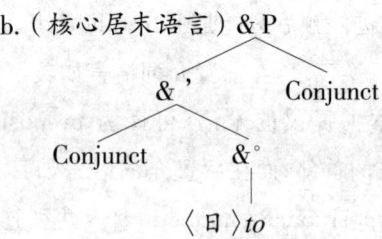

他对英语连词和日语连词不同处理的依据就是它们停顿时的表现(同上书19—20)。

从以上情况可见,连词类型确实是与介词类型最相关的参项,所以我们将其列为本书的考察对象。

[1] 笔者在读到 Dik 的观点前已经在提交给汉语东南部方言比较研讨会(1995安徽)的论文中通过观察一些语言的现象而提出介词有位于中介位置的倾向。这里重点介绍 Dik 的原则,是因为 Dik 的联系项原则提出得更早,也更严密成熟。该原则出现在 Dik(1978)的 Functional Grammar 中,见 Siewierska(1988:134—138)。因手头没有 Dik(1978)的书,故引用了 Dik(1997)的论述。

5. 介词语义学与语法化理论

5.1 介词语义学

5.1.1 直接题元、间接题元与介词的赋元作用

一种语言要素要成为语种覆盖面很广的类型参项,条件之一是该要素体现的范畴本身具有较强的语言普遍性。在 Greenberg、Hawkins、Dryer 等的语序共性中,我们看到有关指示词、数词语序的共性,却没有看到哪条共性涉及汉语学界所说的"量词"(classifiers)的语序,显然因为少量语言特有的量词的语序跟大部分语言无关,而指示词、数词则是普遍存在的词类[1]。同样的,前置词、后置词能成为语序类型学的核心参项之一,也因为介词是人类语言中相当普遍的现象,而不像量词那样只是少数语言存在的词类。

介词的普遍性与介词在小句语义结构中的赋元作用有关。

小句结构的语义对应物是命题结构,其主体是围绕着谓语核心的题元(thematic role,语义角色)结构,由谓语核心加若干名词短语 NP 或名词化的其他短语和嵌入小句组成。根据题元理论,小句中的每个 NP 都应被赋予一定的题元。在主-宾格语言中,出现在主语和宾语位置的 NP 被看成句法上的直接格,它们各有自己默认的题元(default roles),即主语位置默认施事(agent)类题元,宾语位置默认受事/客体(patient/theme)类题元,或者说,主宾语的位置按常规分别赋予(assign,或译"指派")施事和受事题元。这就是本书所说的赋元(role assignment)作用。当然在一定条件下直接格位置也可以出现其他类别的题元,例如下列句子中斜体的主语或宾语:

(1) a. *The book* sells well   '这本书卖得挺好'
    b. *This key* opened the door '这把钥匙开了这门'
(2) a. 这张沙发坐了三个人
    b. 他在逛马路

(1a)的主语 the book 实际上是动词 sell 的受事而非主语默认的施事,(1b)中的主语 key 是动词的工具。(2a)中的主语"这张沙发"本是"坐"的工具兼处所,在本句中实际上突出其容器的角色,而宾语"三个人"则是施事,主宾语都未取默认的题元。(2b)中的宾语"马路"是处所。主宾语位置上的非默认题元属于特例(marked)而非通例(unmarked)。句法上,直接格不需要另外的赋元手段,所以位于直接格位置的题元可以叫**直接题元**。有些语言还允许在宾语位置容纳另一个宾语即接受者(recipient)题元(也可称与事)。有很多题元通常用在句法上的间接格(oblique)位置,要用专门的标记表示,这种位置的题元可以叫**间接题元**。例如英语中处所、来源和工具分别用前置词 in 等,from 和 with 表示,日语中处所、来源和工具分别用后置词に(ni)、から(kara)和で(de)等表示。**赋予间接题元的虚词,就是语法上的介词**。此外,出于某种需要,主宾语默认的直接题元也可以临时降格(degrade)为间接格,所以语言里都有用来将施事、受事降格的介词,如英语中的 by 和汉语中的"被"都可以赋予施事题元,汉语中"把"可以赋予受事题元[2]。

赋予间接题元的功能是任何语言都需要的重要功能。这有质和量两个方面的原因。从质上看,动词能够直接赋予的题元种类有限,许多类题元要靠介词引进。比如"他在北京买了",尽管"买"的宾语位置空着,但"北京"是处所而非受事,所以不能改作宾语说成"他买了北京",只能用介词"在"引出。从量上看,一个动词能直接赋元的成分一般只有两个,"给、教"之类三元动词也只能有三个,而一个动词能带的题元却远不止此数,于是小句中其他种类的题元主要靠介词引进,如"他在图书馆对着光线用放大镜看书"中的"在⋯、对⋯、用⋯",而且可作直接题元的成分也可能因为被其他成分占了直接题元之位等原因而"被迫"靠介词引进,临时变成间接题元,如"小王被小李打破了头"、"小李把小王打破了头"中的"被⋯、把⋯"。于是,介词就成为带有普遍性的重要虚词词类。

题元的直接间接之别不是在所有语言中同样清楚,介词的句法地位在不同语言中也颇有参差。在有形态格的情况下,直接题元和间接题元都可能带格标记,如日语主、宾语也要分别加所谓"格助词"即后置性的格标记が(ga)和を(o),这样一来,作为形态手段的格标记和作为句法虚词的介词的界限就可能变得模糊。不过,在特定的语言里,还是可以通过仔细的研究从句法表现上区分直接格和间接格,从而区分形态性的格标记和句法性的介词。例如在日语中,对传统语法所谓的"格助词",现代理论语言学还是能基本区分出格标记和后置词,证明主语后的 ga、宾语后的 o 性质上是同类的,而与其他题元后的标记即后置词不同[3]。所以,事实上在绝大部分语言中都能找到可称为介词的词类,而前面分析过所谓无介词语言其实主要就是后置词虚化弱化为格后缀的语言。

5.1.2 "谓语性"介词与"非谓语性"介词

Van Valin & LaPolla(1997:52—53)对介词提出了又一种跟语义有关的分类:谓语性介词和非谓语性介词。根据这一分类,假如介词引进的题元是谓语核心本身论元结构以外的题元,则这种介词是谓语性介词,这种介词是不能少的,对引进的题元来说,其作用像一个谓语,如 Robin read in the library 'Robin 在图书馆阅读'中的 in。假如引进的是谓语核心本身论元结构中的题元(即谓语所要求的必有题元),该题元不用介词也可以出现,则这种介词属于非谓语性介词,如 Kim gave a flower to Sandy 'Kim 送一朵花给 Sandy'中的 to,这个 to 也可以不用而说成 Kim gave Sandy a flower 'Kim 送 Sandy 一朵花'。假如换成汉语的例子,则"把、被、给"以及某些用法的"对"(比较"我对新来的助手很满意～我很满意新来的助手")可以归入非谓语性前置词,其他前置词大多属于谓语性介词。介词的这种分类让我们注意到介词所引进的题元与动词论元结构的不同关系,对考察介词的作用有帮助。

5.1.3 介词的抽象度:基本介词、次级介词与介词的连用

介词的语义有不同的抽象程度,它对介词的共时句法表现和历时演变都有重要作用。

Hopper & Traugott(1993:106—108)把介词分为表示抽象关系的基本介词(primary adposition)和表示具体关系的次级介词(secondary adposition)。从实词到介词的语法化,通常也遵循由次级介词到基本介词的顺序。C. Lehmann(1992:403—404)还注意到了介词语义抽象度和句法行为的相关性。在德语中,兼前置词后置词两种用法的都是语法化程度低的具体介词,如 wegen'由于'[4]、nach(在…后)、entlang(沿着);而能够与后面的冠词发生合音现象的前置词都是语法化程度较高的抽象介词,如:

(3) a. von '…的(英语 of)' + dem '这' → vom
    b. zu '到' + dem → zum
    c. an '在' + dem → am

d. in '在…里' + dem → im

我们发现,介词语义抽象度的差异直接影响到两种句法现象——介词连用和框式介词。许多语言允许在同一个名词性单位上连加两个介词。两个介词通常会呈现不同的语义抽象度,并遵循严格的规则:离名词越远的介词越抽象。对前置词语言来说,就是连用介词中越在前的越抽象。比如(4,5)中的英语介词短语:

(4) from inside/outside the room '从房间里边/外边'

(5) in between the two sides '在双方之间'

(4)中的介词 from 表示"从",是源点题元的标记,较抽象;而介词 inside 和 outside 表示具体的方位,使源点更具体。inside 和 outside 作为介词也常单独介引处所题元,如 He live inside / outside the campus '他住在校园里边/外边',但英语决不会有 inside from 这种违背抽象度排列规则的介词连用。(5)中的 in 抽象地表明是处所题元,而 between 则具体指明处所的位置,所以也不会有 between in 这种反常的序列。相应地,假如后置词语言中出现连用介词的现象,则越靠后的介词越抽象。假如一种语言允许有框式介词,那么介词连用的功能可以由分别出现在名词短语前后的两个介词来担任,也常是一个抽象,一个具体,例(4,5)中的汉译"从…里边、在…之间"等,"从、在"等前置词是较抽象的,而"里边、之间"等后置词是较具体的。

最后,介词的抽象度跟一种语言介词系统的丰约有关。冰岛语前置词至少有 47 个,其中就包含语义很具体的词项,如 austan '在…东边'、norðan '在…北边'、innan '在…里边'、meðan '在…下面'、ofan '在…上边'等。反之,大洋洲 Kwamera 语只有 4 个前置词(Lindstrom & Lynch 1994:18),这四个介词的语义都比较抽象,每一个都相当于其他语言中多个不同的介词,例如 ia 表示处所、时间、工具、比较基准等,tï 表示接受者、目的、致使、受益者、呼格等。当然在需要时这种语言也可能同时用其他词类来帮助表达较具体的题元。

5.1.4 介词语义的"处所主义"(localism)

语言学中的处所主义(参阅 Heine1991:118, Genetti1991:231)相信,处所方位范畴是人类语言中最基本的关系范畴,其他许多关系范畴常常可以看做这类范畴的隐喻或引申,因为它们借用处所类范畴的形式或方式来表达。处所主义对介词、连词等联系项来说尤具解释力。英语介词中的很大一部分,都兼具处所义和非处所义,由前者引申出后者。如 in, at, on, above, under, over, below, behind 等等。一些重要的题元标记来自处所介词,如表工具的 with 本义为"和…在一起",表被动句施事的 by 本义为"靠近",表接受者的 to 本义为"向、到"。其他语言也常类此。日语与事标记是に(ni),相当于汉语"给",它同时是处所后置词,表示"到、在"等。古代汉语的"于"除基本义表示处所外还表示对象、被动句施事、比较对象等等。与处所联系最紧的是时间范畴。表示时间的介词、连词大多来自处所虚词,如英语的 at、in、on、before、after 等,日语的后置词に(ni)、で(de),汉语的"于、在"等。此外,时间标记又是很多抽象关系标记的来源,如英语 when 表示假设条件,while 表示对举或比较,since 表示原因等。汉语历史上"时"曾经是重要的假设句标记(艾皓德 1991),在现代有些方言中如连城客家话中还发展成话题标记(项梦冰 1998)。因此,广义的处所主义不妨叫"时空主义"(tempolocalism)。鉴于时空概念在介词、连词系统中的基础地位,本书将特别注意对时空类介词、连词的考察。

5.2 语法化理论与介词的历史来源

5.2.1 语法化理论概述

语法化理论是与类型学关系密切的语言学说,它对汉语介词研究尤其重要,因为汉语中完全虚词性的介词很少,大多数介词还处在由实词向虚词语法化的进程中。

Traugott & Heine(1991:2)指出,当代语言学所说的"语法化"(grammaticalization)有两种既联系又区别的含义。两者本质上都关心语法形式和意义如何结合,但关注的角度不同。

语法化的含义之一是从意义功能到句法形式的语法化,其核心问题是"语法中的意义、范畴从何而来",即什么样的语义内容和语用功能在一种语言中形成固定的语法范畴,由专门的句法或形态手段来表示。其主要兴趣在共时状况。比如,单复数之别本是一种意义范畴,而单复数的意义对立在英语、俄语中是高度语法化的范畴,它要求名词、代词以形态体现出"数",而且要求句法上的主语和谓语动词保持数的一致(比较英语 He likes music '他喜欢音乐'~ They like music '他们喜欢音乐'),甚至要求形容词和中心名词保持数的一致(比较俄语 новая книга '(一本)新书'~ новые книги '(一些)新书')。这是语义范畴的语法化。焦点本是信息结构的概念,可以算一种语用功能,但在匈牙利语中,焦点有非常固定的句法位置,紧靠着动词谓语之前的句法位置就是专放句子焦点的位置。可见焦点在该语言中已被语法化,这类语言被视为"焦点优先语言"或"焦点结构化语言"(focus-configurational language),与话题优先语言即话题结构化语言同属话语范畴结构化语言(discourse configurational language)。这种从语义/语用到句法的语法化也被叫做句法化。Comrie(1988:266)指出,"许多句法现象可以被看做是源于语义或语用,但已经与它们的语义和/或语用源头分离,换言之,已成为语义-语用现象的语法化,或更确切地说句法化(syntacticization)。"假如句法化由形态手段实现,则也可以叫形态化。从这种语法化也可以观察语言共性和语言间的差异。有一些语义或功能的语法化在人类语言中非常普遍,例如施事和受事在语法系统中总会以某种方式(格形态、语序等)加以区别,是非疑问句在各种语言里也都有一些特定的语法手段(英语的主谓易位,汉语的"V不V"式、虚词"吗"等)表示。此外,也有许多意义范畴的语法化带有浓郁的语种特色。比如,根据陈泽平(1996:249、1998:116),福州话动词有一种形态变化(陈著称为"衍音式")专门表示行为的"随意貌",如"行"$[kiaŋ^{53}]$和"写"$[sia^{31}]$按规则分别变成$[ki^{44}\ lu^{44}\ kiaŋ^{53}]$和$[si^{21}\ lu^{24}\ sia^{31}]$。这类意义在某些壮侗语中也是语法化的范畴,但多数语言及多数汉语方言是靠词汇手段来表示的,如"他**随便**走走"、"他**胡乱**写了点儿"等。由于这种语法化是观察共性与类型特点的一个窗口,因此共时意义的语法化是类型学家特别感兴趣的问题。

不过,同汉语介词类型的研究更加有关的是语法化的另一种更为人们熟悉的含义,即从词汇形式到句法手段及形态的语法化,其核心问题是"语法中的形式从何而来",即哪些实义词语在历史演变中逐渐失去实义而变成表达语法范畴的虚词或构词构形虚语素。其主要兴趣在语言的历时演变方面。"语法化"的这一用法可追溯到20世纪初Meillet的著述。这种语法化在20世纪80年代以来已成为历时语言学中最引人注目的理论框架,Traugott & Heine(1991)、Heine(1991)、Hopper & Traugett(1993)、C. Lehmann(1995)等代表了这一领域的重要成果。人们常将这种语法化称为虚化,如孙朝奋(1994)向中国国内介绍Heine等(1991)一书时就将书名译为《虚化论》。不过,我们觉得"虚化"抓住了"语法化"的一个重要方面,但对语法化的复杂过程反映得不够全面。语法化带来的不单是语义上的**虚化**,还带来了语音上的**弱化**、语法上尤其是搭配上的**泛化**、语用上的**淡化**。这是虚化难以概括的,所以本书仍称"语法化",必要时称为"历时语法化"。

两种含义的语法化不宜看做一名多义,而是一体两面。概括地说,语法化就是关心哪些意义、功能和哪些语法形式发生了结合,形成了以语法范畴为一方、以语法形式为另一方的语法系统。两方面的研究只是以不同角度去探求和解答这个核心问题。下面我们集中讨论历时意义的语法化理论。

通过最近一二十年对大量语言的探讨,语法化学界形成了一些广泛的共识,其中对本书来说特别重要的是以下几点(有些阐述加入了笔者的心得):

1、**单向性**(unidirectionality)。不同单位的语法化遵循共同的方向,不存在逆向变化。语义上,由具体实在到抽象空灵,由表示概念到表示关系;句法上,搭配范围由小到大,语序由自由到固定,单位由独立到依附;语用上,由语境制约到语境自由,由语用色彩强到语用色彩弱;语音上,强变弱,长变短,繁变简。不过有些语法化发生在虚实程度相当的单位间,存在可逆性,如介词和连词间、介词和副词间的相互转化(这时再称为虚化就更不贴切)。体现语法化程度的语义、句法、语音指标之间具有明显的相关性,大体上概念越虚,搭配面越广,语用制约越少,语音越弱。但不同指标不一定绝对同步,如有些成分语义已经很虚,但语音弱化的进程可能稍慢,或者反之。语法化不一定停留在某种虚词阶段,而可能朝更虚的单位语法化,进入下一个阶段,形成语法化链,直到语音上成为零形式。

2、**渐进性**(graduality)**与双重分析**。语法化是一个长期的历史过程,只有渐变,没有突变。因此,必然在由实到虚的过程中存在很多中间模糊状态,实际上允许说话人对虚化单位所在的结构作双重分析。语法化的最终完成,就依赖于上下辈人对同一结构的不同分析。

3.**重新分析**(re-analysis)。语法化发生到更深程度,双重分析中靠近源头的那种分析可能逐渐从语感中消失,后一种分析法成为优势的甚至惟一能接受的语感,使所在的结构发生了一次重新分析。由双重分析到重新分析,通常标志着语法化一个阶段的完成。比如,"子在齐闻韶"(《论语·述而》),当时人语感这应当是连动句,因为在那个时代的文献中,"NP$_1$ 在 NP$_2$ VP"句式中的"NP$_1$ 在 NP$_2$"(子在齐)都可以独立成句,见不到后来的"孔子在书上写字"这种说法("孔子在书上"不成句)。随着"在"的语法化,同样的句子也可以在意义不改变的情况下作另一种分析,即"在齐"既可以分析为连动句的前一谓语,也可以理解为前置词短语作"闻韶"的状语,这便是双重分析。再到下一个阶段,后辈的人更倾向于作后一种理解,正是以这种理解为依据,才类推出"孔子在书上写字"的结构,这种句子已无法分析为连动句。这便完成了重新分析。

仔细区分起来,重新分析还可以有两种情况。一种只是改变句法关系,但不改变层次结构。这种重新分析只是一种句法关系的重新理解(re-interpretation)。如"子在齐闻韶",不管哪种分析,句法层次都如(6)所示:

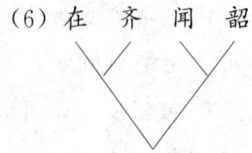

还有一种重新分析连层次结构也会改变,这种重新分析除了重新理解外还发生了重新切分(re-segmentation)。重新切分的一个明显例子是古代汉语的结构助词"之"(可视为后置介词)的语法化。王力(1980:

335)指出"介词'之'和代词'之'同出一源。在最初的时候,指示代词'之'放在名词后面复指,表示领有。'麟之趾'的原始意义是'麟他趾'"。后来麟之趾就被理解为"麟的趾"。再比较北京话"老王那书","那"也有帮助表达领属关系的作用。把"之"理解成指示词还是后置词(或结构助词)造成的层次结构是不一样的,重新切分前后分别是(7a)和(7b):

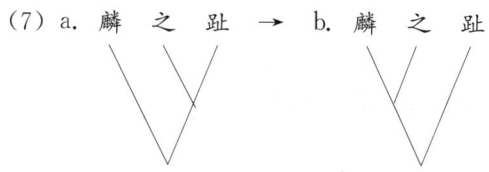

5.2.2 介词语法化的常见轨迹

汉语语言学家都熟悉从动词虚化为介词(或称副动词 coverb)的途径,因为被当作汉语仅有的介词类型的前置词都是这么来的,许多介词至今仍多少保留动词性。类型学和语法化研究则显示,介词的来源是多种多样的,其中最常见的源头是动词、名词及副词。

Mallinson & Blake(1981:385—390)在 Vennemann 研究的基础上进一步揭示了动词、名词和介词在发生学上的普遍联系,由此形成的介词是前置词还是后置词,主要不取决于来源是动词还是名词,而是面对什么语序类型。在前置词语言中,前置词可以来自动词,也可以来自名词。前置词来自动词,是由于该语言动宾结构为 VO 语序,经重新分析成为"前置词+名词"结构,这无须举例(如上文"在齐闻韶"例)。前置词来自名词,则是因为该语言存在 NG(核心名词+领属语)语序。介词常常从表示"地方、头部、后背"等处所意义的名词虚化而来,其语法化轨迹为"**名词+领属语→前置词+宾语**"。如泰语短语 thii baan,thii(=汉语"地")原指"地方",为核心名词,baan 指"家",原为领属语,整个短语原为定名短语"家之地",相当于英语 the place of home。后重新分析为前置词短语,意为"在家,家里",原来的名词 thii(地)虚化为前置词,原来的领属语成为前置词的支配对象。在有后置词的语言中,介词同样既可以来自动词,也可以来自名词。假如后置词来自动词,是因为该语言使用 OV 结构,由 V 变介词的虚化轨迹为"**宾语＋动词→宾语＋后置词**"。如德语 betreffend(考虑到→关于,至于)。这个动词可以位于宾语后,形成 OV 结构,由此语法化为介词后也就成了后置词。假如后置词来自名词,则是因为该语言领属语前置于核心名词,其虚化轨迹为"**领属语＋名词→宾语＋后置词**"。如芬兰语短语 talon kohdalla,其词义分别是"房子"(领格)和"地方",本义为"房子的地方",虚化后成为后置词短语,意为"在房子里",处所名词 kohdalla(地方)虚化为后置词。

由此可见,动源介词(Heine 1991:140 称为 V-adposition)的前置还是后置,跟动宾语序有关——动宾短语重新分析为介词短语,VO 语序造就前置词,OV 语序造就后置词;而名源介词(Heine 称为 N-adposition)的类型则跟领属结构的语序有关——领属结构重新分析为介词短语,NG(核心-领属语)语序造就前置词,GN 语序则造就后置词。

据 Hopper & Traugott(1993:106—107),在由名到介的语法化中,一条常走的路径是:

(8)表示人体部位或物体部件的实体名词→包括方所名词在内的关系名词→介词

此外,经常虚化为介词、连词、状语标记的名词还有时间义名词,如英语的 while,尼泊尔 Newari 语的 belas/bale(时间;当…时。见 Genetti 1991:235),日语的 toki(时间,当…时。见 Shibatani 1991:99);道路义名词,如拉祜语 lo(路,在…里,从…里。见 Matisoff 1991:389—390),德语 wegen(由于,来自表示道路的 weg 的复数与格。见

W. Lehmann 1978:410),及英语表示方式的 way(I will treat it the way you do)。

由于介词经常来自领属语所修饰的名词,因此不少语言的介词词形还保留着领属结构的痕迹。据 Weninger(1993:32),在格厄兹语(Gəʿəz,即古埃塞俄比亚语)中,所有的前置词都以 a 结尾,这个 a 也正是处于被修饰状态的核心名词的标记(同上 12, 33)。可见它的前置词都是名源介词,介词宾语原本就是跟在名词后面的领属定语。这种情形跟汉语带"之"的后置词极其相似,只是语序相反,后置介词在来自领属定语的介词宾语的后面。所以 malʿəta 由方所名词 malʿət(高,上)加 a 构成,相当于汉语"之上",同样的,qədma 相当于汉语"之前"。斯瓦希里语(Swahili)也有同样情况(见章培智 1990:215−216),很多前置词由名词加 ya 构成,ya 正是领格标记。例如 mbele ya(在…之前),mbele 是表示"前面"义的名词。

格厄兹语和斯瓦希里语上述现象的镜像,即与汉语名源后置词同样的模式,也不难发现。请看 Mikola(1975,转引自 Hopper & Traugott 1993:59)分析的萨莫耶德语(Samoyedic,属乌拉尔语系)一个后置处所介词的来历:

(9) 原始萨莫耶德语

  mäto-n ＋ in → 萨莫耶德语 mäto- ＋ nin

  帐篷−领格 顶　　　　帐篷　朝…上(onto)

in 本是指"顶"的处所名词,后来虚化为处所后置词 nin,但这个介词前面已经带着原作为领格标记加在名词后的 n。这是重新分析的结果,恰似汉语里把后置词"之上"、"的话"当作一个单位,其中的"之"、"的"本是往前靠的领格标记。

印欧语言不少介词来自副词,其中有些副词又可以追溯到其名词、动词等源头,详见 C. Lehmann(1995:87−93)。

由上可见,那种认为介词特别是前置词必然来源于动词的看法,显然缺少类型学的覆盖性。

5.2.3 介词语法化来源的语义动因

为什么介词主要来源于动词、名词,并且主要是动词、名词的一些特定种类?这里存在明显的语义理据。介词的主要作用是给一些动词所不能直接赋元的名词短语赋予一定的题元,使之成为间接题元。介词的实词来源就与这种赋元作用有关。

虽然动词正常情况下赋予主、宾语的是其默认的题元,即施事类题元或受事类题元,但是,有些实词由于本身语义的缘故,能赋予相关的句法成分以位置默认题元之外的题元,而不需要另用赋元虚词。例如,动词"用"后面的宾语,像"外国游客也用了筷子"中的"筷子",就具有"工具"的题元性质,不需要另外用工具前置词来表明(英语动词 use 与此类似);动词"在"后面的宾语,如"我在家"中的"家",是处所性的,不需要另加处所前置词;再如"帮",其语义决定其所带的宾语必然是受益者而不是一般的受事。我们把这类具有赋予间接题元作用的动词称为赋元动词(role-assigning verbs)。

赋元动词在句法和语义上可以相当于一个普通动词加一个赋元介词。例如,"用"相当于"以…做事"("用筷子"就是"以筷子做事");"在"相当于"位于、存在于、坐落于";英语 to enter '进入' 相当于 to go into;to reach '到达' 相当于 arrive at;to resemble '像' 相当于 to look like。换言之,赋元动词本身隐含了一个赋元介词,所以有些赋元动词还排斥表示同一题元的介词,如我们可以说"以筷子吃饭",但不能说"以筷子用"。英语中表工具可以用动词 use(He uses chopsticks '他用筷子'),也可以用介词 with(He eats rice with chopsticks '他用筷子吃米饭'),但是不能用 to use with chopsticks 表示用筷子。类似的,英语也不能说 to resemble like。上古汉语有些赋元动词可以与同一题元的介词同现,但这个介词也可以隐去。如杨树达(1984[1930]:100—101)所举的例子,前置词"於"在 a 句中隐而在 b 句中显:

(10) a. 公在乾侯。《春秋·昭公三十年》

b. 鱼在於藻。《诗·小雅·鱼藻》

(11) a. 子入大庙,每事问。《论语·八佾》

b. 鼓方叔入於河,播鼗武入於汉,少师阳击磬襄入於海。《论语·微子》

(12) a. 叔孙通已出宫反舍。《史记·叔孙通传》

b. 仲尼适楚,出於林中。《庄子·达生》

(13) a. 吾尝西至崆峒。《史记·五帝纪赞》

b. 顺流而东行,至於北海。《庄子·秋水》

(14) a. 吾自卫反鲁,然后乐正。《论语·子罕》

b. 孟子自齐,葬於鲁;反於齐,止於嬴。《孟子·公孙丑下》

正是赋元动词的这种语义特性,使得它们成为向介词语法化的最佳候选者,是介词的重要来源之一。当赋元动词的搭配面扩大、实义减少时,其赋元功能仍然存在,最终便成为只起赋元作用的介词。例如"在"本是方所赋元动词,经过语法化成为方所前置介词。再如,现代汉语中的工具前置词"用"是由工具动词"用"虚化而来的。"帮"是受益者的赋元动词,在新派上海话和新派苏州话中,它虚化成受益者前置词,如"我帮老王倒杯茶"、"小张帮我做助手"、"帮我滚出去!"等。

从名词到介词的语法化,实际上也跟赋元作用有关。动词是因为给名词性成分赋元而成为介词的候选者,名词则是因为自我赋元而成为介词的候选者。名词性成分本身一般是没有题元属性的,例如"电灯"这个词,可以作当事(电灯坏了)、受事(安装电灯)、受益者(给电灯装罩子)、工具(用电灯照一下)、处所(在电灯下看书)、方向(眼睛别朝电灯看)、终点(水溅到电灯上)、源点(一道强光从电灯射到他眼睛里)等题元,依句法位置、所搭配的动词和所带的介词而定。但是,有些名词由于自身语义的关系,经常由自己或以自己为核心的名词短语用作间接题元,这些名词即使不带上赋元的虚词通常也表示某种特定的间接题元。这种情况本书名之为自我赋元(role self-assignment),具有自我赋元作用的名词则称为"赋元名词"。前面说过,虚化为介词的原名词通常是表示方位、时间、地方、场所、道路、工具或方法等的名词,那都是因为这些名词自身就代表了语言中经常需要表达的某种间接题元,经过虚化,其词汇意义减弱,而自我赋元作用犹在,于是就成为赋予间接题元的介词或分句连词,而原来作为该词领属语的成分就重新分析为介词支配的成分。例如方位名词"里边",在"里边请"中虽然没加前置词"在",但因为其自身的处所语义而自我赋元为"请"的方所题元,不作"请"的施事主语。当"里边"前面有领属定语时,"里边"还能使整个短语带上方所题元的性质,如"房间里边请",这样的名词就可能向介词方向语法化。其他名源介词大体上也是这么发展过来的。

5.2.4 框式介词及其语法化途径

Greenberg(1980)最早注意并提出框式介词现象。开始他称之为"框缀"(circumfix),后在其(1995)一文中改称"框式介词"(circumposition)。对于具有介词作用的虚词来说,后一种叫法更加贴切,并与有关介词的几个术语形成系列:介词(adposition)、前置词(preposition)、后置词(postposition)。至于"框缀"一名,仍可作为一个术语,用于有词缀性质的框式单位。如苏州话的"阿 N 头"、"一 V 头"等词缀(谢自立等 1989)。

Greenberg(1980,1995)研究的框式介词存在于埃塞俄比亚闪语族(Semitic)部分语言和伊朗语族(Iranian)部分语言。在这两组语言中,都是原先存在前置词,后又出现后置词,两者并存形成框式介词。有意思的是,闪语族出现后置词的背景是这些语言语序类型的演变,由 VSO 变成 SOV,在 NP 方面由 NG 变成 GN,原来位于 G 之前的前置词领属标记随着 G 的前移而不再位于中介位置,随即出现了一些由名词虚化而来的后置词,重新填补了中介位置。伊朗语族的情况有类似之处。虽然它们都是 SOV 型语言,但所有语言都有前置词,而后置词则是在一些语言中后起的,并且肯定是在领属定语由后向前的演变发生后才出现的。由此形成框式介词。

虽然 Greenberg 集中讨论了领属定语问题,但他举的框式介词却不限于领属结构。如:

(15) a. 闪语族的 Amharic 语:bä-bet wast
　　　b. 伊朗语族的 Pashto 语:pa kor kše

两例字面上都解释为 in-house interior,这对英语来说是硬译,用汉语来翻译却天衣无缝:"在房子里"。汉语和这两种语言的类似不是偶然的(详 7.3,尤其是 7.3.2)。

Heine 等(1991:140—141)虽未使用框式介词的名称,但他们从语法化的角度注意到了另一些非洲语言中的类似现象。该书指出许多语言同时并存动源介词和名源介词,并且两种介词句法和语义功能不尽相同,这样的语言就可能出现两类介词连用在 NP 的一侧或分用在 NP 的两侧的情况。后一种情况实际就是 Greenberg 所说的框式介词的情况。比如 Ewe 语:

(16) é-no　　　déha　le　xɔ　megbé
　　第三人称—喝　棕榈酒　在　房子　后　'他在房子后喝棕榈酒'

其中 le 是动源前置词,megbé 是名源后置词。可见,框式介词的来源跟其他介词是一致的,也是从动词、名词语法化而来。只是在一个框式介词中其前后两部分可能有不同的实词来源,如(16)le…megbé 的前后部分分别来自动词和名词。

从目前接触的材料看,所谓框式介词,大多并非固定词项。一个框式介词多由一个前置词和一个后置词在句法组合中临时同现,因此也经常有用一舍一的情况。所以,框式介词主要是一种句法现象,而不是一种词项。

[1] 当然,在有量词的语言内部,如汉藏语系中,还是可以考察量词语序和其他语序的相关性。这也可以形成在特定语言群中的语言共性。由于无量词语言无法对这种共性构成反例,因此它们仍能成为真正意义上的语序共性,只是因为大部分语言与此无关,因此这种共性难以成为语序类型学中的核心共性。

[2] 这里讨论的是宾格型(accusative)语言的情况,这种语言在形态或句法上表现为以施事为原型的主语和以受事为原型的宾语的对立,其中的施事既包括及物动词的施事,也包括不及物动词的施事。作格型(ergative)语言的情况略有不同,这类语言表现出另一种形态格的对立:一方是以不及物动词的施事和及物动词的受事为原型的通格,另一方是以及物动词的施事为原型的作格。因为汉语不属于作格语言,所以下面的讨论只考虑宾格型语言的情况。

[3] Napoli(1993:245—246)注意到,主格标记 ga 和宾格标记 o 后从不用表示话题的 wa。若施事、受事作话题,就直接由有关名词短语带 wa。而带其他后置标记的成分作话题后都要在有关标记后再加 wa。在 Napoli 的分析中,主格、宾格助词 ga,o 及领属标记 no 被叫做功能助词,也即分别是主格、宾格和领格的标记,而其他的题元标记都被看做后置词。比较微妙的是与事亦即间接宾语标记 ni。间接宾语作话题时,既可以带 ni-wa,也可以只带 wa。与事在很多语言里都有作宾语和作间接格的双重可能,如英语的 I gave him a book 和 I gave a book to him。从 ni 的各种句法表现看,例如标记被降格的(状语化的)施事和次要施事(参阅 Kuno 1978:109—110),它还应是间接格标记,即后置词,尽管 Napoli 把它归入了 ga,o 等一类。另一种处理是把不同用法的 ni 作不同处理,如 Sadakane & Koizumi(1995)就主张把 ni 分为四种:与格标记、后置词、"ni 插入"(状语化)的标记、系词。

[4] 据 W. Lehmann (1978:410),wegen 来自本指"道路"的名词 weg 的与格形式。

6. 汉语语序类型既往研究评述

6.1 汉语语序研究

6.1.1 结构主义前的汉语语序观

20世纪70年代之前,汉语语法学没有明确的语序类型的概念,但我们可以从各学派的句法分析中剖析其对汉语小句基本语序和有关介词类型的看法。

开中国汉语语法学先河的马建忠《马氏文通》(1898初版)和开创现代汉语语法研究的黎锦熙《新著国语文法》(1924初版)等都以西方传统语法学为框架,被认为有模仿的倾向,例如在词类和句法成分之间设立相当于"格"(case)的层次"次"或"位",尽管汉语并没有形态上的格。在没有形态标记的情况下,他们主要根据意义来确定"次/位"及主语和宾语等身份。

《马氏文通》大致上以 SVO 的框架来描写古代汉语。他分别以"起词、语词、止词"称呼主语、谓语、宾语,及物动词称为外动词。他总结道:"语词后而起词先者,常也"(1983[1898]:392),"凡为外动止词者,位其后"。实际上"起"、"止"之名带有明显的语序意味。可以设想,假如汉语是 VSO 语言,主语难以被称为"起词";假如汉语是 SOV 语言,宾语也不大会以"止词"命名。

先秦汉语并不是语序类型很单一的语言,人称代词作否定句宾语、疑问代词作动词或介词的宾语,都是强制性地前置于动词或介词(参阅7.1.1)。这些马建忠都有精当的概括(马书399,400)。将这些有规则可循的前置受事看做宾语,迄无异议,体现了有条件的 SOV 语序。另一些显然是语用性的变异,如感叹句的主谓倒置等,马氏(393)也已叙及。

另一些语序现象,问题就不这么简单。对于古汉语中十分常见的前置受事类论元,马建忠基本上都看做止词(宾语),并总结了动词后"重指"(即复指)代词的使用规律:"外动字之止词而为意之所重者,率先弁诸句首。其外动字无弗辞者,则其后加代字以重指焉。有弗辞者,则不重于外动字后,而有重于其先者焉。"(同上396)换言之,在宾语位于句首时,肯定句可以在动词后由代词"之"复指,否定句动词后没有复指,但可能在动词前有复指(否定代词宾语本应前置),如(黑体和符号为笔者所加,下标 i 表示同指关系,t 代表语迹空语类):

(1) a. [巧言,令色,足恭]$_i$,左丘明耻之$_i$,丘也耻之$_i$。《论语·公冶长》
    b. [弑父与君]$_i$,亦不[t$_i$]从也。《论语·先进》
    c. [楚君之惠]$_i$,未之$_i$敢忘。《左传·僖公二十八年》

假如我们用语序符号展示他的分析,上述三句就成了 O$_i$SVO$_i$、OV、O$_i$O$_i$V。(1a)因施事主语出现,句首的成分还可以算话题化的宾语,但后两句的分析就显得奇怪了,因为,句子没有主语,把句首的成分看做宾语的惟一理由是语义上属受事。假如把马氏的分析用类型学来表述,就是承认古代汉语除了 SVO 和有条件的 SOV 外,还有大量没有明确条件的 O$_i$SVO$_i$、OV、O$_i$O$_i$V 等语序类型。这种分析的最大问题是与不带标记的被动句相矛盾。一方面,根据语义关系将(1b)那种受事前置、无主语的句子看做 OV 句,另一方面又承认不带标记的被动句的存在:"外动字单用,先后无加,亦可转为受动。"(同上165)如"言听计用"、"兵挫地削"等。所谓"受动",他明确说是"受者居主次",即受事作主语。人们自然会问,(1b)的"弑父与君"为什么不是"受者居主次",这里的"言"、"计"为什么不是止词"位乎动字之先",这是马书无法解答的矛盾。

现代汉语小句语序类型和古代汉语的差别突出表现为两点。一是有借助前置词"把"的受事前置句,二是没有古汉语那种条件明确的代词宾语前置。黎锦熙《新著国语文法》(1933[1924])等,以及稍后的其他语法著作,大致都以类似马建忠的态度来对待现代汉语语序。黎书(同上:35—41)专门以"变式的宾位"为题系统提出了"提宾"说。他所说的"提宾位到动词前"情况包括"把"字句、"连"字句、不用任何虚词的"提宾"、"提宾"的同时动词后用代词复指等。换言之,黎氏实际上承认现代汉语有大量的没有明确条件限制的 SOV 和 OSV 句式。另一方面,他也承认有不带标记的被动句,于是保留了"提宾"和无标记被动句的矛盾。所以他干脆认为"'宾在句首'的各变式句,因上下文的关系,大多也可以看做这种被动式的句子,不过'原主语'前的介词'被'字或'由'……等字都省掉了"(同上 43)。于是,OSV＝S(＋被)＋NP＋V,即宾语等于主语。

由上可见,马氏、黎氏基于语义的分析法有主观任意性,对主语、宾语的认定都较随意。在此基础上难以讨论汉语的语序。

吕叔湘(1982(1942—1944 初版):28,33—36,40—41,55)、王力(1985(1943—1944 初版):43,317—323)等早期的语法著作处于传统语法向结构主义语法的过渡,模仿成分减少,在发掘汉语事实方面有较多进展,但在语序方面,仍多沿用马氏、黎氏的按语义分主宾语的做法,一方面对前置的受事成分采用"提宾"分析,另一方面把动词后的施事分析为主语的后置,如吕著(40—41,55)举的"店里走了**一帮客**"和"船上点了**一个小灯笼**"。

总之,20世纪50年代以前,汉语语法学普遍以语义为标准确定主语宾语,采用"提宾"、"倒装"的说法来解释各种受事位于动词前和句首的现象及施事位于动词后的现象,同时也普遍承认以受事为主语的被动句的存在,导致明显的矛盾和主宾语确定的随意性。尽管叫"提宾"、"倒装",实际上涉及汉语里许多种很常见的句法现象,有些也并没有句法条件的制约,这等于承认汉语中 SOV、OSV、OV、VS 等都是很常见的句式。这种观念到50年代以后发生极大的改变。

6.1.2 结构主义式的汉语语序观

赵元任的《国语入门》是用美国描写学派结构主义分析汉语语法的第一本重要著作,1951—1952年由李荣编译成中文版《北京口语语法》在国内期刊连载并出版。该书认为汉语主语就是一种话题,跟谓语的关系可以很松散,所以不能根据施受关系、而应根据位置来确定主、宾语,动词前的各种名词性单位,包括时间、地点名词等都能作主语。而谓语也不必由动词充当,各种词组包括主谓词组都能作谓语。这样,一个句子就可以包含好几个层次的主谓关系,几个名词性单位依此充当主语。如"我今天城里有事"中有"我/今天城里有事、今天/城里有事、城里/有事"这几层主谓关系。换言之,它们都属于后来习称为"主谓谓语句"的句式。

这种以位置而非施受关系确定主宾语的做法在稍后丁声树等(1961[1952—1953])中得到系统的响应,从而导向对汉语语序的全新观念,虽然该书对主语的观念不像赵氏那么宽泛。该书正面讨论了宾语"倒装"说的困难,例如许多"宾语"无法"顺装",有些可前可后的成分难分施受(直不起腰/腰直不起,脸色变/变脸色)等。该书的态度是,与动词有施受关系的名词性单位在动词前一律是主语,假如施受成分一起出现,即属主谓谓语句(主谓短语作谓语)。至于"把"字句,该书只按照"把"是次动词来分析,没有说它是"提宾"句。该书还明确肯定动词后的施事是宾语(来了一个人/这一锅饭能吃三十个人)。这样,20世纪上半叶按 SOV 和 OSV 分析的句子现在都是 $S_1 S_2 V$,区别只在施事还是受事作大主语(S_1)。据此,汉语除了 SVO 外,还有 SSV,完全不存在 SOV 和 OSV。

这种唯位置论的分析在 20 世纪 80 年代成为国内语法学的主流,以朱德熙的语法论著(如朱 1982)和 80 年代介绍进来的赵元任《汉语口语语法》为代表。这种观点必然带来同一句子可能有主语层层套叠的分析结果,如陆俭明(1990)认为"我们班上的学生名字我一个也叫不上来"就套叠了四层主语:我们班上的学生、名字、我、一个。用语序类型学惯例加层次标记,他对这句的分析就是 $S_1(S_2(S_3(S_4(V))))$。至于"把"字句,后来已经很少有人还将其分析为"提宾"现象,而普遍认为"把"及其宾语构成的介词短语在句法上是后面动词的状语,尽管语义上介词宾语常是后面动词的受事。这样,SOV、OSV 式的分析在中国内地的汉语语法学界渐趋绝迹。少数教材承认有动词前的宾语,但也限定在很少几种有条件可控制的类型。如胡裕树(1981:382—383)认为在"疑问代词+都/也 V"(她什么都会)、"一…都/也+不"(我一个人都不认得)等句式中,动词前的"周遍性"受事可分析为宾语。

唯位置论免除了以前滥用"倒装"、"提宾"造成的明显矛盾和主观随意性,不过,它自身也存在不少缺点。1、它使汉语的"主语"成为很空洞的概念,没有任何语义基础,也没有什么句法属性,甚至连词类属性都没有,因为各种谓词和短语都能作主语;2、难以据此发现小句结构和论元结构的联系,而这种联系应该是人类语言普遍存在的联系,难以据此区分论元结构之内和之外的成分,所以也很难以这种分析为框架总结句法规则;3、机械地增加主语数目掩盖了汉语实际存在的语序变化及其内在规律;4、没有跨语言的可比性,以此框架为基础很难进行语言之间的对比研究,除了 $S_1(S_2(\cdots S_n V)$ 这个挺怪的公式外难以归纳汉语的语序和句法方面的类型模型。

6.1.3 类型学影响下的汉语语序研究

以 Greenberg(1966)开创的类型学研究为背景重新审视汉语语序的研究始于 20 世纪 70 年代的海外汉语学界。较早讨论这一问题的有戴浩一(Tai 1973)。戴浩一认为把汉语分析为 SOV 语言比较合适,可以解释较多的语言现象,即那些常见于 SOV 型语言的现象。李讷和汤仙笛(Li & Thompson 1973a,b,1975)又从历时的角度提出,近两千年来汉语由 SVO 型渐变为现代的 SOV 型。戴浩一(Tai 1976)支持这一观点。桥本(1985)则从另一角度认为现代汉语尤其是北方话有 SOV 特点,依据主要是"把"字句。他相信这是蒙古、满等北方民族的阿尔泰系语言在汉语中留下的影响。另有一些海外学者则坚持认为汉语是 SVO 语言,如 Light(1979)、Mei(1980)等。

争论双方都意识到,根据语序类型学的和谐理论,汉语既有 VO 语言的一些特点,又有 OV 语言的一些特点。Li & Thompson(1978:230—233)先以(2)为例,认为(2a)是 SVO 句而(2b,c)都是 SOV 句:

(2) a. 我喜欢他。

b. 张三把他骂了。

c. 他书卖了。

他们认为汉语中不但有 SOV 语序,还有一系列 SOV 语言的其他特征:1、介词短语位于动词之前;2、有后置词;3、关系子句位于名词之前;4、领属语位于名词之前;5、体貌标记位于动词之后;6、有些状语位于动词之前。同时,汉语中也有一些 SVO 语言的特征:1、有前置词;2、助动词位于动词之前;3、宾语小句几乎永远出现在动词之后。

针对现代汉语是 SOV 语言和汉语由 SVO 演变为 SOV 语言等观

点,孙朝奋等又从共时和历时两个方面提出不同意见。Sun & Givón(1985)以实际语料的统计来支持 SVO 的分析。据他们的分析,当代普通话语料(小说和口语录音)中 OV 结构的比例小于十分之一。他们还引用 Erbaugh 对台湾儿童的研究指出由 SVO 发展为 SOV 的观点缺乏事实根据。另外,我们注意到 Jepson(1985:141—145)对北京儿童的相关观察也否定了现代汉语以 SOV 为基本语序的假设。历史方面,孙朝奋(Sun 1996:10,187)认为两千年来汉语维持着语序的稳定,没有发生所谓 SVO 向 SOV 的演变,主要的例外就是前置词短语由动词后向动词前的发展(本书对这一演变的分析详见 7.2—7.3)。Jepson(1985)也认为汉语没有发生 Vennemann 和 Lehmann 的理论所预言的向各项语序和谐方向的演变。有趣的是,反而有不少汉藏语比较学者如 Matisoff、LaPolla 等(见 LaPolla 1994)相信上古汉语的 SVO 语序是从更早时的 SOV 语序演变来的,所以还遗留了一些 SOV 语言的特点,如某些代词宾语的有条件前置。有些 SOV 语言的特点在以后的汉语中反而消失了。

从类型学理论看,戴浩一、李讷和汤仙笛等在 20 世纪 70 年代的观点也存在一系列的局限。

他们立论的依据,并不是 Greenberg 式的严格的蕴涵性共性,而是 Lehmann—Vennemann 式的以 VO/OV 为基本参项的语序和谐性假设。正如 3.1 所指出的,这种假设以实际上不存在的 VO/OV 语序与其他各结构的双向蕴涵为前提,是不可靠的。

他们立论的出发点还是 Croft 所说的"整体类型学"(详 4.1),即将整个语言划为某一类型,然后推测它应该有该类型的其他特征。事实上,由于语种内部的复杂性,整体类型学从来就没法成功地给语言精确分类,以此为汉语建立单一的类型模型也是靠不住的。

更为实质的问题是,面对现代汉语显而易见占优势的 SVO 语序,很难正面证明汉语是 SOV 语序,因此他们很大程度上借助于"旁证",即汉语不具备 VO 语言的其他语序特点。这一"旁证"的最危险之处,在于 SVO 是最没资格作类型指标的。各 SVO 语言之间其他结构的语序很不一致,很难由 SVO 语序预测该语言的其他语序或由其他语序预测 SVO 语序(参阅 3.1)。Hawkins(1983:29)指出 Greenberg 语序共性的前件或后件经常是 VSO 或 SOV,但从不用 SVO。根据 Dik(1997:404,409)的语序演变理论,SVO 语言可能来自 VSO 语言,也可能来自 SOV 语言。Greenberg 之所以用 VSO 和 SOV 作蕴涵共性的前件或后件,是因为它们内部比较一致而两类间各项语序特征又处处对立。不同的 SVO 语言则可能分别来自这对立的两类而分别保留 VSO 和 SOV 语言的某些特点,从而使 SVO 语言彼此差别很大。汉语的 SVO 可能来自汉藏祖语的 SOV,它遗留 SOV 语言的部分特点是可以理解的。用这些特征无法反过来证明汉语现在是 SOV。

此外,Tai、Li & Thompson、桥本等所展示的现代汉语的 OV 语序如"把"字句等本身也是成问题的。Sun & Givón 虽然用统计否定 Tai 等的假设,但他们还是承认这些句子是 OV 句。我们要强调,即使被统计为只有不到 10% 的 OV 句,其实也难以看做 OV 句。

首先,被用作 SOV 语序最重要例证的"把"字句不是真正的 SOV 语序。1、"把"字句中的非双及物动词后面仍可有宾语出现,如"他把橘子剥了皮"、"小张把酒喝了一大半"等(参阅吕叔湘 1965b),可见"把"字并没有取消动词后宾语的句法位置,"把"字的宾语不是动词的宾语。2、中国语法学家全都承认"把"字属于介词(副动词/次动词)。它的句法属性与其他前置介词一致。既然是介词,它就是间接题元的标记,而宾语是直接题元,"提宾"说和"把"的介词性不相容。在一定条件下将直接题元改用间接格表示是语言的常见现象。英语的例子如 to sew the dress > to sew at the dress(Van Valin & LaPolla 1997:124

例),to meet him > to meet with him。at、with 的宾语不再是动词的宾语,正像"把"字的宾语也不再是动词的宾语。假如因为能变换到动词后就将"把"字的宾语看做动词的宾语,那么"对他讨厌"和"管他叫小李"中的"他"都应当是提前宾语了,因为可以变换为"讨厌他"和"叫他小李",这显然是行不通的。3、在句法方面跟"把"字句最接近的是"被"字句,两者的区别在于"把"使宾语降格(degrade)为间接格状语而"被"使主语降格为间接格状语。假如"把"字句分析为SOV,那么"被"字句就应该分析为OSV了(英语的被动句则是OVS),这都难以成立。可见"把"字句难以看做SOV。

其次,像前举"他书卖了"一类句子也不宜看做SOV句。把"书"分析为宾语没有句法依据,惟一的依据是施受关系。遇到"腰直不起"和"直不起腰"、"乌云出现"和"出现乌云",就难以判断"腰"、"乌云"是施事还是受事。况且受事前置句也有"把"字句一样的"保留宾语",如"他书只卖了一半","他刚才肉都切了吗?——他肉都切了肉丝了"。可见受事前置句也没有取消动词后宾语的句法位置。还有,把"他书卖了"看做SOV,必然导致把"书他卖了"看做OSV,后者在普通话里远比前者常见,但这些学者并没有认为汉语是OSV型语言,这在逻辑上也不一致。

既然汉语普通话不是SOV语言,那么由SVO变成SOV之说也就不需要讨论了。

需要指出,以类型学框架探讨汉语语序的学者,虽然也采取类似传统语法提前宾语一类的看法,但并不是对传统语法的重复。他们的重要贡献在于凭借类型学说发现汉语不同结构间在语序上的相关性。其具体成果之一,是第一次让人注意到汉语中后置词现象的存在。在这个意义上,本书的后置词研究也是他们所做工作在一个方面的继续。

下面我们将简要介绍和阐发徐烈炯、刘丹青(1998)关于汉语小句语序的新思路。

6.1.4 话题与汉语小句语序

至今各种相似或对立的句法分析模式难以清楚揭示汉语小句结构的语序现象，一大原因在于对话题（topic）在汉语中的重要性和句法性不够重视。赵元任是最早注意汉语话题的重要性的，但是他把话题和主语等同起来却不能解决问题，因为毕竟有大量不宜看做话题的主语和不宜看做主语的话题。李讷等（Li & Thompson 1976）最早提出汉语属话题优先型语言，并强调了话题在话题优先型语言中的句法地位。Xu & Langendoen(1985)则从生成语法的角度呼应了李讷等的观点，论证汉语的话题可以是一个基础生成的句法成分。可惜，正如徐烈炯（Xu 1998）指出的，李讷等学者没有把他们的想法彻底贯彻到汉语语序研究中，而仍然把视野局限在主、动、宾三个成分上，以致得出普通话属 SOV 这一令人难以接受的观点。许多研究汉语话题的学者也只把话题当作一种话语/语用现象来对待。

Xu(1998)、徐、刘(1998)从各个方面论证汉语小句结构中应容纳话题作为一个区别于主语的句法成分。假如把话题标为 T，那么实际上汉语中除了 SV(O)语序外，还有常见的 TSV(O)、STV(O)等语序。TSV(O)和 STV(O)在汉语诸方言中也有类型学意义。在官话区，TS-VO 占优势，而在吴语和闽语中 STVO 占优势。就普通话和上海话来说，有了话题的位置就无须再有 SOV、OSV 这类极有争议的处理了。

Shibatani(1991)指出，虽然有些语言的主语有时兼有话题的功能，但本质上主语来自施事这一语义角色的泛化和语法化，而句法上的话题来自话语话题的语法化。因此，我们对汉语这样的话题优先语言在句法上区分话题和主语，有利于揭示语序变化的各种规律。最重要的是，各种前置于动词的受事成分都符合话题的特性。

在我们的构想中,虽然 T 常常由受事类成分充当,因此有 T 的句子可以没有 O。但 6.1.3 显示,前置的受事并没有移走动词后的宾语位置,后面仍然可以有宾语,因此前置于动词的受事就不再是宾语,不必分析为话题化的宾语。刘丹青(2001a)详细分析了汉语及方言中的分裂式话题结构(如"衬衫他买了三件"):受事题元分布在动词的两端分别充当话题和宾语,而其指称关系、信息特点等符合话题结构的普遍规律。因此本书在汉语语序方面将基本沿用徐、刘(1998)的框架,在肯定话题位置的同时确认,就动词和宾语的位置而言,普通话和话题化更发达、受事前置更常见的上海话都是 VO 类型的,虽然不排除某些方言可能因某种原因出现 SOV 语序,如在阿尔泰语等影响下的西宁汉语方言(参阅徐、刘 1998:301 注 4 及刘丹青 2001b)。

6.2 汉语介词(前后置词)研究

6.2.1 "介词"名实的演变小史

汉语语法学给介词取的名称不止一个,但最通行的是"介词",而"介词"一名又源自《马氏文通》(马建忠 1983[1898]:246)的"介字"。其定义称"凡虚字用以连实字相关之义者,曰'介字'"。他举出的古汉语常用介词有"之、于、以、与、为"五个,其他还有"由、用、微、自"。他指出"五字之用,先所介者常也"。就是说以前置为常,但并不是绝对前置,他讨论的第一个介字"之"就是后置性的。其他几个虽然主要是前置词,但在古汉语中也都有后置词用法,如"是以、何为"等。可见马建忠的"介字"不是严格的 preposition,倒符合现代类型学的 adposition 之义。他立名之初没有称为"前置字"当非偶然,而目前的汉语学界多忽略此点。当然,"之"的特殊性不仅在其后置。其他介词的主要作用是"介绍"名词给动词,而"之"及其后继者"的"的作用是"介绍"名词给名词。这种差异可追溯到西方的格范畴:领属格用于名-名间的关系,其他格都表示名-动间的关系。马氏把"之"看做介词,当与领属格在印欧语中也算诸"格"之一有关。从古汉语的实际看,马氏的介字没包括"上、下、前、后"之类方位词是有道理的,因为它们当时意义并不很虚,使用上也不像现代"方位词"那样有虚词式的强制性。

研究现代汉语的黎锦熙《新著国语文法》继承了马建忠的观点,只是改"介字"为"介词",其介词除了前置词外,还明确包括一个"特别介词",即"之"的现代对应词"的"。不过,现代汉语中的其他前置词已没有后置词用法,"的"就更显得"特别"而孤单。

吕叔湘(1982[1942-1944]:18)和王力(1985[1943-1944]:181-182)都不用介词或前置词之名。他们把后置性的"之"、前置词、连词等归在一起称"关系词"(吕)或"联结词"(王),相当于后来 Dik 所说的"联系项"。这实际上承认这类虚词有前置也有后置。但王氏对虚化程度要求较严,前置词只收了"于、以"两个,"把、被"则因为来自动词而被称为"助动词"(王力同上 12-13),现代汉语的前置词大部分都被看做动词而不予置论。王力已经注意到"联结词"倾向于位居所联结的两者之间,因此,他对"之"和"的"作了区别,并将"的"排除在"联结词"之外,而看做"后附号":"'之'因为是联结词,所以必须放在次品(定语——引者)和首品(核心名词——引者)之间",而"的"不必,所以有"这书是我的"而没有"这书是我之。"(王力同上 182)。这样,他的"联结词"中实际上已经没有真正的白话后置词了。吕氏虽然把"之、的"都放在他的"关系词"中,但他也从一个角度发现了"之"、"的"之别:定语"如果是并立的,文言里绝对只用一个'之'字,而白话里却可以用一个或几个'的'(这也表示'之'是个独立的关系词,'的'字已渐有词尾性)"(吕同上 21)[1]。

6.2 汉语介词(前后置词)研究

第一个正面讨论前置词、后置词问题的是高名凯。他把动宾关系称为"引导关系",宾语是"引导者"——"把历程引导到一个归止的方向",而动词是被引导者(高名凯 1948:171)。由此,他把汉语的前置词看做是存在于引导关系中的"虚字",称为"被引导词"(同上 185—212),从词性上说是"半动词或准动词"。他不称之为"介词"或"前置词",理由是它们"都是从动词变来的","用法颇有相通之点",和动词一样都"存在于引导关系之中"。在此系统中,当然没有"之、的"的地位,后者被放到"规定关系"中,称为"规定词"。这可能是汉语学界"之/的"和前置词分家之始。另外,高氏还专门批评了一些西方学者把"于/在…之上/上"中的后一部分称为后置词的说法。他认为"站在桌子上"的"上""明明是一个名词,它的意思是'桌子的上面',这'的'字已经够得告诉我们'上'和'桌子'的关系是规定关系"(同上 192)。可是,高氏恰恰忽略了,当用"上"而不是"上面"时,"的"是不能用的,我们从不说"站在桌子的上"。这正好显示"上"已经不是名词。套用他的话,这"的"的不能用已经够得告诉我们"上"和"桌子**不是**"规定关系"。这样看来,汉语只有前置介词的观念从高名凯的时候才开始形成。

20 世纪 50 年代以后的汉语语法著作,基本上继续了高氏的分工。丁声树等(1952—1953)称前置词为"副动词",到 1961 年正式出版改称"次动词",其他著作如吕叔湘主编(1980)、朱德熙(1982)及大、中学校教材等大都称前置词为介词,而"的"(不包括句末语助词用法)则常被称为结构助词,少数如丁声树等(同上)称为词尾,朱德熙(同上)将"的"分为后缀和助词两类。

于是,当初义近于 adposition、涵盖 preposition(前置词)和 postposition(后置词)的汉语"介字/介词",经过一番名称和内涵的曲折演变,最终变成了 preposition 的对应词。

6.2.2 汉语前置词的研究

在国内汉语学界,由于偏指前置词的介词被看做虚词,而缺乏后置词的概念,因此对前置词的研究在数量和深度方面都超过对后置词的研究。

由于现代汉语的前置词几乎全部来自动词,其中绝大部分仍兼动词用法,因此如何划定介词的范围就成为特别被关注的课题。此外,研究前置词语义、句法作用方面的论著也相当多。金昌吉(1996)对此作了一些介绍或总结。此外,该书作为一本(前置)介词问题的专著本身也对汉语介词和介词短语的某些问题作了较为深入的探讨,有一些有价值的发现和概括。比如,注意到汉语不能有英语 from outside 这样的介词连用现象;指出谓语提前时介词短语可以单独接受状语修饰,如"每次发货,他都按照规定的手续"等;注意到介词短语和方位短语在带否定副词上的差别,如"他不*(向)厂子里走";单双音节介词的句法功能差别,等等。在海外,讨论汉语语序问题的 Jepson(1985:101—105)也对动词和副动词(即前置词)的界限感兴趣,提出了区分两者的若干测试项,并据此对常被划成介词的 41 个词项作了测试。另外,Jepson 注意到儿童最初习得副动词时,基本上把它们当动词用(148—155),即使副动词短语跟主要动词连用,也表现为类似"两个相连话语的组合而不是一个单一结构"(165)。

从现有研究可以看出几点:1、除了从文言中沿用下来的"于、以、与、被"等极少几个外,现代大部分前置词都同时保留了动词用法及动词的某些形态特征;2、句法测试可以显示动介兼类词都有只能分析为介词、不能分析为动词的情形,最重要的是该词项及其宾语不能脱离所修饰的动词单独作谓语,如"我在本子上写字"不能说"我在本子上",也有些前置词和动词用法的语义差别很明显,如"把门打开"和"把着门"

的"把";3、有许多情况前置词可以作两可的分析,如"我在图书馆看书"。所以,总体上现代汉语前置词还处在动词向介词语法化的中间阶段。

从语序类型学的角度看,涉及介词短语语序演变的研究很值得注意。孙朝奋(Sun1996)认为,前置词短语由动词后到动词前是两千年来汉语仅有的重要语序演变。已有很多论著探讨这一演变,如黄宣范(Huang1982)、何乐士(1992a,b)、Peyraube(1994)、张赪(2001)等。事实方面大家看法较一致:这一演变大概在东汉至魏晋期间开始明显发展。至于演变的原因,则解释还相当不一。

此外,先秦前置词的后置词用法也很早就引起学者们注意,而且这种用法跟介词短语的位置明显有关。清代俞樾《古书疑义举例》(中华书局版 1956:6)就提到"**室於怒市於色**"和"**野於饮食**"这类"倒句例"。管燮初(1994:217-223)对《左传》全书前置词的后置用法作了统计,发现全书有前置词短语 5959 例,其中"宾语+前置词"语序 188 例,占 3.2%,其中代词性宾语 175 例,名词性宾语 11 例,动词性宾语 2 例。孙朝奋(Sun1996:19,24)也提到"以"等介词可前置可后置,但作为后置词短语不见后置于动词的例子。就非代词性介词宾语而言,他的观察能得到管燮初统计的支持,《左传》中介词后置于名词性或动词性宾语的全部 13 个例子都是整个介词短语前置于动词。7.2.1 将说明这种限制跟 Dik 所说的联系项语序原则有关。

6.2.3 汉语后置词的研究

国内的汉语学界基本上没有后置介词的观念[2],因此关于后置词的研究是比较零碎的,通常被冠以其他名目,甚或完全忽略。国内第一个正面从事后置词研究的可能是余志鸿(1986)。作为桥本(1985)的中译者,他像桥本一样比较注重阿尔泰语言对元代汉语后置词出现的影响,而不太注意后置词与汉语本身类型特点的关系。

　　海外汉语学界所说的后置词限于指国内所称的"方位词"中的部分词项,特别是其中的单音词。方位名词是汉语后置词的最重要来源,但远非惟一来源(参阅 8.2—8.3)。现代汉语学界早就注意到,方位词的句法表现很不同于普通名词。因此,1956 年公布的《中学语法教学暂拟体系》把"方位词"定为名词的"附类",以突出其句法上的特殊性。以后大部分著作把方位词看做名词的小类,但钱乃荣主编(1990:181)主张"方位词"属虚词的一类(区别于仍有名词性的"方位名词"),这是一大进步。不管是否承认其为名词的一类,大家都承认方位词句法上主要不作名词用,而是跟前面的名词短语组成"方位结构"(胡裕树 1981)或"方位短语"(如吕叔湘 1980:7—8)。但其中名词短语和"方位词"是什么关系? 为何不少语言不存在这类结构关系? 一直没见到很好的回答。

　　在"方位词"的描写方面,吕叔湘(1965a)是一篇重要论文,它以统计揭示了一些重要现象。例如:1、单音节方位词除了对举或用在少数前置词后外,主要用在名词性单位之后;2、"上、里"的用例和搭配面大大超过其他词,其次是"中",很多例子没有相对的"下、外"的用法;3、很多"上、里、中"的用例和部分"下"都没有"定向性"而只有"泛向性"(不指具体方位),所以有时"上、下、中、里"等可以替换而不改变意义;4、单双音节方位词的选择跟名词的单双音节选择限制无关。用今天的观点来看,第 1 点说明单音节方位词基本上只有虚词用法,统计数字也显示不少双音节方位词以用在名词后为主。第 2 点说明各词的语法化程度不同而以"上、里"为最高。第 3 点说明语义作用已不重要,主要是为句法而用。第 4 点说明名词加方位词不是一般的定中关系,可以违背普通话定中关系的音节选择性,比较:桌子上头～桌子上、模范人物～*模范人。后来海外学者讨论方位词的性质时,似乎没有注意吕叔湘这些重要的观察,尤其是第 4 点。

戴浩一(Tai 1973)等用方位词即后置词来支持 SOV 论,此后海外汉语学者对方位词的性质颇有争议。李艳惠(A. Li 1985,1990)代表了反对后置词说的一类观点。她认为所谓"后置词"或"处所化标记"(localizer)就是地点名词(place name)(1985:51—55)。后来(1990:4—6),可能是考虑到有些方位词确实难说是实词,她不再坚持"地点名词"说,而改定其性质为较模糊的"名词性成分"(nominal expression),并重新启用她曾不喜欢的"处所化标记"一名。这两个名称在坚持其名词性认定的同时实际上回避了方位词是不是词这个大问题[3]。她的这一分析服务于她关于汉语类型和赋格方向的生成语法假说:汉语是 SVO 语言、只有前置词,NP 的"格"一律由其左边的动词或前置词赋予(1990:11)。假如承认有后置词,那么 PosP 中的 NP 就得由右边的后置词赋予了。她用来论证的根据,主要就是 NP 加方位词的结构有多种 NP 的功能,包括作主语,如"椅子下很干净",作宾语,如"先检查椅子下",等等。其论证的最大不足,在于所有例句都在说"方位短语"的句法表现,而竟没有一处分析、没有一个例句涉及方位词本身。这就使她关于方位词有名词性的论证缺乏说服力。方位短语有时(其实是偶然)用作 NP,正相当于"在…"这类短语有时(甚至经常)用作 VP,并不能据此否定其介词短语的性质。

与之相反,同样采用生成语法框架但支持单音方位词(short form)为后置词说的 Ernst(1988),就非常注重方位词本身的句法表现。他不否定双音方位词(long form)可以看做名词,但单音方位词(short form)却无法再看做名词。它们不能单用,除特殊情况外 NP 加方位词不能作论元,前面不能加"的",不能受形容词修饰等。他指出世界上没有语言存在一种名词,它们不但自身黏着,而且以自己为核心构成的短语只有状语性,没有名词性。所以他不取名词说。方位词让

NP带上状语性质,正符合介词的性质。他也举出其他语言的例子说明SVO使用后置词、介词(前置词)支配PP而非NP、前置词后置词并存等现象都非汉语独有,将方位词分析为后置词并不会使汉语看上去多么特殊。此外,他认为赋格方向不一致也并非PP独有,"等三天"和"六英尺高"就显示了度量性NP的赋格方向也不一致。需要补充的是,其实不仅单音方位词没有名词性,而且"以内、以外、之上、之下"这些双音方位词也完全没有名词性,也属纯粹的后置词。

刘凤樨(F. Liu 1998)再次提出方位词(限于单音节)的性质问题。她评述了各家说法的利弊。她所指出的名词说在句法表现上的困难,大致与Ernst(1988)所论一致。她也指出了后置词说的一些缺点:类型上与SVO不一致(其实Ernst已引用类型学统计指出这并不罕见),方位短语可以和名词短语并列,如"小明在家里和学校都不听话"。她主张,由于单音节方位词有很强的黏着性,因此也不宜看做一种介词,而看做clitic(附缀。她译为"词组尾"),它们在句法上根本没有性质,不构成一个类别。她的附缀说,的确反映了人类语言一种左右不对称的现象,即同类成分中后置的更容易失去独立性,韵律上更容易朝前依附(参阅15.3.4)。但她开出的"药方"却并不管用,因为它并没有回答这种附缀的句法作用问题。大家公认英语I'm hungry中的m是一个附缀,但句法上,它仍是句中的定式动词。而方位词的句法作用也是很明显的,也必须在句法上有个交代。所以,附缀说即使成立,也不妨碍把有关词项看做后置词,无法据此否定后置词说。况且上举"以内"之类全无名词性的双音后置词也不是附缀。至于她提出的并列结构问题,我们将在讨论框式介词中前后置词各自的范域问题时予以讨论(参阅9.1.2)。刘凤樨文评说的其他几种对方位词的分析,将在9.1.2中结合范域问题进一步讨论。

以上看法的一个共同局限,是没有看到汉语中除了方位词外还有相当数量非名源后置词(详后)。假如注意到非名源后置词的存在,就会对方位词在句法上的后置词地位"见怪不怪"了。

关于方位词的语法化,近来也有一些重要成果。江蓝生(1998)显示,曾被认为受阿尔泰语言影响产生的元代汉语中使用的后置词"行"(表处所、客体、对象、来源等)其实在很多现代北方话中仍在使用,它就是"上"的一种白读,而"行"的各种用法在文献中也能找到用"上"的例子。另外很多现代方言中用"合"等记录的用途广泛、类似"行"的后置词,其实来自方位词"下"。又如被一些语法书看做后置词的"的",早期就写作"底"。据江蓝生(1999),它就来自方位词"底"。这些例子显示方位词虚化为后置词,并不以到方位题元标记为止,它可以进一步变成更虚化、更抽象的后置词乃至格标记,由实体到空间关系再到抽象关系,完全符合虚化链的典型轨迹。

6.2.4 偏指性"介词"观的理论缺陷

现有汉语语法体系框架中不设后置词这一词类,它给汉语语法学带来的不是简洁,而是不必要的理论复杂性。

首先,汉语语法中专门设立一个词类范畴"方位词",多看做名词的小类或"附类",但又多不愿意"理直气壮"地称之为"方位名词"。许多语言似乎并不见这个词类,表示其意义的词在其他语言中依其句法表现分入名、副、介等词类。因此,作为实词词类名称,它是一个特设(ad hoc)的术语。海外汉语学者将其中的虚化者称为 locative particles(方位助词),已看做虚词范畴。这至少反映将方位词统统归入实词难以让人信服。然而,助词之说也远非完美。正如 B. Comrie(私人通信)指出,particle(助词)是一个理论前(pre-theoretic)的概念。它反映我们对有关词项的句法作用还缺乏理论上的定位。假如我们能准确地予以定位,就应该用更确切的术语来替换这类名称,如用"定语标记、状语标记"来替换"结构助词",用"句末语气词"来替换"语气助词",用"后附体标记"取代"时态助词"等。locative 则是一个语义而非句法概念,因此 locative particle 并没有提供有关该词类的句法作用的信息。

有了方位词这个名称,还得建立一类特殊的短语"方位短语"。这又是一个难以在语言学界沟通的特设概念。它带来了一系列理论困惑。首先,这类短语是名词性的还是副词/状语性的?缺少满意的回答。其次,方位词被看做实词,那么实词与实词的组合就得有结构关系,"桌子上"这样的"方位短语"中的两个词之间是什么关系呢?采纳"方位短语"说的论著很少正视这个问题。假如分析为偏正关系,又有更多问题出现:既然是偏正关系,那为什么在偏正短语外还需要建立这个特殊的短语类型?假如"桌子"是"上"的定语,那为什么"桌子上"不等于"桌子的上面","记在心上"的"心上"更不等于"心的上面",却与"心里、心中"甚至近代汉语中的"心下"基本同义?假如这类短语的确是偏正短语,而中心词又是属于名词性的"方位词",那为什么其整体功能跟名词短语缺少共同之处?多数论著干脆不提方位短语是什么结构关系,因此,方位短语就成了实词短语中惟一说不出结构关系的"怪物"。

最不能解释的是为什么汉语中的"介词"不能独立完成介引名词的任务。"介词"的作用是介引名词,而学习汉语的人却被告知,有些介词——而且是最基本的介词如"在、从"——不能放在普通的名词性成分前,而必须放在"方位短语"前,除非那个名词本身是地名一类处所词语。

以上还只是就普通话来谈的,假如联系方言,那么把"方位词"当名词小类的看法还会遇到更棘手的困难。在上海和苏南吴语中,相当于"NP 上"的是"NP 浪[lā]"或"NP 酿[n̠iā]",而不在 NP 后位置的"上"都念[zā]或[zā],当地人已经不感到那个从不单用的"浪/酿"是"上",

所以在方言文学中常写作"浪"。很难再把这个黏着而定位的"浪"看做名词的成员。同样的还有常州话单用的"里"[li]和 NP 后的"勒"[ləʔ]的分化。

此外,还有很多本来可用"后置词"解释的虚词因为缺少后置词的概念而变成语法系统中的"身份不明者"甚至"无家可归者"。比如"明天起学校放假"中的"起"、"三月份(以)来"中的"(以)来"、"他昨天拿我来出气"中的"来"、"就销售来说"中的"来说"等等。当然,我们也许可以把它们统统称为"助词",但"助词"并不是一种明晰的定性。

从类型学的角度看,缺少后置词概念带来的问题最严重:在这个最重要的语序参项上产生误导,使人误以为汉语是纯前置词语言,使汉语类型显得更加罕见而难以理解。

最后,从应用的角度看,叫人遗憾的是,由于没有取得虚词的地位,许多重要的后置词如"上、里、起"等通常在规模很大的虚词词典中也不予收录,尽管它们的常用度、虚化度和用法多样性超过很多被收录的条目,给汉语教学和自动化处理都带来不便。

总之,缺少后置词的概念,确实给汉语的语法学框架造成了复杂而难以解释的局面。因此,我们需要一个包含了后置词的汉语介词研究框架。

[1] C. Lehmann(1995:150)也把并列项带虚词的表现用作测试虚化程度的指标:介词倾向于在整个并列短语后用一次,而进一步虚化(向词缀方向)后在每个并列肢后都用。比较英语 **to** the author or the editor 和法语 **à** l'auteur ou **au** siège,au 是 à 和冠词 le 的合音。据此,"之"是后置词,"的"已经像词缀。

[2] 这里是指《马氏文通》以来的汉语语法研究。事实上马氏之前的一些西洋传教士所写的汉语语法书中已用到后置词(postposition)的观念,指的就是"方位词",如 Edkins(1868)。

[3] "处所化标记"(localizer)一名实际上已经跟方位词的名词性也造成冲突。句法学中称为"XX 化标记"(…izer)的都是一种功能短语的核心,其作用即改

变所支配的论元的性质。如 relativizer(关系从句标记)就是使一个小句变成定语,passivizer(被动化标记)就是使原作主语的施事不再是主语。方位词用在 NP 后面,所谓"化"就是使其所支配的 NP"化"为"处所语"(locative expression)。NP 之外为什么还需要立处所语之名?就是因为处所语是一种适于作状语而不是通常由 NP 所充当的单位。假如带方位词的结构还是 NP,性质上与其前面的 NP 同类,那么就没有"化"的作用,不需要用"XX 化标记"(…izer)这种名词。

7. 汉语介词的类型背景

7.1 汉语的语序类型

7.1.1 汉语小句结构的基本语序类型

本章起我们将依据前面所述的理论背景,特别是语序类型学理论,基于语言事实,为汉语及其吴方言的介词研究建立一个有别于国内现有学说的理论框架。这里先把与介词类型有关的汉语语序类型的背景作为讨论的起点。

从有文献记载以来,汉语一直以 SVO 为小句结构的基本语序。先秦汉语在以 SVO 为主流的同时存在两种有明确句法条件的 SOV 句式。一是疑问代词作宾语在动词前,如下面(1)中"谁"前置而名词宾语后置。二是否定句的代词宾语前置于动词,如(2)中肯定句代词宾语"汝"后置而否定句代词宾语"我"前置。(3)则显示否定句虽然代词宾语"己"前置,但名词宾语"人"仍后置。(3)还说明这种规则在嵌入句中同样有效(后面两个小句都是"不患"的宾语从句)。

(1) 吾谁欺,欺天乎?《论语·子罕》

(2) 三岁贯汝,莫我肯顾。《诗经·魏风·硕鼠》

(3) 不患人之不己知,患不知人也。《论语·学而》

根据 GU25,代词宾语前置是优势语序(参阅 2.3.1)。由于跟汉语有最密切亲属关系的藏缅语言基本上都是 SOV 语言,不排除汉语和藏缅语的共同祖语是 SOV 语言,汉语的 SVO 是后起的,那么某些代词宾语比名词性宾语更晚移到动词后是极其正常的。法语的近祖拉丁语是以 SOV 为基本语序的语言,发展到法语已是 SVO 为主,但代词性宾语仍留在动词前。

秦汉以后,上述两条宾语前置规则逐步式微乃至消亡。到属中古汉语的《世说新语》,出现了两可的过渡状态,比较:

(4) a. 济曰:"臣叔不痴。"称其实美。帝曰:"**谁比**?"《赏誉》
b. 世论以我家领军比谁?《品藻》

在更晚的汉语文献中,除仿古的文言外,上述宾语前置规则完全不起作用,从而形成了更加一致稳定的 SVO 模型。例如(均取自汪维辉所建汉语史语料库):

(5) a. (请看汉武帝,请看秦始皇。年年合仙药,处处求医方。结构千秋殿,经营万寿堂。百年有一倒,)**自去遣谁当**?《王梵志诗》(107 首)
b. **汝今悲泣,更忧阿谁**?《六祖坛经》
(6) a. (前母墓在顺阳,往视之,既至而坟陇杂沓,难可识别,)**不知何许**。《搜神后记》卷 6
b. (端每早至野还,见其户中有饭饮汤火,如有人为者。端谓邻人为之惠也。数日如此,便往谢邻人。邻人曰:)"**吾初不为是**,何见谢也。"《搜神后记》卷 5

例(5)中疑问代词"谁/阿谁"、例(6)中否定句代词宾语"何许"、"是"都在动词后。

7.1.2 "把"字句、句法化话题与汉语语序类型

就在汉语逐步完成 SVO 整合的中古时期,汉语出现了用"将/把"将受事论元放在动词前的句式。"将、把"原来是表示"拿、握"义的动

词,带上宾语后常用在另一个动词前构成连动式,经过重新分析后其宾语成为后面动词的间接格受事论元,而"将、把"等虚化为前置介词。6.1.3已经从句法上证明现代汉语的"把"字句并非OV语序。"把"字只是使受事论元降格和状语化。然而,"把"字的存在也对汉语小句结构的语序类型产生了影响。表现之一就是动词后宾语与其他许多成分不相容。吕叔湘(1984[1948])早已注意到不少"把"字宾语回不到动词后,其中有些是因为后面另有成分。这里且改用几个更简单的例子:

(7) a. 你把茶杯搁在桌子上。~ b. *你搁茶杯在桌子上。

(8) a. 小张把一些文件放进抽屉。~ b. *小张放一些文件进抽屉。

符合宾语条件的题元却无法在动词后作宾语,而要变成动词前的间接格,这在典型的SVO语言如英语、壮语中是不可能的。所以"把"字句至少使汉语SVO语言显得很不典型。

另一个使汉语小句类型复杂化的因素是话题。李讷等称现代汉语SOV占优势,理由之一就是那些在动词前作话题的受事成分被看做宾语。6.1.5已经结合徐、刘(1998)的研究说明汉语有一个句法上的话题位置T,这个位置并没有真正移走动词后的宾语位置,所以不宜把作话题或次话题的受事成分看做宾语。不过,从类型学的角度看,句法化的话题不一定是话题语法化的惟一结果或最终结果。源于语用成分的话题经由句法化可能在不同语言里产生不同的句法结果。我们已经注意到下面这些现象。

1、类型学家们都熟悉,在典型的主语-话题并重型语言——日语、朝鲜语等语言中,话题已成为与主语并存的句法性成分,两者可以凭句法标准区分开来,如日语主语后带主格标记が(ga),话题后带话题标记は(wa)。

2、Givón(1976:151—160)通过若干克里奥耳语(Creole)和班图语

言的研究显示了话题的另一种依归:原为话语性的话题可以因为复指(resumptive)代词系统向一致关系的演变而成为普通的(不必有话题性的)句法主语或宾语。在那些班图语言中,因话题化而提至句首的成分会在紧靠动词的位置出现一个复指代词。其中复指施事话题的代词虚化和附缀化后会演变为主谓一致关系的标记,使施事话题变成跟动词有一致关系的普通主语;而复指受事话题的代词则可以虚化为动宾一致关系的标记,使受事话题成为跟动词有一致关系的普通宾语。

3、Dik(1997:409)指出,话题语法化为主语可以导致语序类型的演变,如 VSO 语言就可能因为话题化的常规化而演变为 SVO 语言。Greenberg(1966)的"GU6"早就指出,"所有以 VSO 为优势语序的语言,都可以把 SVO 作为可能的或惟一的一种替换性基本语序"。这里作为变体的 SVO 其实就来自 VSO 句式中主语 S 的话题化。主语因其本身在话语中具有较强的话题性,很容易话题化。其他语言(SVO,SOV)中主语不需要话题化,是因为主语本来就占着句首这种具有话题作用的位置。而 VSO 语言句首被动词占了,所以话题性强的主语就会通过话题化跑到句首之位。假如这种话题化句式进一步泛化,最后句法化为小句的常规语序,就可能引发 VSO 向 SVO 类型的演变。

4、柴谷(Shibatani 1991:129)注意到,不同语言的话题化可能优先选择不同的题元,从而造成不同的历时结果。假如一种语言的话题优先选择施事论元充当,话题比较容易语法化为主语,因为主语就以施事为原型。如果优先选择受事为话题,语法化的话题就会和施事主语竞争句法的基本性,假如受事话题最后获胜,可能导向作格语言的类型。他相信菲律宾塔加禄语等语言就在经历这一过程。

从以上论述,还能推出人们尚未注意的另一种可能:SVO 语言优先选择受事充当话题,但占据的主要不是主话题、而是次话题的位置。这种话题的句法化,最终可能导致真正的 SOV 类型。汉语一些方言如吴语的确出现了这种语序演变的萌芽,只是尚未完成向 SOV 类型的演变(详见 10.1.2)。

汉语方言中存在更加典型的 SOV 语序,与 SVO 语序并用。徐、刘(1998:301)脚注曾引张成材(1994:14)用例提到,青海西宁方言由于受 SOV 语言如藏语及临近的阿尔泰语言的影响,存在难以分析为话题结构的 SOV 语序。更有意思的是,这些方言经常在前置的宾语后加上"哈"、"的"等标记(其中"哈"又作"合",语源可能就是"下",参阅江蓝生 1998),逐步形成专用的宾格兼与格标记,而使用后置性的格标记正是 SOV 相当普遍的特征。青海和甘肃方言的更多同类例子可看黄伯荣主编(1996:725,726,724)所引程祥徽、罗太星、王森等的材料,另可参阅刘丹青(2001b)的讨论。

7.2 汉语对后置词的类型需求:联系项原则的语言学力量

7.2.1 影响汉语介词类型的语序特点

汉语从一开始就表现为不典型的 SVO 类型。这种类型的不一致性也表现在介词的类型、介词短语的位置、乃至整个修饰成分的位置等方面,其中对介词类型影响最直接的是动词修饰语(即状语)和名词修饰语(即定语)位置的不一致。定语一律在前[1],不管是领属定语、形容词定语还是关系从句。与之相反,上古汉语中介词短语作状语有后置于动词核心的倾向[2]。介词短语以在动词后为主,使用的是前置词,介词作为联系项正好处在 V 和 NP 之间,符合联系项语序原则。另一方面,由于定语一律前置,假如光有前置词,那么前置词就无法位于定语 NP 和中心语 NP 之间,起不到联系项的黏合剂作用。比较英语 the cup ***on*** the table, the president ***of*** this university,前置词 on, of 都在所联系的两个 NP 之间。所以,汉语从一开始就需要一个后置词作为定语和中心语之间的黏合剂。《马氏文通》列举的五个常用"介字",第一个便是专用于定语的后置词"之",其余四个是用于状语的前置词(参阅 6.2.1)。这种局面是上古汉语修饰语语序格局决定的,联系项居中原则在这里起了显著的作用。

比较起来,定语和后置词的关系比较简单直接,在类型学上常分开处理的领属定语、形容词定语和关系从句等在汉语中都高度一致(共时)和高度稳定(历时)地前置,于是就由古代"之"、近代"底"和现代"的"来起联系项的作用,只是语法化的程度和句法表现稍有不同:"的"的语法化程度最高,用法最多样,有些已属词缀或语气词,如"个子高高的"、"他会来的"。状语和介词的情况看起来要复杂得多,请看下面更具体的讨论。

7.2.2 先秦汉语介词短语的位置与介词的类型

先秦汉语中,介词短语 PP 修饰动词时可前可后,而介词也有前置、后置,情形不太简单,但基本倾向仍很清楚:PP 在动词后为主,介词以前置词为主,这样介词基本上在中介位置;另一方面,PP 也有在动词前的,而前置词也可以临时用作后置词,而且前置词用作后置词只发生在 PP 在前的时候,即临时用作后置词的介词都在中介位置。换言之,在先秦汉语复杂的语序格局中联系项居中原则的作用却赫然可见。

下面主要以"于"(包括其变体"於"、"乎","之于"合音则为"诸")、"以"为例作一点探讨。"于"和"以"是上古汉语最重要的介词,生命力也最强,一直沿用至今(尤其是书面语)。据何乐士(1992a)统计,这两个介词(包括"于"的变体和合音)在《左传》中覆盖了全部"介词"(即前置词)总次数 5798 次中的 4617 次,占 80%,应该能代表先秦汉语介词的总体格局。据郭锡良(1997,1998)考察,这两个词都来自动词。"于"本是位移动词,表示到某处去,由此发展为表示处所方位的介词,并泛化出表方向、来源、时间、比较对象等的作用。"以"本指提、携,并表示带领众人、进献贡礼或祭品等,由此发展出工具意义,成为标记工具、方式、原因等的介词。"于、以"基本上是前置词,其中"于"明显以前置词为主,而"以"作为后置词用也相当常见。

据郭锡良(1997)统计,在《殷墟甲骨刻辞摹释总集》5000多个可辨认的"于"字用例中,约95%为介词用例,"'于'字结构绝大多数是紧接在动词之后"。在《商周青铜器铭文选》中,"于"有321个介词用例,除6次用在动词前,其余都紧接在动词后或用在宾语后。张赪(1999)也指出"先秦时期引进场所的……'於'基本位于动词后"。"于"在先秦典籍中有极少量作后置词的用例,"N+于"的用例都发生在"PPV"式语序中。例如,据管燮初(1994:222-223),《左传》全书中共有6例"N+于",全都在动词前,如:

(9) a. 谚所谓"室于怒市于色"者,楚之谓矣。《昭公十九年》

b. 夫小人之性,衅於勇、啬於祸,以足其性而求名焉者,非国家之利也,若何从之?《襄公二十六年》

c. 若得其人,四方以为主,而国於何有?《哀公二十六年》

d. 其子幼弱,其一二父兄惧队宗主,私族於谋,而立长亲。《昭公十九年》

代词作后置词宾语的例子,《左传》中未见用"于/於"的,但有用"乎"的,也用在动词前。如:

(10) 七月不克,必尔乎取之。《襄公十年》

《左传》以外典籍的情况也是如此,如前举俞樾引**野于饮食**"(《墨子·非乐上》)。

"于"字结构在动词前的用例本来就极少,而"于"作后置词的用例全部发生在这种低频结构中,其间相关性十分明显:在"于"字短语前置于动词的情况下,"于"临时用作后置词可维持介词在 VP 和 NP(现在是 NP 和 VP)间的中介位置,符合联系项原则。

再看"以"的情况。郭锡良(1998)指出,"介词'以'有一个特性,宾语省略和前置的情况比较多。"其中宾语前置就是"以"的后置词用法,仅管燮初(1994:194)举的《左传》例子就达 130 个。与之相关的是,"以"字结构用在动词前的情况也远比"于"字结构多。根据张赪(2002)的统计,在《论语》、《孟子》、《韩非子》三书中表示工具的"以+宾语"在动词前后之比分别是 16:22,88:44,385:205。跟"于"的情况一样,"以"作为后置词全部出现在"以"字短语前置于动词时。例如成语"夜以继日"的出处:

(11) 周公思兼三王,以施四事,其有不合者,仰而思之,*夜以继日*。《孟子·离娄下》

请注意,这个意思还能说成"以夜继日、继日以夜",但绝不能说"继日夜以"。从这个例子,可以看到有两个要求在起作用。一是联系项居中原则,一是"以"的常规属性,即充当前置词。把这个短句的四种说法与这两个要求相配,即成下面的四分表:

表 7-1

句式\符合的要求	联系项原则:介词"以"居中	"以"的常规属性:前置词
夜以继日	+	−
继日以夜	+	+
以夜继日	−	+
*继日夜以	−	−

在两个因素中只要符合一个要求,句式就能成立。最后一式因为同时违背两个要求而被剔除。由此可见联系项原则确实在介词的用法中起

着重要作用。先秦汉语中,由"以"作后置词的常用PP还有"何以、是以"等。这些"NP以"短语无例外都用在动词之前,而在同时期的文献中,"以NP"短语用在动词后的情况很常见。根据本人对《论语》做的统计,全书共有"何以"7例(如例12),"是以"4例(如例12,13),都在VP前。没有"以何"、"以是"。而同书"VP以NP"达32例(如例14。数字大于张赪的统计是因为张文只计表工具的"以"),其中没有一例是"V何以"、"V是以"。

(12)子贡问曰:"孔文子何以谓之文也?"子曰:"敏而好学,不耻下问,是以谓之文也。"《论语·公冶长》

(13)有事,弟子服其劳;有酒食,先生馔。曾是以为孝乎?《论语·为政》

(14)夫子循循然善诱人,博我以文,约我以礼。《论语·子罕》

以上情况进一步显示若PP在动词前的机会多,则前置词用作后置词的机会也多("以"),反之则少("于")。可见前置词用作后置词的基本动因就是维持介词的中介位置。以前的有关研究都没有注意到中介位置这个关键因素的作用。

7.2.3 先秦汉语的框式介词

将前置词用作后置词不是解决联系项不居中问题的惟一策略。古代汉语中还有另外一种手段,即前置词短语在动词前时,在中介位置的空缺处用上另一个作黏合剂的联系项。最常见的是"而",其次是"以",有时还配以提顿语气词"也",从而造成一种临时性的框式介词。这种句法手段在汉语中绵延不绝,直到今天还说"**为事业而献身**"、"**因人而设事**"、"**由于健康原因而辞职**"等。以下诸例,(15)取自《左传》,(16,17)引自何金松(1994):

(15) a. 宋人以兵车百乘、文马百驷以赎华元于郑。《宣公二

年》(以…以)

b. 晋师三日馆谷,及癸酉而还。《僖公二十八年》(及…而)

c. 越子以三军潜涉,当吴中军而鼓之,吴师大乱,遂败之。《哀公十七年》(当…而)

d. 天子建德,因生以赐姓。《隐公八年》(因…以)

f. 因人之力而敝之,不仁。《僖公三十年》(因…而)

g. 因其凶也而攻之。《僖公二十八年》(因…也而)

h. 故春蒐、夏苗、秋狝、冬狩,皆於农隙以讲事也。《隐公五年》(於…以)

(16) 因民而教者,不劳而功成。《商君书·更法》(因…而)

(17) 齐因孤国之乱而袭破燕。《战国策·燕策一》(因…而)

当前置词短语后置于动词,绝不会再使用这类联系项。例如"博我以文"决不会说成"博我以文而"或"博我而以文"。可见这类连接成分就是针对介词不在中介位置而使用的。

汉语学界通常把上述后置联系项看做连词。只有王力(1980:337—338)分析"而"的这种作用时提到这是介词,不过他的其他语法著作在列举介词时也并没有提到有"而"这个介词。假如看做连词,会在理论上造成漏洞。在小句内部,连词和介词的惟一区别是用于联合关系还是主从关系。上述"以、而"的作用明显是连接主从关系,假如仍看做连词,则介词和连词的界线就不复存在。人们视之为连词的原因主要还是"介词=前置词"的观念在起作用。这些虚词既然用在主从关系上,性质上就应当是一种临时介词——后置介词,而不再是连词。它与前置词一起临时构成"框式介词"。

7.2.4 联系项原则的语言学力量

从上古汉语情况可以看出,介词,特别是介词短语,之所以能成为语序共性中对应性最强的参项,主要是因为联系项居中原则是一条制约力很强的语言学原则。介词位于中介位置不但最符合象似性,也与其他原则相协调。介词居中符合 Dik(1997:402)的语序总原则第 5 条,即**核心相近原则**和与此相近的 Hawkins(1994)的**直接成分尽早确认原则**。这些原则要求相关结构的核心之间尽量靠近。介词所修饰的动词或名词是整个 VP 或 NP 的核心,介词是介词短语 PP 的核心。介词位于中介位置,使 PP 与管辖 PP 的核心 V 或核心 N 最为靠近,也使整个 VP 或 NP 内部的直接成分能最快得到确认,因为它清楚地划出了介词短语和所修饰的核心的界限。而且,汉语的介词不但可以管辖NP,也能管辖 VP。在管辖 VP 的时候,中介位置如果缺少介词作联系项,很容易导致范域(domain)[3]的混淆并产生歧义。如(18a)若去掉"而"就可能有 b 和 c 两种分析法(b 符合原意):

(18) a.(越子以三军潜涉,)当吴中军而鼓之,吴师大乱,(遂败之。)《左传·哀公十七年》

b.当吴中军/鼓之,(吴师大乱,)'对着吴国的中军擂鼓,吴军大乱'

c.当吴中军鼓之,/吴师大乱,'当吴国的中军擂鼓时,吴军大乱'

"而"的使用有效地防止了这种歧义。介词兼有带 NP 和 VP 乃至小句的功能是语言的常见现象(带小句时常看做连词)。如英语的 as, for, since 都是既能带 NP 也能带小句。所以,很少有语言能全面违背联系项语序原则,否则就容易产生(18b, c)这样的歧义。至于介引定语的介词,由于介词的宾语和介词短语修饰的核心都是 NP,中介位置的空缺更容易造成结构问题,因为难以确定前置词的范域是后面紧接着的NP,还是连同更后面的名词在内的更大的 NP。英语的情况很有启发性。英语前置词短语作状语是动词后多于动词前,而前置词短语作定语则一律后置于核心名词,显示对介词位于中介位置的绝对强制性要求。所以,在定语一律位于核心前的汉语中,使用后置词可以有效防止因此产生的歧义。试看普通话中的一些例子(详见拙文 1999b)。

(19) a. [PP对[NP报纸的批评]]   b. [NP[PP对报纸]的批评]
(20) a. [PP[NP瓶子的盖子]上]   b. [NP[PP瓶子上]的盖子]
(21) a. [PP在[NP贫困县的小学]   b. [NP[PP在贫困县]的小学]
(22) a. [PP[NP贫困县的小学]里]   b. [NP[PP贫困县里]的小学]
(23) a. [PP像[NP猴子的面孔]]   b. [NP[NP像猴子]的面孔]
(24) a. [PP[NP猴子的面孔]似的]   b. [NP[PP猴子似的]面孔]

(19)a 和 b 表层形式相同而结构不同,前置词"对"的范域可以到"批评"为止,如 a,也可以只到"报纸",如 b。(20)使用了后置词"上",就能从形式上区分两种结构,不会产生(19)那种歧义。(21)和(22)是同样的意思分别用前置词"在"和后置词"里"来表示,结果用前置词表示就出现歧义,即(21),而用后置词表示就没有歧义,(22)a 和 b 形式不同。同样的情况也出现在表示比喻的结构中,如(23, 24)。可见介词不处在中介位置,很容易造成范域歧义。减少歧义应该是人类语言中介词强烈倾向于中介位置的原因之一。

7.3 语序演变与汉语后置词的进一步发展

7.3.1 介词短语由后至前的历史性移位

先秦以后直到现代,汉语语序模式没有出现重大变化。定语依然一律前置,作用近似的"的"代替了后置词"之"。据孙朝奋(Sun 1998),两千年来语序稳定的惟一重要例外就是前置词短语由动词后向动词前的发展。正是这一变迁,对汉语介词的格局产生了重要影响。

何乐士(1992a)用描写语法学的方法详细比较了春秋的《左传》和西汉的《史记》中的介词(指前置词)用法并作了多项重要的统计。她统计出《左传》全书前置词短语动词前 2228 次对动词后 3570 次,为 1∶1.6。在后明显占优势。到了《史记》(据第八册的统计),这一比例变成 1464 次对 469 次,为 1∶0.32,在前占了明显优势。以后,PP 在动词前的比例逐渐增加,张赪(2002)认为这一过程到元明时最后完成。据张赪对若干语料的统计,元明时场所类 PP 在动词前后之比为 789∶367,对象类 PP 为 164∶18,工具类 PP 为 183∶3,除了场所类尚有接近 1/3 在动词后,其他都是以动词前为绝对优势。黄宣范(Huang 1982)、Peyraube(1994)、孙朝奋(Sun 1998)以及张赪(1999)所引的多种文献,都分别从不同角度探讨了 PP 历史性前移的事实和原因。但是,在这些讨论中,没有一位注意到这种前移给介词中介位置带来的变化。事实是,在前置词短语主要位于动词前的情况下,介词就不再能位于最适合联系项的中介位置。是否汉代以后,汉语就真的不再理会联系项原则了呢?并非如此。

7.3.2 方位名词向后置词的语法化

在介词短语由后向前历史性移位的过程中,产生了一个与之平行的新趋向,即方位名词的语法化。这与 Greenberg(1980,1995)描述的 Amharic 等闪族语言和 Pashto 语等伊朗语族语言由定、状语前移引发的实词向后置词的虚化出于相同的动因(参阅 5.2.4)。

虚化中的方位名词成为填补中介位置联系项空缺的重要补偿。方位名词属于关系名词中的一大类,它们在任何语言里都存在。在先秦汉语中,方位名词的虚化程度还不深,往往只在真正需要明确表明具体方位时,才使用方位名词,没有句法上的强制性,即只有语义动因而没有句法动因。(25)这段文字清楚显示这一点:

> (25) 豕人立而啼。公惧,队=坠于车。伤足,丧屦。反,诛屦於徒人费。弗得,鞭之,见血。走出,遇贼于门。劫而束之。费曰:"我奚御哉?"袒而示之背。信之。费请先入。伏公而出,斗,死于门中。石之纷如死于阶下。遂入,杀孟阳于床。曰:"非君也,不类。"见公之足于户下,遂弑之,而立无知。《左传·庄公八年》

同一段落中既有"队=坠于车"、"遇贼于门"、"杀孟阳于床"等不加方位名词的,也有"死于门中"、"死于阶下"、"见公之足于户下"。这些都是表示处所的。(26)是先秦著作中其他一些处所题元不带方位词的例子:

> (26) a. 将往,又数人告於道,遂如陈氏。《左传·昭公八年》
> b. 孔子谓季氏:"八佾舞於庭,是可忍也,孰不可忍也?"《论语·八佾》
> c. 赤也,束带立於朝,可使与宾客言也。《论语·公冶长》
> d. 且予与其死於臣之手也,无宁死於二三子之手乎?且予纵不得大葬,予死於道路乎?《论语·子罕》
> e. 乡人傩,朝服而立於阼阶。《论语·乡党》
> f. 颁白者不负戴於道路矣。《孟子·梁惠王上》

当处所题元逐渐移到动词之前时,情况有变。许多在先秦时无须加方位词的意义,这时都倾向于加上方位词了。据何乐士(1992b:138)统计比较,《史记》第八册"於"在动词前后之比为 105 次(20%)对 417 次(80%),在后仍占优势,与《左传》"於"(于)字短语几乎全部后置的情况相比则已开始了前移进程。到了南朝的《世说新语》,这一比例变成 142 次(50.5%)对 139 次(49.5%),"於"(于)字短语开始在前超过在后。何文所举的有关例句清楚显示,《史记》中动词前表处所的

"於"字短语带方位词还不普遍,所举两例都未带:

(27) a. 吕后侧耳於东箱听。《张丞相列传》

b. 景帝入卧内,於后宫秘戏。《史记·万石张叔列传》

而她所举的《世说新语》的例子中,处所题元除地名、处所代词及只用方位词外,基本上都在名词后带方位词。如:

(28) a. 邓攸始避难,於道中弃己子,全弟子。《德行》

b. 世子嘉宾出行,於道上闻信至。《捷悟》

c. 令於是大遽,不敢移公,便於牛屋下修刺诣公。《雅量》

d. (陆)机於船屋上遥谓之曰:……《自新》

(28)动词前的"於道中"、"於道上"和(26)中动词后不加方位词的"告於道"、"死於道路"、"负戴於道路"形成显著的对比。更重要的是,(28)中方位词的句法作用似大于词汇作用,因为"於道中"和"於道上"语义几无差别,都等于(26a)的"於道"。很难把这样的方位词再看成真正的名词。

《世说新语》时代的这种趋势,到唐五代时期更加明显。对此,何乐士(1992b:214—216)有一段举例说明。她在比较《世说新语》和敦煌变文后指出,"《世》中处所短语的另一种情况是以方位词为中心词,以表处所的词为定语,这在《变文》中有很大发展。不仅以方位词'中'、'上'、'下'、'前'、'后'、'内'、'外'、'头'广泛地与表处所的词结合构成处所短语,而且以方位词'里'、'间'、'方'、'面'、'边'、'底'等为中心构成各种表处所的短语,用法十分灵活。……这些方位词神通广大,几乎可以与任何名词结合成为表处所的短语,这些处所不限于人间实际处所,从'空中'、'经上'到'心里'、'情中'都可表示。……同时这些表处所的短语大多不用介词引进,且多数位于谓语前或句之首,少数位于谓语之后。"这段话清楚地显示,所谓方位词已经在很大程度上语法化。一是搭配面广;二是意义虚化,如"经上"、"情中"等处所意义抽象,不表具体的处所位置;三是大多前置,位于处所题元和谓语的中介位置;最后,也最重要的是,用了方位词以后经常不用"介词"(即前置词),这说明方位词经常独立担当方所题元介词的功能,已接近后置词的性质。

当然,方位词并不都只用在动词前。事实上在现代汉语中,方位词已经成为方所题元的语法标记,在动词前后一样有强制性。例如"在路上走"和"走在路上","上"都不能省。我们希望了解,在还没达到这种强制性的时候,方位词的使用是否确与介词短语在动词前后的位置差异有关。为此我们作了一个较大规模的统计。统计的语料是汪维辉提供的中古到清代 12 种文献材料的电子版,约 40 万字,它们是:1.《僮约》,2.《搜神后记》,3.《游仙窟》,4.《敦煌新本六祖坛经》,5.《入唐求法巡礼行记》,6.勾道兴本《搜神记》,7.稗海本《搜神记》(成书年代可疑,仅作参考),8.《祖堂集》,9.《大唐三藏取经诗话》,10.《三朝北盟会编》,11.《近代汉语语法资料汇编》(元代明代卷,部分),12.《红楼梦》(两章)。其中第 11 种内部其实又包括了多种文献。统计的对象是"于"(含"於")在动词前和动词后带方位词的情况。选择"于"的原因是能和方位词同现的前置词中只有"于"是纯粹的介词。中古以来频繁使用的"在"直到今天还兼动词,统计时很难划界。我们主要是对比"于"在动词前后带方位词与否的情况。对于不能带方位词的项目,如"于"带时间题元、作为地名的专有名词以及方位词本身作宾语的,都不列入统计,只统计能带能不带的名词性单位,结果如下(Loc 表示方位词):

表 7-2 动词前后方位后置词使用比例的差异

	僮约	搜后	游仙	六祖	入唐	勾搜	稗搜	祖堂	三藏	北盟	元明	红楼	总计
于…LocV		1		22	82	15	20	24	1	24	39	3	231
于 NPV				15	64	7	13	19		7	31	1	157
V 于…Loc		2	8	2	16	7	19	4		17	20	8	103
V 于 NP	1	5	11	24	61	16	57	77	5	47	97	8	409

这些文献时代跨度一千多年,地域背景也不尽相同。在总计以及每一种文献中,全部都是"于"字短语在动词前时,用方位词多于不用方位词;而在动词后时,不用方位词多于用方位词。《红楼梦》动词后用不用方位词持平,已经算是惟一的非理想数字。

　　动词前后都有一些"于"字短语因为题元的性质不宜带方位词。我们没有单独统计处所类题元,因为有很多例子既可以看做非处所题元,也可以看做处所题元的引申或隐喻用法,界限很难划。如《礼记》中的"昔者吾舅死於虎",相当于今天说"死在虎口里",可理解为处所题元,而孙朝奋(Sun1996:25)却分析为被动句。被动句的分析不成立,因为古汉语"死"作及物动词(如"死之")只表示为谁而死(die for)而不表示致死(kill),但他的分析至少说明很多例子很难确定是否为处所题元。动词前仍然有多于三分之一比例的"于"字短语没有带方位词。这主要是一些简短的处所名词和代词如"此、地、山、院"等,句法上它们后面还允许加方位词,所以也统计在里边。因为它们不大会引起范域歧义,在句法上不是特别需要加方位词,而且"于此、于山"等似构成一个紧密的韵律词,有词汇化倾向,所以实际语料中很多是不加的。而"处"在中古近代汉语中已经虚化得不像名词,后面不能再带方位词(*于此处里/*于饮酒处上),所以也计入方位词。在动词前后都有相当数量的例子是因为表义需要而加方位词的。除去这些,动词前后加和不加方位词的比例就更为悬殊了,而这些差异主要都是基于语序原因。可见动词前加方位词的句法需求远超过动词后。此外还要考虑到一个因素:正如何乐士指出的,带了方位词的处所短语经常不再带前置词,而它们主要在动词前。这些在表7-2中也无法计入。考虑到这个因素,动词前加方位词的比例其实还要高。

　　以上统计也能用来解释孙朝奋(Sun 1996)发现的现象:从汉代往后,"介词"的文本出现率越来越低。以每千字的"介词"计,汉代《史记》

为50‰,南北朝的《世说新语》为24‰,元代的《张协状元》为8‰。表面上看,这与很多人谈论的汉语表义方法越来越严密的说法是完全矛盾的。一个可能的原因是实词双音化使同样内容的文本绝对字数增加,而介词维持单音为主,使得以汉字为基数的介词出现率降低。更加根本的原因是后置词的应用。由于中古以后汉语方所类题元经常只靠由方位词虚化来的后置词介引,它们处在比前置词更有利的中介位置上,所以能取代很大一部分前置词的作用。而孙书所谓的"介词"还是只指前置词。事实上中古以来,不但狭义的处所题元可以单用方位词介引,而且表示源点的题元也有单用方位词介引的,如:

(29) a. 有二人坟上望,雾暝不见人往。《搜神后记》63则

b. 问从何处来。僧等……便虚答之:"僧等实是本国船上来……"《入唐求法巡礼行记》143节

a句"坟上望"可以理解为处所义的"在坟上望",也可以理解为源点义的"从坟上望"。b句问话用前置词"从"表明源点题元,而答话则用"……上来",只用方位词表示来源。假如算上后置词,则所谓介词频率的减少,可能只是一种假象。

还有一些实际用例也很能说明问题。同一段文字,甚至同样的内容,"于"字短语在动词前就用方位词,如(30)中的"于江海中",在动词后就不用,如(30)中的"雨于大海"。

(30) 譬如大龙,若下大雨,雨于阎浮提,城邑聚落,悉皆漂流,如漂草叶;若下大雨,雨于大海,……譬如其雨水,不从天有,元是龙王于江海中将身引此水。《六祖坛经》

语料中未见相反的情况,即同一义类的介词短语在动词后用方位词而在动词前反而不用。

除了使用方位后置词填补中介位置外,先秦汉语常用的在前置词短语后再加一个连接成分或提顿语气词作联系项的手段,在汉代以后

也一直沿用。如：

(31) a. 善战者，因其势而利导之。《史记·孙子吴起列传》(因…而)

b. 及周之衰也，分而为两。《史记·刘敬叔孙通列传》(及…也)

c. 及诸校尉畏亡将军而诛之。《史记·匈奴列传》(及…而)

d. 太卜之起，由汉兴而有。《史记·日者列传》(由…而)

e. 副使王然于、壶充国、吕越人驰四乘之传，因巴蜀吏币物以赂西夷。《史记·司马相如列传》(因…以)

(32) 不如因其机而遂取之。《汉书·赵充国传》(因…而)

(33) 益州险塞，沃野千里，天府之土，高祖因之以成帝业。《三国志·诸葛亮传》(因…以)

(34) 敕赐封刀，于街衢而斩三段。《入唐求法巡礼行记》382节(于…而)

更有意思的是，有迹象显示，比前置词意义更具体的方位词和比前置词意义更宽泛的连接词"而"在中介位置确实有相近的黏合剂作用。例如：

(35) 至暮还家，觉有一人，从霍后行，霍急行，人亦急行，霍迟行，人亦迟行。霍怪之，问曰："君是何人，从我而行？"答曰："我是死鬼也。"霍曰："我是生人，你是死鬼，共你异路别乡，因何从我而行？"《搜神记》(勾道兴本)一卷行孝第一10则。

第一个"从 X"后用"后"相配，就不用"而"，后两个"从 X"后没用方位词，就插入"而"。

方位词在发展过程中也不再限于标记处所(含场所、源点、终点、方向等)。到说阿尔泰系语言的蒙古族建立的元朝时，虚化的方位词(主要是"上")可以进一步扩展至原因、目的、对象甚至"把/将"字结构,形成"因…上(头)"、"为…上"、"就…上"、"把/将…上"、"如…上"等诸多框式介词,甚至有只用"上"不用前置词的(例37d, e)。如:

(36) a. 君王又道此人肯受天下怨,却不知天下怨气只在君王处。因此上,贤的君王在事前处置得不教生乱。(元)许衡《鲁斋遗书·直说大学要略》

b. 却不思量这般东西却是百姓每身上脂膏,教百姓每怨不好,天下诸侯都怨。为这上,贤的人比干谏他,又将比干杀了。(同上)

c. ……便当就那每日所接的事物上逐件穷究其中的道理……(同上)

(37) a. 既两家做了一家,好好的往来。把赏赐也减了。因这等上,我告天会同脱脱不花王众头目每,将你每使臣存留,分散各爱马养活着。(元)哈铭《正统临戎录》

b. 如今天的气候上,大明皇帝来了,亲自见你每的这每苦楚,也不罪你每了。(同上)

c. 铭说:"老爷为爷爷上来,爷爷教老爹去,太师不肯留你。"(同上)

d. 皇帝上去奏,我是个女人,我的言语到得那里?(同上)(=向/对皇帝去奏)

e. 铭又奏:"央伯颜帖木儿太师上说,讨使臣。"(同上)(=向/对太师说)

(38) 因这般上头得那普天下欢喜的心,把祖先祭祀呵,也不枉了。贯云石《孝经直解·孝治章第八》

(39) a. 推拟照断,免配外州,将颈上刺个雀儿,教记取所犯事头也。《新编五代史平话·周史平话上》

b. 郭威脱了衣服,令军人将他脊背上打了三十下背花。
(同上)

对这类结构,已有人从蒙古语的"宾动"和"后置词"类型对汉语影响的角度加以注意。实际上,方位词虚化并逐步具有介词用途的过程早在元代以前好几百年就开始。其关键起因是介词不居中造成的中介位置空缺。阿尔泰系语言的影响只是使这种符合汉语本身类型需要的格式更加盛行而已。

7.3.3 中介位置的其他填补成分

中古近代用来填补中介位置空缺的成分,到当代普通话中有存有废,有盛有衰,而普通话也创造了许多新手段。由于缺乏全面细致的历史研究,并非所有手段都能精确断定其出现年代,下面仅约略列举一下方位后置词以外的有关手段在普通话中的作用。

表示有起点无终点的时间范围,用非名源的后置词"起、来、以来、开始"。可以跟前置词"从、自、自从"等配套,也可以单用,如"(自)春节起、三天来、(从)三月份以来、(从)明天开始(你不用来上班了)"等。"以来/已来"之用古今不绝如缕,如:

(40) 自有生民以来,未有孔子也。《孟子·公孙丑上》

(41) 帝问达摩:朕一生已来造寺、布施、供养,有功德否?《六祖坛经》

表示有终点的时空范围,用动词性较强的后置词"为止",多与也有动词性的前置词"到"配合用,如"到三月底为止共有两万人参观了展览会"、"房子盖到前面路口为止"。假如去掉主要动词,"到…为止"就是谓语,如"房子到前面路口为止"。但"到"和"为止"哪个是主要谓语,并不容易确定。

被动句中的"所"也有填补中介位置的作用。据王力(1980:418—

429),上古汉语用标记介引施事的被动式主要是"NP_1 V 于 NP_2",介词"于/於"在中介位置,如"劳力者治**於**人"。另有"NP_1 为 NP_2 V 式",中介位置没有联系项,如"道术将为天下裂"。汉代开始,随着动词前的"为"取代动词后的"于"成为被动句介引施事的主要形式,这种被动式就出现了一个变体,即"NP_1 为 NP_2 所 V"式,如"卫太子为江充所败",中介位置由虚化的"所"填补。"所"出现的动因之一应该是在间接题元和动词核心之间填补联系项的空缺,形成框式结构。据冯春田(1992:318—320),"为…所"从两汉到魏晋南北朝都"处于汉语被动式的主导地位",到唐五代时期"为…所"式的出现频率仍远高于不带"所"的"为"字式。此外,还有"为…见"、"为…之所"、"为…之"等变化形式(冯文305—306)。到"被"字式发展起来以后,甚至"被"字句中的中介位置也可以比附"为…所"式加进"所",形成唐五代以来习见的"被…所"式,如《红楼梦》中"父母已亡,或**被**叔伯兄弟**所**卖"。

除此而外,当代口语中还有用"给"帮助介引间接格施事、受事的情况,就是在"被"字句及"把"字句中加入"给"的说法,形成"被…给"、"把…给"的框式结构,如"锁**被**小偷**给**撬了"、"小偷**把**锁**给**砸了"。这种"给"当来自受益题元"给 NP"的 NP 省略,如"给我们开一下门"简化成"给开一下门"。有趣的是,当它填补中介空缺的作用发展起来后,连"给 NP"后都可以再加"给",形成"给…给"的框式结构,如"你**给**我们**给**开一下门"。

表示平比基准(包括比喻的喻体),古代用动词性很强的前置词"如、似"放在谓语后,如白居易名句"春来江水绿如蓝"。这种格式现代作为次要格式仍存在,《红楼梦》中"老刘老刘,食量大如牛"至今听来仍能接受,书面语中"情深似海、恩重如山、削铁如泥"等更是常见。"如、似"虽有动词性,但毕竟有联系项的作用,而"VP 如/似 NP"正使这个联系项位于中介位置。另一方面,元代起就常见基准用在谓语前的情况,这时常用"也似、似的、似、一般、一样"等后置性联系项来标记基准,近代汉语中偶尔还有用"来"的,如 Sun(1996:40)举的明代例句"胆**似天来**大"。这些后置性的联系项正好置于基准和谓语之间。后置的"也似"可能跟动词及前置词"似 sì"同源,但"似的"的"似 shi"与动词"似"无关,而来自"是的",所以声母为 sh(详见江蓝生 1992)。近代汉语到现代汉语的通例是,当基准前置于谓语时,前置词可以不用,而后置词不能不用,显然因为这时候后置词处在基准和谓语间的居中位置。平比句式的演变,突出体现了中介位置对前后置词选用的影响。如:

(42) a. 他(像/跟)贼似的溜了 ～ b.他像/跟贼*(似的)溜了

b. 姑娘(像/跟)鲜花一样美丽～姑娘像/跟鲜花*(一样)美丽

另一方面,在谓语后,前置词的作用变得重要。不过由于谓语后的平比/比喻基准已经有"得"作标记,有时也能省去前置词,如"姑娘美丽得(像/跟)鲜花一样",不过在谓语后还是省略后置词更自然,如"姑娘美丽得像鲜花"。在实际用例中,我们发现了连"得"也省去的情况,这时平比/比喻前置词就绝不能省去了。如:

(43) 我犹豫了一下,决定先看明信片,画面上是巨大像宝塔的仙人掌。(卫慧)

"巨大像宝塔"的说法虽不常用,但尚可接受。假如比较成分放在动词前,绝不能单靠前置词介引说成"像宝塔巨大"。同一位作者,当她用喻体作定语时,就可以单靠后置词介引,如(44)中的"般":

(44) 我做不到面对一个有着婴儿般纯洁眼神、天才般智商、疯子般爱情的男孩说谎。(卫慧)

作定语时,是后置词处于居中位置,这时候也绝不能单靠前置词介引,如不能说"像婴儿纯洁眼神"等等。这些例子充分显示居中位置对前后置词使用的直接影响。

表示差比的基准(包括差比喻体)在 Greenberg(1966)和 Dryer(1992)那儿都是一个重要的类型参项。GU22 指出:"当差比句的惟一语序或语序之一是'基准－比较标记－形容词'时,该语言为后置词语言;如果惟一语序是'形容词－比较标记－基准'时,大于偶然性的绝对优势可能是该语言为前置词语言。"这是一条接近双向蕴涵的强势共性,体现了比较标记和介词语序的一致性,并且比较标记像介词一样位于中介位置。事实上很多语言就是用介词充当比较标记的,当然造成比较标记和介词的高度对应。Dryer 则不考虑比较标记因素,发现基准和形容词的相对语序分别高度对应于动词和宾语的语序,极少例外,即 VO 语言用"形容词＋基准",OV 语言用"基准＋形容词"。差比基准在中国古代用谓语后的前置词"于/於"作标记,如《左传·定公九年》"君富**於**季氏,而大**於**鲁国",后代也用"如、似"等代替"于"并造成平比和差比的歧义(参阅 Sun1996:41)。今天的粤方言用"过"替换古代的"于",如"阿良肥**过**你"。这些都符合 GU22,也符合 VO 语言基准在后的 Dryer 的语序对应规律。但在普通话和很多现代方言中,用前置词"比"将基准放在动词前已成为差比句的基本形式,如"他比我高"。这种格式一方面使比较标记不再位于中介位置,不符合 GU22,另一方面又出现"基准＋形容词"这种当属 OV 语言特性的语序,也不符合 Dryer 的对应规律,事实上汉语正属于 Dryer 的统计数字中极个别例外之列。不过我们也注意到用"比"字句的方言都有一些成分可以在需要时插入基准和谓语之间起某种黏合剂作用。这样的成分有副词"更"、助动词"要"等。"更"和"还"不一样。"还"必须用在预设基准已具有该属性的场合,因而其使用必有语义动因,而"更"可以用于无预设的中性差比,语义上并不一定需要,如:

(45) 黑包小了点,蓝包比黑包(更/*还)大,放在蓝包里吧。

(45)中已指明基准"黑包"并不具有"大"的属性,因而此时不能用"还",

但仍能用"更"。这个"更"语义上不增加信息,作用上接近"像…似的/一样"中的后置词,主要起中介位置的联系项功能。在"A 于 B"或"A 过 B"的方言中,我们看不到"更"有这种中性化用法,比如广州话在明知黑包不大的情况下,"蓝袋大过黑袋"不能说成"蓝袋更大过黑袋"。当然"更"也能像"还"一样用于有预设的情况。而"要"则是更中性的表示差比的虚词。在差比句中"要"的情态意义很弱。假如形容词后有度量成分,"要"尚且可以脱离"比"字短语而使用,成为隐性比较句,但主要是靠度量成分表示隐性比较,如(46a)。假如没有度量成分,"要"不能离开"比"字短语而存在,如(46b):

(46) a. 蓝包(比黑包)要小一点儿 〜b. 蓝包*(比黑包)要小

假如"要"是情态助动词,那它应该跟着谓语形容词走,而不是跟着介词短语走。(46b)"要"却必须与"比黑包"同现,否则"要"就不能出现。可见"要"在这儿的主要任务是充当差比基准和形容词之间的黏合剂。据我们对 100 万字电子书面语料库的统计,带"要"的"比"字句共出现 29 例,其中 24 例"要"在"比"字短语之后。遇到复杂的或动词性的"比"字短语,"要"更难以删去或移到"比"字前面,"要"作为中介成分的划界作用十分显著,如:

(47) a. 你赶快走,出去报信,比我们两个都在这里要强啊!(语料库)

b. 我发明的这场"报复"的结果,远比我们幼稚的童心所能想像得到的要深刻得多,要残酷得多。(语料库)

表示伴随(comitative)题元的"跟/和/同"可以独立充当并列连词或伴随介词,但也经常和动词前的"一起、一道"等构成框式结构,其中有些"一道、一起"是不能省的,如:

(48) 这篇文章我可以跟他*(一起)写

在南京方言中,表示一方对另一方行为的"跟…"后面经常用"两个人"

来强化。它可以是任何人数的双方,还可以用于动物,可见这类强化成分相当虚化,完全可以把"跟…两个人"看做一个框式介词,如(49)(引自刘丹青 1995b:236)。这种形式也是由来已久,(50)是元代的类似说法:

(49) a. 你们跟我两个人讲没得用。'你们跟我讲没用'

b. 我们四个人要走了,他还来跟我们两个人啰唆。'……他还来跟我们啰唆'

c. 我看见一群蚂蚁跟一条蜈蚣两个人斗。

(50) 皇帝也为自家人烟上,与歹人两个相争…… 哈铭《正统临戎录》

表示工具题元的"用、拿、按(照)、通过"等前置词,常在工具题元后用一个"来"(少数用"去、而、以"),组成"用…来"一类框式结构。如(51a—g)。这个"来"来自趋向动词,在工具题元后主要起连接作用,本身没有工具义,其作用相当于文言的"而","而"的同样作用也仍被沿用,如(51h)。在并列句的情况下,甚至可以省掉后面分句的前置词,"来"借助语境单独标记工具类题元,如(51c)。从例子中可以看出,结构较长和复杂的工具题元后还很难省去"来",如(51b):

(51) a. 怎么可以用这条来处罚我?(语料库)

b. 然而她的确需要用一种不让他感到被责备的方式来表达自己的感情。(语料库)

c. 他用蓝色的盆来洗脸,红色的盆来洗碗。

d. 就算美国佬赶不上中国人机灵吧,也不至于就拿这种菜来糊弄人家呀。(语料库)

e. 他们的自我价值是通过所获得的成就来定义的。……她们的自我价值是通过感觉和相处的好坏来定义的。(语料库)

f. 而是淡化外部情节,按照人物的心理、情绪、幻想来结构全剧。(语料库)

g. 没有一种拼音文字的分词是严格按照"词"的定义来进行的。(语料库)

h. 人人都可以通过文化进化和发展积极心态而开发潜能,改善人生。(语料库)

我们统计了约50万字的语料,在主要动词前介引工具类题元的"用"共出现199次,其中"用…来"55例(27.6%),"用…去"5例,"用…而"和"用…以"各1例,总计达62例(31%),即三分之一弱,无中介成分137例(68.8%),占三分之二强。可见加中介成分已达到不能忽略的比例。大致说来,口语和科技体用"来"较多。前者说明"来"在实际交际中黏合剂作用重要,后者是因为长而复杂的工具题元较多。普通书面语用"来"等较少,可能与写作时追求简洁有关,而普通书面语在本语料库所占比例超过95%。假如增加口语和科技体的比例,加中介成分的比例会更高。此外,单词型工具语很少使用中介成分,如"用手、用电脑、用汽车、用理论"等,这也是不用"来"的例子较多的原因。从结构来源说,"来"应该是跟后面的主要动词结合得较紧密,但是由于"来"作为联系项经常跟"用"一起出现,使"用"和"来"的结构紧密度变强,几乎形成"用来"一词,比如"稻草可以用来造纸"。据语料库统计,这种"用来"出现了18次,作用相同的文言格式"用以"出现了2次。

"来"除了用于工具题元和前述时间起点题元外还有多种用途。它可以用于表示关涉对象的"就…来",如"我只就这件事来分析"。也用于表示施事的"由…来",如"由上级来处理比较好"。偶尔还用于表示受事的"把…来",如"你们应该先把事实来摆一摆"。表示关涉对象的用法还发展出固定的"就/对…来说/来讲"这种框式结构。这里"来"又和古代的"而"对应,因为相应的较文的说法是"就/对…而言"。本来

"就/对…来/而"构成一个临时的框式介词,随着格式的凝固化和"说/讲/言"等动词的虚化,整个"就/对…来说/来讲/而言"也开始了语法化为框式介词的过程。

另一个非名源虚化单位"起见",用在"为了…"后一起表示动因题元。"为了安全起见,还是要照章办事"。除了构成"为了…起见"外,"起见"没有其他用途,可见"为了…起见"完全可以看做一个框式介词,而且是较少见的可以整体当作一个词项的框式介词。

从以上分析可见,除了用途广泛的来自方位名词的后置词以外,普通话还有相当多的手段用来应付前置词短语前置于谓语核心造成的中介位置的空缺。这些手段在介词本来位于中介位置的语言中是多余的。汉语语法学至今对这些手段缺少系统的研究和解释。

7.4 汉语的介词系统:前置词、后置词与框式介词

由上述几节的历史和现状的分析可以清楚地看出,汉语向来不是纯粹的前置词语言。把介词概念局限于前置词,不利于全面认识汉语PP的句法地位和作用。因此,我们需要重新建立汉语语法学中的介词观念和系统。

能够独立在NP前与之构成一个短语的介词是前置词。至今汉语语法学所说的介词均属此类,其中不乏兼作动词者。如"于、以、自(以上带文言色彩)、在、从、到、向、往、为、对、比、给、跟、被、把、用、沿着、为了、对于、关于"等。

大部分前置词所构成的介词短语PP都只能位于动词前(包括主语前),可称动前前置词。带"于、以、自、在、到、向、往、给"等词的PP也以前置于动词为常,但可以有条件地用在动词后,可称双位前置词。

7.4 汉语的介词系统:前置词、后置词与框式介词

个别前置词只能位于动词后,可称动后前置词。普通话中主要是口语中轻声的 de,该词兼有"在"和"到"的作用,如"坐 de 椅子上"、"跳 de 河里"。中古汉语中有一个"着(著)"是更加典型的动后前置词。梅祖麟(1988)、何乐士(1992b:145)、柳士镇(1992:115—116)、Peyraube(1994:378—380)都分析过魏晋到唐五代"着"的这种用法,注意到它一度很常用,但只能用在动词后。如(52a)。不过到现代闽语中,"着"已经成为双位前置词,不再是纯粹的动后前置词了,如福州话(52b, c)(据陈泽平 1998:147)。

(52) a. 长文尚小,载著车中……文若亦小,坐著膝前。《世说新语·德行》

b.〈福州〉眠床抨着厅中。'床摆在厅里'

c.〈福州〉着墙吼乱画。'在墙上乱画'

能够独立在 NP 后与之构成一个短语的介词是后置词。文言色彩的"之"、近代的"底"和现代的"的"介引 NP 的用法可以看做后置词,但只作定语标记。汉语中虚化的方位词,特别是单音节的方位词和带"以/之"的双音节方位词,已具有较为典型的后置词用法。如"上、下、前、后、中、里、外、间、旁、边、之上、之下、之前、之后、之间、以前、以后、以内、以外"等。其他符合此属性的后置词有"(三天)来、以来、(明天)起、为止、似的、一样、般"等。

前置词和后置词在句子中可以构成框式介词。如"在…上、从…里、向…外、自…起、到…为止、跟…似的、像…一样"等。

前置词也可以跟并非真正后置词的单位构成框式介词。其后置的部分本来可能是动词前的助动词、副词或意义很虚的连接成分,但在前置词 PP 用于动词前的情况下,这些成分主要用来填补 PP 和核心之间的联系项空缺,其本身的意义已不再明显甚至几乎不存在。这样的框式介词有"比…更、比…要、跟…一起/一道、用…来、通过…来、以…来、

按照…来、就…来、对…来说/来讲、就…而言、为了…起见、为…所、被…所、被…给、把…给、给…给"等等。这些框式介词中的后置部分本身不能独立介引有关的题元,所以可看做临时后置词。

本书研究普通话和吴语的介词,都将按此处的概念系统来使用介词及其类别的概念。

7.5 汉语连词与介词的语序相关性

7.5.1 连词和介词的类型相关性

4.4已经初步论及连词和介词在语序类型学上的高度相关性,其中最突出的一点是两者都属于 Dik 所说的"联系项",倾向于占据所连接双方之间的中介位置。另一方面,汉语连词也跟介词一样面临一些相似的语序类型环境,其应对策略也有类似之处。

普通话短语内的并列及选择连词"和、并、而、或者、还是"等都位于并列项之间。普通话也使用其他一些连接手段,通常是成对使用,因此其中至少一个联系项在中介位置,可起黏合剂作用,如"又白又胖"中后一个"又"位置居中。

在句子连接方面,汉语的连词大多属前置连词,即用在小句的前面,而不是用在小句的末尾。它们也经常成对使用,假如要省去一个,则通常会省去前面分句的连词,留下后面分句的连词(陆俭明1985b注意到这一现象)。这一规则的背景也是因为后面分句的前置连词正好在中介位置,比较:

(53) a.(因为)主任批准了,所以小张参加了。

b.因为主任批准了,*(所以)小张参加了。

(54) a.小张(之所以)参加了,是因为主任批准了。

b. 小张之所以参加了，*（是因为）主任批准了。

在(53)的成套连词中，语义上很难说"因为"和"所以"哪个更重要、哪个更基本，但位置上"因为"不位于中介位置，所以可省，如(53a)，而"所以"位于两个分句的居中位置，有黏合剂作用，所以不能省，如(53b)。再来看(54)，探果句变成了溯因句，这下，能省的是"之所以"，而居中介地位的"是因为"不再能省。由此可见，汉语复句连词的使用虽然有一定的灵活性，但两个分句的中介位置仍是连词的关键位置，在这个位置上的连词因为其黏合剂作用而较难省去。这与介词的倾向是完全一致的。

其实对偏正复句来说，偏句的句法地位就相当于 PP 状语。普通话中 PP 状语以前置于谓语核心为主，与此相应，汉语复句也以偏－正语序为常。正像前置词无法在 PP 和动词之间一样，介引偏句的前置连词如"当、因为、虽然、假如、即使、既然"等也无法在两个分句之间。普通话也有若干策略来应对这一处境。一是如上所述，使用配套连词，使后一分句的连词能位于中介位置。这是汉语配套连词远多于英语、日语的一个原因，也跟汉语丰富的框式介词出于同类的语序原因。英语以偏句后置为常，前置性的偏句连词正好在中介位置。日语主要使用后置性的连词（通称"接续助词"），而偏句都在主句前，偏句连词也在中介位置。所以英语日语都不大需要配套连词。当然，三种语言都有一些变化形式，但基本上都能保持连词的中介位置。英语有时偏句前置，这时往往在主句上加上连接成分，形成配套连词，如 if … then (If you agree, then I will go with you)、although … yet (Although he is very rich, yet he likes to live a simple life) 等，使中介位置仍有连接成分。当 if, although 从句在后时，then, yet 就没地方搁了 (I will go with you if you agree / He likes to live a simple life although he is very rich)。日语有时也使用前置连词（简称"接续词"，区别于后置的

"接续助词"),加在主句前,仍在偏句和主句的中介位置。英语和日语连词的使用分别代表了前置词语言和后置词语言的典型状况。除了配套连词外,普通话也存在一些后置连词,如表时间分句的"时"(口语"的时候"),表条件假设句的"的话"等。它们可以独立用在偏句后,正好在中介位置,也可以跟前置连词同现,形成框式连词。如:

(55) a.(要是)你去买的话,给我也带一点。

b.(当)他进来时,我已经做完了。

配套连词、框式连词都反映了连词和介词在语序类型方面的高度一致。

7.5.2 连词和介词的共时和谐与历时相关性

连词与介词有最紧密的语序和谐关系。4.4也已指出,这种和谐并不都能用联系项居中原则来解释,因为短语内的并列连词即使同样在中介位置,仍能通过停顿表现出前置连词和后置连词的差别。作为前置词后置词都发达的吴语,出现了并列连词有英语式的前置连词和日语式的后置连词并存的情况(详12.2.1),这说明即使在不影响中介位置的情况下,连词仍有同介词类型和谐的强烈倾向,这里,语序和谐表现为一个独立的动因。

连词和介词在历史来源上的相关性可能是造成和谐的原因之一。在表达从属关系方面,连词和介词的区别只在于介引小句还是介引NP。不少词语实际上兼有这两种功能,从而造成连-介兼类词,如英语中的 since, for, as 和普通话的"由于(身体不好/健康状况)、因为(他参加了/他的参加/他参加的缘故)、为了(你身体好/你的健康)、(过春节/春节)时"。Genetti(1991)专门研究了 Newari 语后置词大量语法化为从句连词的情况,并指出这种语法化及相应的兼类现象在他考察的藏缅语博多(Bodic)语支26种语言中非常普遍。这样形成的连词当然都是后置连词。

7.5 汉语连词与介词的语序相关性

不过,汉语中有一组同源的介－连兼类词却并不反映普遍规律,而是汉语特定类型属性造成的,这就是"和、跟、同、与",它们经常造成歧义,而其他语言中的同类虚词并不容易造成这种歧义。比较(日语例蒙平田昌司教授提供,毕节彝语例引丁椿寿1993:295):

(56) a. [[我和他]吵架了] ～ b. [我[[和他]吵架了]]

(57)〈英〉a. John **and** I quarreled ～ b. John quarreled **with** me
　　　　　John 和$_连$我 吵架了　　　John 吵架了 跟$_介$我

(58)〈日〉a. Taroo **to** Hanako ga kenka si-ta
　　　　　太郎 和$_连$　花子 主格 吵架 了
　　　～ b. Taroo ga Hanako **to** kenka sita
　　　　　太郎 主格 花子 跟$_介$ 吵架 了

(59)〈彝〉a. zu^{33} ɬa^{13} tʂʅ^{21} zo^{33} tɕu^{55} zu^{33} ɬa^{13} ʔu^{55} zo^{33} zi^{13} tse^{33} dʋ^{33}
　　　　　男青年 这 个 和$_连$ 男青年 那个 结婚 了
　　　　　'这个男青年和那个男青年都结婚了'
　　　b. zu^{33} ɬa^{13} tʂʅ^{21} zo^{33} ʔa^{21} me^{55} ɬa^{13} ʔu^{55} zo^{33} **bu**^{33} zi^{13} tse^{33} dʋ^{33}
　　　　　男青年 这 个　 女青年 那 个 跟$_介$ 结婚了
　　　　　'这个男青年跟那个女青年结婚了'

在典型的前置词语言中,当并列成分充当主语时,相当于"和"的并列连词位于并列式主语中间;PP则作为动词的附加成分通常位于动词之后,于是相当于"跟"的前置词会在动词后、NP前,绝不和并列连词混同。如(57)的英语并列连词 and 和伴随格介词 with,语序位置各不相同。假设英语这样的语言用同一个虚词兼表连词 and 和介词 with,仍能在语序上区分出两者,而不会产生歧义。另一方面,在典型的后置词语言里,相当于前置词"和"的词当是后置词,会在整个并列式主语之后,也不会跟嵌在并列式主语中介位置的连词混同,即使像日语那样用同一个 to 表示,也不会造成歧义,如(58),to 在 a 句作并列连词,在 b

句作伴随者后置词,两句语序判然有别。再看同属后置词语言的彝语,(59)中并列连词和伴随者后置词不同源,两者句法位置的差异跟日语表现得一样。可见,(56)汉语的歧义不光是因为连词介词同源同形,更主要是因为汉语一方面使用前置词、另一方面前置词短语又在动词前。这在世界语言中是很罕见的现象,由此造成的歧义也是在人类语言中很罕见的。

　　[1]　少数复合名词有所谓"大名冠小名"的语序,被认为是定语在后的,如"树桑"、"城濮"等,它们都不能用于比词大的结构,而且不是典型的修饰关系,这里不考虑。
　　[2]　古汉语语法书常仿效现代汉语语法学的状语补语之分而称后置的介词短语为补语,其实它们完全符合状语的性质,这里一律称为状语。
　　[3]　我们把 domain 译成"范域",以区别于"辖域"(scope)。

8. 汉语介词的来源

8.1 动源前置词的语法化

人类语言的介词主要是由动词(主要是及物动词)、名词(尤其是关系名词)以及副词经过语法化而形成的(参 5.2.2)。DeLancey(1997：57—64)则这样概括：介词的两大历史来源，一是连动结构，二是关系名词结构(relator noun construction，其他人多称 relational noun)。他并且认为第二种来源更加常见，是人类语言介词更重要的来源。大体上，前者正是汉语动源前置词的来源，这是由汉语的 VO 语序决定的；后者便是汉语名源后置词的来历，这是由汉语的 GN(领属定语＋名词)的语序决定的。汉语完全没有 NG 语序，所以无法由名词直接发展出前置词。另有些介词来源较复杂曲折，其中框式介词的后置词部分也有来自副词的，这也符合语言的常规。介词系统语法化的详尽过程有待于历史语言学的深入研究。这里只就汉语介词语法化的主要机制做一点探讨。

郭锡良(1997，1998)显示，汉语中历史最悠久的两个介词"于、以"都是由及物动词语法化而来。后来出现的其他前置词也多如此。最容易语法化的动词是赋元动词。这种动词本身能赋予宾语以受事对象类题元以外的题元，而不需要另用赋元虚词。例如"于"在甲骨文中能作为动词直接带处所宾语，不需要另用介词。由此发展出处所前置词的用法。"在、往、向"等后来又重走了"于"的道路。再如动词"用"(他会用筷子)和"给"(东西给你)分别能赋予宾语以工具题元和接受者题元,不需要另外用前置词来表明,由此就发展出工具标记(用心血浇灌)和接受者标记(送本书给他)的前置词用法。也有的动源介词其来源不必是赋元动词,只是由于在连动式中经常获得某种题元,从而泛化为该题元的标记,成为介词。"以"本义是提、携带,其本身的宾语未必是工具题元。由于在连动式里"以"的宾语经常是别的 VP 意义上的工具或凭借,从而逐步发展成表示工具方式题元的前置词。"把"由手握义动词发展成工具前置词和受事标记,也经历了类似的过程。

动源前置词的语法化过程都要经过一个重新分析的过程。王力(1980:412)对杜甫诗句(1)的分析,虽然没有用"重新分析"这一术语,但实际上包含了类似的想法。

(1) 醉把茱萸子细看。

王力说:"'把茱萸子细看'应当解作'拿着茱萸而子细观看'。但是,'拿'是为了'看'的,而'看'的也正是'茱萸',于是句子的重音逐渐转移到'看'上,'把'字也就渐渐虚化了。"用语法化理论说,在重新分析前,"把茱萸"和"子细看"是两个连贯的 VP,只是"看"在语义上也支配"把"的宾语。经过重新分析,"茱萸"成为"子细看"的受事,"把"不再有手拿的意义,而仅仅是介引受事的虚词。于是,连动式重新分析为前置词短语修饰后面的动词;动宾短语重新分析为前置词短语;宾语的题元类别可能没变,但其关系的方向已变,由原动词的直接题元重新分析为后面主要动词的间接题元,而原动词则成为句法上的前置词及题元标记。这一重新分析的依据是该结构的泛化。许多不能手拿的对象也能用在"把"后,"把"只能理解为虚词,如王力举的白居易诗句"莫把杭州刺史欺",显然不是"拿着杭州刺史而欺骗他",而只能理解为"欺骗杭州刺史"了。汉语的动源前置词基本上都经历过类似的重新分析过程,但有些前置词是在主要动词后面发生虚化的,如前述中古处所前置词"著

(着)",本来是在主要动词后表示"附着"的动词,由于经常带方所成分而逐步重新分析为动词后的前置词,到今天的闽方言中更发展为在动词前后都能介引方所题元的前置词。

以上所述的动词向前置词的语法化都发生在连动式的句法环境中。这是汉语前置词来历的主流。不过,在汉语的主要前置词中,至少有一个词的虚化没有在连动式中发生,这就是"被"。"被"的语法化过程已有了比较一致的看法(如王力 1980,Zhang 1994)。"被"原为动词,带名词性宾语,其中有些动宾关系可以带遭受义,如"被八创",其宾语也可以由动词临时作为抽象名词用,如"被辱"。到一定阶段,"被"的宾语前可以出现领属定语,该定语在意义上正好是宾语所述行为的施动者,如"被明公辟"。经过重新分析,"被明公辟"由动宾结构转而成为介词短语修饰动词的结构,"明公"由"辟"的定语重新分析为"被"所介引的间接格施事,"被"也就由遭受义动词重新分析为前置词。虽然这里也经历一定程度的语法化,但其具体过程还是跟连动式中的虚化很不相同的。前面刚提到 DeLancey 所概括的介词的两大虚化条件:动源介词发生于连动式中、名源介词发生于领属结构中。"被"的情况却是动源介词发生于带领属结构的动宾式中,这是比较特殊的现象。

对于历史上的语法化,我们只能通过观察统计来大致测定其虚化的程度。假如动词用法和介词用法在现代同时并存,那么就能用句法测试来确定其虚化程度。比较:

(2) a. 公在乾侯。《春秋·昭公三十年》 b. 他在上海。

(3) a. 我在内心感激他。 b. 他在《新民晚报》登广告。

在(2)中,"在"无疑是动词,因为"在"是句中惟一动词。在(3a)中,"我在内心"不成一个小句,"在"不再是动词。"内心"虽然还是"在"所支配的成分,但"在内心"整体已经是后面 VP 的状语,(3a)已是重新分析以后的结构了。(3b)也可作同样的分析。

对(3)的分析体现了测定动源词是否达到前置词虚化程度的区别性句法指标——只要该带宾结构不能独立作谓语,必须与其他主要谓语一起出现,它就是真的 PP。当然,既然动词和介词并存于一身,就必然有一些用例可以作两可的分析。请看下例:

  (4) a. 子在齐闻韶。《论语·述而》
    b. 他在齐国听到了韶乐。
    c. 他在图书馆看书。

在先秦时代,尚没有(3)那样的句子,所有的"在 NP"都是可以独立充当谓语的。所以(4a)应当分析为连动句。(4b,c)结构与(4a)同,其中的"在 NP"可以独立作谓语,所以不妨看做连动句。不过,这是"在"早已可以作前置词的现代句子,既然(3)中"在"可以作介词,没有理由认为这里的"在"一定不能分析为介词。事实上语法学界为了操作的方便和一致,一般都将(4b,c)分析为 PP 修饰 VP 句,这是有道理的。

  由于语法化的渐进性,一些动源前置词即使已成为真正的介词,仍可能保留部分动词属性。对普通话来说,可以用来测试的标准还有:是否能用 V 不 V 式提问(在不在内心感激他~*对于不对于他有利);能否带体助词("在"不可以,但是"为了、沿着、对着"等都带);在动词后能否变成可能式(*坐得在图书馆 ~ 走得到图书馆);能否带着否定词移位(他看书,不在图书馆 ~ *我感激他,不在内心)等(参看 Jepson 1985:101—105,金昌吉 1996)。通过这些可以区别出不同的虚化程度,但难以划出动词和前置词的绝对界限。

  上面的可能式这一标准,实际上不仅是一个虚化程度问题,而且牵涉到是从属语标注还是核心标注(dependent-marking vs. head-marking)的问题,参阅 9.1.3。

8.2 名源后置词的语法化

名源后置词的概念在汉语语言学中是个陌生的概念。名源后置词多发生于关系名词结构。最容易虚化为介词的关系名词是表示部位、部件、空间位置的名词,如"背、顶、上面、外面、处"等。它们通常需要用领属定语来引出所依附的整体的名词意义才自足。如我们通常会说"这个人的背很疼",而不会说"这个背很疼"。所谓关系名词结构,就是指由关系名词加领属语组成的结构,例如"这个人的背"。经过语法化,充当核心的关系名词重新分析为介词(在汉语中是后置词,在领属定语后置的语言如泰语中就是前置词),而原来的领属定语则重新分析为介词的"宾语"。在不少语言中,如格厄兹语(Gəʿəz)、斯瓦希利语(Swahili)等,介词中往往含有领属标记(参阅 5.2.2),就同这种来历有关。汉语后置词"之上、之下"等含有"之"也属同类。许多语言(如某些印欧语)介词的宾语要取领属格而非宾格,可能跟介词的名词来历有关。

需要指出,习称的"介宾短语"、"介词的宾语"等说法,实际上是以动宾结构来转喻介词结构,暗示了介词与动词的发生学联系,却没有照顾到介词与名词的发生学联系。这体现了一种不全面的介词虚化观。假如考虑到介词来源的多样性,我们也许应该避免使用这些有误导性的概念,就用"介词短语"的概念,其中与介词相对的成分为介词管辖(govern)的对象。假如照习惯仍称介词的宾语,则心里应该明白并非所有介词短语都能比附动宾结构。

汉语的单音节方位词本来都是表示位置的关系名词,如"上、下、前、后、内、外"等。有的还可追溯到更实在的部位意义。如"里(裡)"从"衣"旁,表示衣服里子。"左、右"的古字分别是左手、右手的象形字,与手有关。在上古汉语中,即使它们用在 NP 后面表示方位时,它们也是关系名词而不是介词。一个最清晰的标记就是它们前面都可以加"之",这是定语的标记(不加"之"的用例见 7.3.2(25)例)。如:

(5) a. 疾不可为也,在肓之上、膏之下,攻之不可,达之不及……《左传·成公十年》

b. 女,司典之後也,何故忘之?《左传·昭公十五年》

c. 使贼杀其宰华吴,贼六人以铍杀诸卢门合左师之後。《左传·襄公十七年》

d. 请三之後有罪杀之。《左传·哀公十六年》

e. 封略之内,何非君土?《左传·昭公七年》

f. 四海之内,皆兄弟也。《论语·颜渊》

g. 亡人之忧,不可以及吾子;草莽之中,不足以辱从者。《左传·昭公二十年》

这种"NP 之 L"的结构有时还有实义,如(5b)就表示"你是司典官的后代",而表示空间的"卢门合左师之後"和表示时间的"请三之後"取与之同样的形式。而且,(5g)的"草莽之中"还跟真正的 NP"亡人之忧"构成对仗,而对仗通常要求结构相同。

"NP 之 L"式一直沿用到现代汉语,如"一人之下、万人之上"、"千里之外"、"城墙之内"等,但有迹象显示从汉代开始,这些方位关系名词就开始进一步虚化,不是地道的名词了。这从"内/中"和"里"的关系可以看出。先秦汉语没有"里"作方位名词的用例。后代用"里"的方位义当时都用"内"或"中"表示,如(5e-g)。据汪维辉(2000:93-104),约西汉起,"里"开始逐步取代"内"和一部分"中"的用法,到魏晋南北朝时"里"已占优势。如:

(6) a. 魏清河宋士宗母,以黄初中夏天於浴室里浴,遣家中子女闔户。《搜神后记》卷四 48

b. 粟初熟出壳,即于屋里埋著湿土中。《齐民要术·种粟》

8.2 名源后置词的语法化

有趣的是,汉语中始终未形成"之里"的说法。这说明在"里"取代"内/中"时,"里"等方位词已经不是真正的名词了,所以不再能受带"之"的领属定语修饰((6)中的"家中、湿土中"也未用"之")。而沿用下来的"NP 之 L"已经是不可分析的化石结构。其中的"之"不但不能证明"NP 之 L"是领属性偏正结构,反而证明其 L 不再是真正的名词、整个结构也不再是领属结构。首先,现代汉语句法中的领属标记是"的"而非"之",但这些"之"却不能换用"的"。可见不是句法上的领属结构。而表示后代的"后"到中古后还是名词,所以仍可加"的",如京剧唱词就有"那刘备是中山靖王的后"。其次,"之"作为领属标记有浓重的文言色彩,如口语绝不说"小王之妈妈",而"NP 之 L"却可以用于口语,如"五公里之内不让停车"。可见它们是词汇性的化石组合而非自由的领属结构。最后,如果"之"是表示领属的后置词或"结构助词",它在结构上应该属前不属后,"之上、之内"等不成结构,但是今天的语法书却普遍承认"之上、之内"等是复合方位词,可见经过重新分析人们语感上已把"之 L"当作一个单位了。

"上、下、中、里、外"等在逐渐失去名词性的同时也在不断地增加其虚词性。从现代汉语的角度看,它们的虚词性已经非常明显:

1、单用能力接近消失。其看起来像单用的能力,一是用在少数前置词后,实际上已构成较固定的词汇化组合,如可说"往里、朝里",但不说"在里、到里",而要说"在里面、到里边"等;二是对举格式中,如"上有老下有小"之类,也部分地俗语化了。

2、大量使用在名词性单位后,呈现虚词常有的定位性。

3、所能搭配的名词短语越来越广泛,词汇性选择制约越来越小,甚至扩展到没有方位意义可言的抽象名词和谓词性单位,如"思想里、行动上、关心下、发展中"。

4、词汇意义越来越减弱,很多情况下只是为了语法需要而用,造成该类词使用频率大增。

5、各方位词之间意义差别缩小,出现语义中和与词汇互换,如"地上=地下(轻声)"、"心上=心中=心里=心下(近代汉语)"。

6、语义上成对的方位词由于语法化程度差异而出现用法上的不对等,如"上、里"的用途远大于"下、外"(参阅吕叔湘1965a)。

7、语音上出现轻声、由弱化导致的音变、音素脱落等现象,如北京话"里、上"等念轻声;北部吴语的"上"不作后置词时念规则读音[zã],作后置词时念[lã]或[niã];常州话后置词"里"元音央化,念成[lə?];据钱曾怡(1994:14),山东博山话后置词"里"剩下一个轻声的央元音[ə]。

方位名词向后置词的语法化,也经历重新分析过程。由于方位名词可以凭自身的语义获得方所题元,因此无前置词介引时也能直接用作处所状语。当方位名词前面有领属定语时,实际上是那个领属定语逐渐成为动词的方所题元,原方位名词的作用则更像介引该题元的介词。如"床上坐"或"坐床上"都相当于古汉语的"坐于床"。这样,方位名词重新分析为介词,方位短语的内部关系则由领属关系重新分析为介宾关系;语义上,方位词前的NP原来是关系名词的领属者和补足语,现在重新分析为主要动词的题元。当然,由于汉语同时存在可配合使用的动源前置词和名源后置词,因此实际的语法化过程比这里所说的更为复杂。

另一方面,直到今天,还有一些方位词有明显的名词性,因为它们能带"的",如"桌子的上面"、"操场的东边"。还有一些单音节方位词虽然不再是自由的名词,但也没有成为后置词,如"左、右"就不能自由地加在NP后组成后置词短语。所以,汉语的所谓方位词在句法上远不是同质的。就普通话而言,最虚化的后置词除"的"以外就是"上、里",其次是"前、后、中、外、下、内、间、旁"等单音节方位词,再次是带"之、以"的复合方位词,它们也主要用作后置词。而带"头、面、边"等的复合方位词还保留较强的名词性,可以单独使用,也可以在前面出现"的",可以看做开始带后置词功能的关系名词。

8.3 副源后置词的语法化

副词是介词来源的另一个途径。印欧语的介词经常来自副词。普通话里一些固定或临时性框式介词的后置部分也来自副词,如"(比…)更"、"(比…)来得"(吴语中更常用,详后)、"(跟/像)…一样/一般"、"(跟…)一起/一道/一块儿"。"(比…)要"严格说来属于助动词,但在语法化方面也可归入此类。"一样、一道"等结构上是名词性的数量短语,但它们是首先成为副词再派生出后置词用法的[1],所以仍归入副源后置词。

副词在结构上是依附于后面的动词的,但它在位于 PP/NP 和 V 之间时,可能会跟前面的 PP/NP 发生密切的关系,从而向后置词方向演变。C. Lehmann(1995:98)指出,位于 V 和 NP 之间的副词有可能发生两个方向的语法化,一是与 NP 的关系越来越密切,最后变成介词,二是与 V 的关系越来越密切,最后变成动词的附加成分。上述框式介词中的后置部分就属于前一种情况:与前面的 PP/NP 关系越来越密切而向后置词方向发展。在这些副源介词中,"一样/一般"最接近纯后置词,人们事实上已经把"跟/像"后的"一样/一般"同"似的"同样对待,而"似的"是非常典型的后置词。"一样/一般"的虚化程度表现在:1、可以离开前置词独立介引基准,如"花一样美丽";2、可以缩减为黏着形式并向前黏附,如"鲜花般∣美丽",绝不能切分为"鲜花∣般美丽"。到这个阶段,"般"已完成了向后置词的蜕变,"鲜花般"这样的结构完全是一种后置介词短语了。

副词向后置词的语法化,除了一般的重新分析,还涉及到重新切分(re-segmentation)。重新切分是变化幅度更大的重新分析。有些重新分析可能只影响结构关系,而不影响结构层次。如例(1)"醉把茱萸子细看",重新分析前,"把茱萸"和"子细看"是连动关系,重新分析后,则成为状中关系。但就这两个成分的结构层次来说,重新分析前后并没有改变。可以图示如下:

(7) a. [VP[VP[V 把][NP 茱萸]][VP[AdvP 子细]看]]
→ b. [VP[PreP[Pre 把][NP 茱萸]][VP[AdvP 子细]看]]

即使是后置词的虚化,也未必涉及重新切分。如:

(8) a. [VP[NP[N 江][N 上]]看]
→ b. [VP[PosP[N 江][Pos 上]]看]

而副源后置词的语法化,不但语法关系有重要改变,而且句法层次也发生了重要的变化,如"跟鲜花一样美丽"中的"一样"由属后的副词性成分重新切分为属前的后置词。不过"一样"属前之后,到底是加在前面的 NP 上,由前置词"跟"管辖后置词短语,还是加在整个前置词短语上,由后置词"一样"管辖前置词短语,还难以确定,所以我们列出了 b,c 两种重新分析的结果:

(9) a. [AP[PreP 跟[NP 鲜花]][AP[AdvP 一样]美丽]]
→ b. [AP[PreP 跟[PosP[NP 鲜花]一样]]美丽]
→ c. [AP[PosP[PreP 跟[NP 鲜花]]一样]美丽]

根据陆俭明(1985a),"跟…似的"在句法上应是"跟"和"NP 似的"为组合的双方。假如认为"一样"已取得了"似的"一样的句法身份,则(9c)的分析可能更合理一些。下面是副源词"一起"的重新分析过程:

(10) a. [VP[PreP 跟[NP 小王]][VP[AdvP 一起]去]]
→ b. [VP[PosP[PreP 跟[NP 小王]]一起]去]

由于语法化的渐进性,不是所有的副源后置词都已发展到足以做出重新切分的阶段。关于框式介词中前置词和后置词各自的范围问题，9.1.2还将有分析。

[1] "一样"还经历了形容词阶段再用作副词，其全过程是：数量短语（每一样买一份）→形容词（他俩穿的衣服一样）→副词（老大老二一样聪明）→后置词（老二确实跟老大一样聪明）。

9. 汉语前后置词的句法分工与语义分工

9.1 前后置词的句法分工

9.1.1 前后置词的句法分布

关于前置词和后置词的句法分布,本书特别关心的是两者在分布中的相互关系。

现代汉语介词有一个明显的句法特点,居于介词核心地位的方所前置词"在、从、到"以及一定程度上的"往"都不能独立地介引普通的(即非处所性的)NP。这区别于大部分前置词语言,也区别于古代汉语。7.3.2已指出,上古汉语处所前置词"于"所带的 NP 后是否带方位名词主要取决于语义需要而非句法需要。在现代汉语中,方所前置词后带方位词已成为句法需求。古汉语说"于道"、"于道路",普通话必须说"在路上"、"在马路上",不能说"在路"、"在马路",尽管"在路"在语义上已很自足。这一限制在动词前后都适用,其他有关前置词也有类似情况。如:

(1) a. 在:在马路*(上)闲逛|事情全记在他头脑*(里)

    b. 从:把东西从马路*(上)搬过来|从书本*(上/里)摘了很多名句

    c. 到:到报纸*(上)做广告|现钱都藏到箱子*(里)

d. 往：把东西往桌子*(上)堆｜往电脑*(里)输入资料

另一方面,从中古以来,不加前置词而单用 NP+L 结构表示方所类题元的情况也很常见。主要是在动词前,但也可以在动词后。普通话的例子如：

(2) 房间里坐一会儿｜操场上学生们在打球｜我电话里跟你说不清楚｜你坐床上吧

可见,在表达方所题元方面,方位词比前置词有更强的句法强制性,所以它们已经成为方位后置词而不再是方位名词。

不过,在表达方所题元时,方位后置词并非处处要用或处处可用。在专有地名后,不能使用方位词,见(3)。以"路、桥、湖、园、楼"一类通名结尾的专有名词如果保留该通名的意义,仍可使用方位词,不保留通名意义的地名则不能加方位词,如(4)中的前面各例与最后一例的对比。如果是可以被看做处所名词的普通名词,方位词可加可不加,如(5)所示：

(3) 在北京(*里)/中国(*里)/亚洲(*里)/几内亚(*里)/西单(*里)/三棵树(*里)

(4) 在三环路(上)/卢沟桥(上)/大明湖(里)/颐和园(里)/岳阳楼(上)/王府井(*里)

(5) 在学校(里)/单位(里)/办公室(里)/幼儿园(里)/邮局(里)/百货店(里)

实际情形当然更复杂(参阅储泽祥1997a,b),比较"在中华人民共和国里—*在中国里"。

使用中的复杂性并不妨碍现代汉语方位词作为一种句法范畴(即介词)而不仅是纯语义范畴而存在。国内语法学界使用的"方位词"的名称和对这类词的说明基本上都只强调其表示"方位"的语义作用,而不重视它的虚词身份和句法地位。

句法范畴都有一定的语义基础。但句法范畴的特点是即使语义上不必出现时句法上仍要求出现,形成某种使用的强制性。同古代汉语的方位名词比起来,现代汉语的方位词显然有大得多的强制性。

比起英语的前置词来,汉语方位后置词确实没有那么全的覆盖面。英语对(3)—(5)这些情形都需要使用处所前置词,而其中有些情形汉语不能用后置词。但汉语的前置词也不具有这么全的覆盖面,很多方所题元可以省略前置词,这并不妨碍人们将前置词看做介词。而且,覆盖面的全不全,只是一个程度问题。英语也有一些理论上该用前置词介引的非直接题元不用甚或不能用介词,例如 today, this afternoon, last year 等时间词语,带有名词 way 的表示方式的题元,如 I will treat it the same way'我要用同样办法来处理它'。请注意,afternoon'下午'不能直接作状语,必须加上前置词 in,而 this afternoon'今天下午'就不加 in。可见英语处所前置词也没有覆盖按句法规则当加前置词的情况。

由于词的内在语义特点而不再使用同范畴句法标记的现象是语言里常见的现象。这实际上体现了一种类型参项:在词义本身就指明某种语法范畴义时,不同的语言就加不加语法标记可以有三种选项:加,不加,可加可不加。就某些处所 NP 来说,汉语前置词选择可加可不加,后置词选择不加。试比较定冠词的情况。英语的冠词作为表示有定性的虚词,使用中具有很大的强制性。但是,有定性最高的名词当数专有人名和专有地名,这些名词前却不能加定冠词。显然因为这些词词义本身是有定的。在这一参项上,法语的表现就不同于英语,大部分表示国家和省份的专名都要加定冠词,比较下列英法词语对:

(6) 汉语:中国　　　瑞士　　　　柬埔寨
　　英语:China　　 Switzerland　Cambochea
　　法语:la Chine　la Suisse　　le Cambodge

汉语：马里　　　诺曼底　　　云南
英语：Mali　　　Normandi　　Yunnan
法语：le Mali　　la Normandie　le Yunnan

以上方位词和冠词的比较清楚地显示,在词义与语法范畴义重合之处,语法标志加与不加都是语言中正常的现象,不同语言可以有不同的选择。并不能因为有些种类的 NP 后不加方位词就否定现代汉语方位词的虚词性即介词性。本书后面几章将显示,在吴语中,已经发展出搭配面更广、甚至能加在专有地名一类 NP 上的方所后置词。

实际上普通话方位后置词的使用还存在一个选择限制,汉语语法书似乎很少提及。这就是方位后置词基本上不能直接用在指人和动物的 NP 上,包括名词和人称代词,例如我们可以说"在树上"而不说"在老张上"或"在小狗上"。方所前置词同样有这个限制。而英语的前置词就不存在这样的限制。当汉语的指人的 NP 要用作方所题元时,有两种策略可采用。一是在方位词前加人体部位名词"身、手、头"等,二是用处所代词"这儿、那儿"。如:

(7) a. 雨点落在老虎*(身)上/小狗*(身)/蝴蝶*(身)上

b. 石头正好砸在小王*(身)上/*(头)上/*(手)上(比较:The stone just hit **upon** Bill)

c. 公司在你*(身)上寄托了很大希望(比较:The company puts great hope **upon** you)

(8) a. 你就在小张*(这儿)多呆一会儿吧(比较:Stay a bit longer **with** John)

b. 到我*(这边)来吧(比较:Come over **to** me)

c. 我从小王*(那儿)借了一些钱(比较:I borrowed some money **from** Willie)

指人指动物名词不能直接与方所前置词或后置词组合,不能用在方所框式介词中,这显然不是因为这些动物性名词本身带方所语义。通过跟英语比较,只能认为汉语无论前置词还是后置词,语法化程度都不如英语的前置词高,使用的搭配面还受语义范畴的较大制约。再来看汉语对此采取的策略。在(7)中,可以认为至少"身上"已经整体语法化,用如一个后置词。它并不表示特定的部位,只是用来引出方所题元,所以即使方所题元的抽象用法,明明跟具体的身体无关,也要用"身上",如(7c)。至于"头上"、"手上"等,在上述例子中作为一个整体的语法化程度还不高,可以作实义理解,但实际上它们有时也有虚化的用法,如"不能怪罪到我的头上"和"情报已经在我手上"。用一个关系名词强化虚化的介词以组成复合介词是语言中的常见现象,如英语中的 inside NP 就来自 in side of NP,现在的 in front of NP 说不定哪天也会发展成更紧密的单个介词 infront NP。"身上、头上、手上"朝复合后置词发展属正常现象。至于(8),其中的"这儿、那儿"整体也已语法化。在已有 NP 的情况下,实际上已经不需要"这、那"这种指示成分,"这儿、那儿"的功能只是让指人的 NP 充当方所题元。在吴语中,指人 NP 后可以直接加单纯的后置词,不需要加处所指示代词,这就体现了后置词更高的语法化程度(参阅 10.2.2)。

　　表示时空起讫范围的前置词"从、到"和表示等比/比喻的前置词"跟、像(动词性较强)"在句法上也经常需要强制性地带上后置词"起、来、以来、为止、似的、一样"等才能介引相关的题元,而这些后置词除"为止"外都有独立介引有关题元的功能(参阅 7.3.3)。它们作为后置词的身份是可以相当确定的。表示关涉角度的"对"和"对…来说"有时可以互换,这时"来说"是非强制性的后置词。但遇到二价形容词时,"对"和"对…来说"有语义的对立(详刘丹青 1987),这时"来说"成为有强制性的后置词。如:

　　(9)这样做对他(来说)没好处

(10) a.他对秘书工作很熟悉 ～ b.秘书工作对他*(来说)很熟悉

由前置词短语带连接性成分"来、而、以"等构成的临时性框式介词,主要由前置词起介引题元的作用,连接成分用来填补中介位置的空缺,起黏合剂的作用。这种临时后置词的使用是非强制性的,主要在统计意义上存在。另一方面,正因为它们是非强制性的,所以当前置词短语位于动词后时,前置词正好位于中介位置,这些连接成分不再需要,也不能再出现。在这一意义上,它们倒是最能体现联系项居中原则的一类成分。

上面讨论的都是 PP 作状语的情况。再看 PP 的定语功能。这种功能在英语中很发达,但汉语前置词短语的这种功能很薄弱,大概跟前置词无法位于定语和中心语的中介位置有关。汉语前置词短语作定语主要限于两种情况,两种情况都要靠后置性的"的"介引。第一,仍兼动词的前置词可作定语,它们可能更适宜分析为 VP 作定语,因为相似的动词性弱的前置词就不能这么用。比较(11)和(12):

(11) 在学校的学生|到上海的火车|朝南的房子|用电脑的作家

(12) 于学校*(学习)的学生|从上海*(来)的火车|就这个问题*(讨论)的作者|为学生*(服务)的机构|以电脑*(写作)的作家

(12)括号内的动词不能省去,说明汉语前置词短语作定语的功能很弱,需由动词谓语出面才能作定语。由此看来,(11)中"在学校"等之所以能作定语,主要还是因为"在"等有动词的身份,定语带有动宾短语的身份。PP 作定语的第二种情况,以名词化的动词或"意见、态度、感情"少数抽象名词为核心的 NP,可以由带"对(于)"等少数前置词的 PP 充当定语,如"对他的批评"、"对这篇文章的驳斥"、"对他的态度/感情/意见"等。

相比之下,汉语后置词短语充当定语要自由得多,能够独立介引题元的后置词都能作定语,如"桌子上的书"、"日本以外的亚洲国家"(比较:? 除了日本的亚洲国家)"、"毒蛇似的心肠"、"春节以来的生意"、"下周起的展览会"等。尤须注意的是,在定语位置,后置词短语比相应的框式介词更常见,比如,"桌子上的书"比"在桌子上的书"常见,"春节以来的生意"比"从春节以来的生意"常见,因为用了前置词反而容易引起范域的歧义。普通话里后置词短语也需要"的"的介引,但是在吴语中,有些后置词已经有定语标记的作用,不一定另加"的"的对应词,跟英语定语位置的前置词更加相像(参阅 11.2.4)。

9.1.2 前后置词的范域

由于汉语是前后置词兼备的语言,而且两类介词可以在同一个题元中出现,因此其 PP 的内部结构就比单纯使用前置词或后置词的语言复杂。

根据生成语法的 X 标杆理论,介词短语 PP 是四大基本短语类型之一。PP 以 P 为核心,而 P 必定带一个 NP 作为其补足语,并赋"格"于该 NP。可以图示如下:

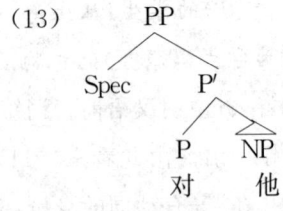

(13)

但是,遇到前后置词组成框式介词的情况,就难以坚持 P 以 NP 为补足语。生成语法学者 Ernst(1988:230—231)早已在论证汉语方位词的后置词性质时指出,介词所支配的不一定是 NP,它也可能是另一个 PP,如 from inside the room'从房间里面'。from 是前置词,相当于

"从",其所统辖的 inside the room 也是一个前置词短语,前置词 inside 相当于汉语后置词"里"。这样实际上就形成了一个**双层介词短语**,这是国内汉语语法学界尚缺少的观念。其结构用 X 标杆理论当分析为(14a),简易的分析则如(14b):

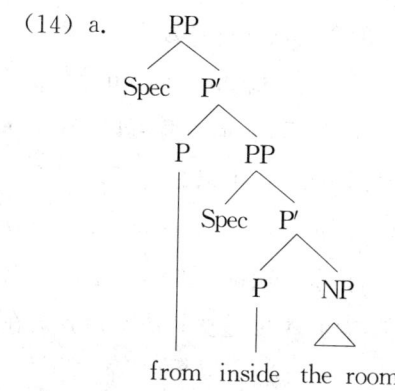

b. [_PP_[_P_from] [_PP_[_P_inside [_NP_the room]]]]

在(14)中,from 在外层,范围大,统辖后面整个 PP,inside 在内层,范围小,只统辖后面的 NP,其组成的 PP 本身还受 from 统辖。英语中这种双层前置词不多,其他例子如:

(15) a. from outside (the office) '从(办公室)外面'

　　b. in between (the two buildings) '在(这两座楼房)之间'

德语中这种情况更丰富,而且有些前置词既能作外层前置词,也能作内层前置词,如(16)中的 von (相当于英语 from, of):

(16) a. bis in (die Knochen) '直到(骨子)里'

　　b. von zu (Hause) '从(家)里'

　　c. mit von (der Partie) '跟(聚会)一起,参加(聚会)'

更有意思的是,德语的双层介词短语还有一种变体,即让其中的一个前置词在 NP 的后面作后置词,形成框式介词,如:

(17) a. von (Grund) aus '从(根本)上'

b. um (der Gerechtigkeit) willen'为了(正义)起见'

在(17)中充当后置词的词本身是可以单独充当前置词的,如 aus dem Wald'从树林里'。这种框式介词短语的结构跟双层前置词短语的结构同中有异,分析起来需要对(14)略作调整,下面用 Pre 表示前置词,用 Pos 表示用作后置词的介词,以(17a)为例:

(18) [$_{PP}$[$_{Pre}$von] [$_{PP}$[$_{NP}$Grund] [$_{Pos}$aus]]]

以上英语、德语的情况显示,介词本身可以统辖介词短语,被统辖的介词短语可以是前置词短语,也可以是后置词短语。框式介词远不限于在德语中存在。Greenberg(1980,1995)、Heine(1991)等就分析过一些亚洲、非洲语言的情况(参阅 5.2.4)。下面就以此为背景来考察汉语框式介词的内部结构,主要是要解决前后置词在句法结构中的关系问题。

6.2.3 引刘凤樨(F. Liu 1998)文评说过几位学者对汉语方位词的不同句法处理。这些处理除了刘凤樨文指出的问题外,我们发现其中有些观点的问题就出在范域上。Troike & Pan 提出方位词占据 PP 的限定语(specifier)的位置。这种分析将"在桌子上"先切分成"在桌子/上",再把"上"移到前面去。我们下面的分析将显示这种切分站不住,因为其范域应是"在/桌子上"。Peyraube,Hagège 等法国学者认为方位词是后置词,跟前置词构成不连续成分"在…上",大致相当于(但不等于)本书框式介词的观念。汉语的框式介词多为前置词和后置词的临时组合,两者各有不同的范域(domain),看做整体性的不连续介词,易让人觉得这个介词的前后两部分共同拥有一个范域,而这在多数情况下并不准确。而且,不同的框式介词有不同的范域切分,不能将适用于一种框式介词(如"在…上")的分析法套用到所有种类的框式介词上。

方位后置词和前置词一起出现时,显然是前置词的范域大于后置词的范围。有两种方法可以用来测试。其一是**单用测试**,看哪个介词和 NP 能组合成可单用的单位。就"在桌子上"而言,后置词"上"能跟前面的 NP 组合,形成可以单用的单位,即"桌子上",而前置词"在"却未必能与后面的 NP 组合,"在桌子"不成话。可见其层次是:

(19) [$_{PreP}$在[$_{PosP}$[$_{NP}$桌子]上]]

其二是**并列测试**,看究竟是两个前置词短语并列与一个后置词的组合能成立,还是两个后置词短语并列与一个前置词的组合能成立。测试下来,可以说"在桌子上和书架上",一个前置词可以统辖两个 PosP;但是不能说"在桌子和在书架上",即一个后置词不能统辖两个 PreP。因此"在桌子上"是前置词"在"统辖 PosP,后置词统辖前面的 NP,不宜认为是单一介词"在…上"统辖一个 NP。

刘凤樨不赞成把方位词看做后置词的重要理由之一也是通过并列测试提出来的。她指出存在(20)这样的句子:

(20) 小明在家里和学校都不听话。

对(20)这类用例,光把"在…里"看做不连续介词的观点就更说不通,因为假如这里的"在…里"是一个介词,那么"学校"就变得跟"在"无关。事实是前置词和后置词的范围不同,前者大于后者,因此"在"可以一直统辖到"学校"。不过,(20)确实给方位词的后置词性质也构成一定的挑战:假如家里是 PosP 而学校是 NP,就会出现 PosP 和 NP 的并列,而并列成分应该是同一句法范畴的。既然允许"家里"和 NP"学校"并列,则"家里"似乎也应当归入 NP。其实,这一现象即使在形式语法的框架内也不难得到解释。

当前的生成语法认为真正作为句法单位进入句子的名词性成分都是指示词短语 DP,DP 以指示词(冠词、指示代词等)为核心,带 NP 为补足语。如 the woman(这女人)就是一个 DP,定冠词 the 是其核心 D,woman(女人)则是作为 D 的补足语的 NP。如果 NP 直接充当句法

成分,则看做由零成分充当 D 的 DP。如(21):

(21) John and the woman are gone 'John 和那个女人走了'

表面上,这里是一个 NP 和一个 DP 的并列,但 John 被分析为有零 D 的 DP。根据英语的特殊句法规则,专有人名前的 D 词项(冠词、指示词等)当强制性地删除,剩下一个零 D 的 DP。依此类推,(20)的"学校"也可以看做是以零后置词为核心的 PosP,根据汉语的特殊规则,在兼有处所词性质的 NP 后面,后置词可以出现后置词项(学校里),也可以不加后置词(学校),即用零后置词(在专有地名后则通常强制性地删除后置词,例如不能说"上海里")。(20)"在"支配"家里"和"学校"两个 PosP,其中"学校"是 Pos 为零的 PosP。而(20)更自然的表达正是让两个后置词都出现,即"小明在家里和学校里都不听话"。

表示时空范围的"以来、来、起、为止"也可以参照方位后置词的上述分析,因为这些词总是能够与前面的 NP 组成一个短语,即 PosP,而与之相配的前置词"从、到"却未必都能跟 NP 组合。比较:

(22) 他(从)春节以来/起就一直没上班 ～ 他从春节*(以来/起)就一直没上班

"为止"的情况稍微特殊,因为它一般不能离开前面的"到"而出现,因此凭单用测试不能明显看出是"到"带"NP 为止"。不过并列测试还是显示"到"的范域更大,因为一个"到"可以统辖两个"NP 为止",如(23a),但一个"为止"无法统辖两个"到 NP":

(23) a. 我和老王在上海分别逗留到十五号为止和三十号为止。

b. 我和老王在上海分别逗留到十五号和(*到)三十号为止。

陆俭明(1985a)分析过"跟/像…似的/一样"的层次,结论是"跟/像"的层次高于"似的/一样"。用本书的方法也能得出同样的结论。所以这一结构跟前置词带方位后置词短语的结构属同一模式,都是由前置词支配后置词短语 PosP。

以上的测试方式还是不足以测定"为了…起见"是怎样的结构层次。这个框式介词也许可以看做真正的不连续的单一介词。

"用…来"这一类框式介词属于另一种情况。在这种结构中,"用 NP"可以组成短语,如"用汽车来接送客人"中的"用汽车",而"NP 来"如"汽车来"却难以成为一个短语。而且,可以用一个"来"统辖几个"用 NP",却无法用一个"用"统辖几个"NP 来",如下面的(24a, b),所以后置词的范域大于前置词,如(24c)所示:

(24) a. 用汽车、用摩托车、用三轮车来接送客人

　　　b. *用汽车来、摩托车来、三轮车来接送客人

　　　c. [$_{PosP}$[$_{PreP}$用[$_{NP}$汽车]]来]

"来"以及书面语中"而、以"本属没有赋元作用的连接标记,它们以前面的整个 PreP 为连接的一方,所以范域大于 PreP。因为它们经常与前置词同现并且越靠越紧,所以可以认为跟前置词构成一种临时的框式介词。

"跟…一起"、"比…要"等是更加松散、尚未充分语法化的框式标记。"一起、要"原本加在后面的 VP 上,应该切分成"跟小王|一起去"、"比我|要高"。不过它们因为在中介位置上的连接作用而逐渐变得与前面的 PP 关系密切。从意义和语感上说,"跟…一起"的搭配更紧密一些,也许已经可以切分为"跟小王一起|去"。"比…要"的组合还不够紧密,也许正在向"比我要|高"的方向发展。即使"一起、要"等在结构上已可属前了,但其范域仍然大于"跟、比"等前置词,是与前面的整个前置词短语组合,而不是仅与前面的 NP 组合。关于"跟…一起"的结构分析,见 8.3 的(10b)例,这里重复如下:

(24) [$_{VP}$[$_{PosP}$[$_{PreP}$跟 [$_{NP}$小王]]一起]去]

与"比"搭配的"要"及其他来自副词的后置词在完成重新切分后也当作(24)式的分析。

9.1.3 PP 与 VP 的边界纠葛：从属语标注与核心标注

当 PP 位于动词前时,前置词短语跟动词的界限很清楚,后置词则因为处在中介位置而出现界限问题,如"用笔来写"中的"来"究竟属"用笔"还是动词"写"。当 PP 位于动词后时,则前置词因为处在中介位置而出现边界问题,如"坐在地上"中的"在"到底与"坐"组合还是与"地上"组合？问题的复杂性在于这种边界并非恒定不变,历史演变特别是语音弱化可以导致界限改变。8.3 已经讨论过副源后置词重新切分的例子,这里再看一下前置词的情况。据 Lindstrom & Lynch(1994),大洋洲 Kwamera 语用前置词 ia 表示近指处所、时间、工具、比较等义,如(25a),其中我们加的竖线表示动词和介词短语的界限。值得注意的是,ia 又是一个加在动词后表及物的后附缀(transitive postclitic),其作用是令不及物动词变成及物动词,其实就是用 ia 引出不及物动词的间接格,但可能由于 ia 语音上已经依附于前面的动词,所以把 ia 分析成前面动词的后附缀,边界移到了 ia 的后面,如(25b)：

(25) a. sa-ha-am-ara | ia rukwanu imwa-ni
　　　 咱-们-进行体-住　在　　村庄　　处的-她
　　　 '咱们都住在她的村庄里'
　　　 b. sa-ha-iputa-ia | nei
　　　 咱-们-爬-ia　　　树　'咱们爬树'

更进一步,研究者发现该语言很多及物动词以 i 结尾,怀疑它们就是 ia 的简缩形式。这个 i 只是动词的一部分。换言之,ia/i 经历了重新切分。

了解到人类语言中有这种复杂的动态变化,我们面对汉语的类似问题时就能不以为怪。例如,"于"是资格最老的前置词,古代以用在动词后为常,但今天很多词典和语法书都承认"勇于、敢于、善于"等是词,实际上承认"于"字属前面的动词,而其后的部分则被分析为"勇于"等的宾语。但对于"源于、出于、来自、取自、给以"是否算词,还是见仁见智。

对现代汉语来说,动词后的几乎所有 PreP 都面对如何切分的问题。许多学者(例如林焘 1962、赵元任 1979:177、李艳惠 A. Li 1990:59-62、赵金铭 1995、范晓 1998)都主张"走在路上"应分析为"走在 | 路上"。其主要理由一是"在"轻读,依附于前面的"走",二是体助词"了"不能用在"走"和"在"之间,却能用在"在"和"路上"之间,如"坐在了椅子上"、"开往了上海"。范晓把"V 在"之类组合叫做"动介组合体",后面的成分是其宾语。李艳惠(A. Li 1990:59-62)从生成语法的角度表达了类似想法:PP 到 V 之后,经过了(共时意义上的)重新分析,前置词和 V 组成复合动词,后面的介词宾语重新分析为复合动词的宾语。

从 Kwamera 语的例子看,由动词后的介词经重新切分发展成动词内的语素是完全可能的,问题是现在是否已到这样的阶段。"V 在"结构不像"善于"等是可以有限列举的固定单位,而是自由组合。若看做复合词,很难设想汉人的大脑词库里有这么庞大的一个复合词类聚,而且"坐在、走向"这种"复合词"的语义也很难解释。所以最好能做出符合句法常规和语义解释的分析。"V 在"使人感到像一个单位的主因是普通话的韵律特征。普通话轻声轻读基本限于居后的音节。前置词作为虚词在动词前时不会变成轻声,但在动词后,就可能在前面作为小句核心的重读的动词影响下念轻声并在节律上依附于动词,而跟它所直接支配的成分即后面的 NP 反而有一道节律上的界限。这是句法和韵律的错配(mismatch),在各种语言中屡见不鲜。比如,德语冠词是用在 NP 前的。由于它们从不重读,因此在某些支配与格和宾格的前置词后,冠词会发生和前置词的合音,如 zu + dem = zum, an + das = ans, zu + der = zur。但在句法分析上,人们还是认为后面的 NP 首先带冠词再接受前置词的支配。类似的合音也发生在法语前置词和定冠词之间:à + le = au, à + les = aux, de + le = du, de + les = des。这些错配跟汉语"V 在"有共同之处,即作为轻读的虚词依附其前面没有直接关系的实词。这种错配造成了句法上一种似乎两可的结构。一方面,可以采用李艳惠那样的分析,认为在进入句子结构前,"在椅子上"是一种介词短语,进入句子后由于外部结构的制约(特别是汉语小句的韵律规则,参阅冯胜利 1997:149—155),前置词被吸纳进动词所在的韵律词,促发了重新分析。另一方面,也可以认为这是一种句法和韵律的错配,不必扭曲句法分析去迎合音韵节律,仍将"在…上"等分析为介词短语,把介词的轻读看做一种附缀化(cliticization)。就如将英语 I've got a book 中的附缀 ve 仍分析为完成体助动词,首先与后面的 got 组合。至于"坐在了凳子上"这种在"动介组合"后加体标记的现象,可以认为是这种错配的进一步结果:句法错位。由轻读标记引起的句法错位在汉语中也并非绝无仅有。比如,苏州话"送倷到上海"常说成"送到倷上海","倷"(你)是"送"的直接宾语,却被"到"隔开,"上海"应由"到"引出,跟"倷"没有句法和语义关系,却跟"倷"直接组合,这也是明显的错位。

假如采用重新分析的观点,那么在类型学上,"在、往、向、自"这些方所题元的标记经过了重新分析后就不再是加在题元上的标记,而成了加在核心上的成分,在方所题元的标注类型上就起了重要的质变,由从属语标注型(dependent marking)变成了核心标注型(head marking),即核心和从属语之间的关系不是采用在从属语上加标记的方法来表示,而是采用在核心上加标记的方法来表示。在类型分布上核心标注远不是罕见的现象[1]。

上面的列举中特意没列上动词后的"到",因为"到"有一种句法行为是以上前置词没有的,就是加上"得/不"构成可能式。如"他走得/不到家里",而可能补语只能是动词的修饰成分,只能分析为"走得到｜家里"。那么非可能式也应当是"走到｜家里"。其他介词不能有可能式,如不能说"坐得在凳子上"、"开得往上海"。看来,比起"在、向"等前置词来,动词后的"到"才是更典型的核心标注的情况。不过动词前的"到…"仍可作纯粹的前置词,如"他们到全国各大报纸做广告"、"你到三点钟来找我",这些"到"当然是加在方所或时间题元上而不是加在核心动词上的。

与介词有关的边界纠葛还涉及到广州话差比句式"你高过我"和古汉语"季氏富于周公"的异同。这两种结构都是"形容词＋比较标记＋基准"句式,属于同一语序类型,而且都是标记居中的理想状况,区别于普通话的"你比我高"。Greenberg 的 GU22 指出"形容词＋比较标记＋基准"语序通常出现在前置词语言中(见表 1—1)。然而,从标注方向看,广州话和古汉语的差比句又不完全相同。"过"和普通话"到"一样有可能式,如"你高得过我么？你高唔过我"。所以 Ansaldo(1999:105)把粤语的"过"类比较句归为核心标注,这是合理的。"过"不是真正的介词,而是来源于趋向补语的比较句标记。"于"则是从属语标注,首先和后面的 NP 构成一个 PP,"于"是典型的前置词。

以核心标注的方式介引方所类题元在普通话中也非"到"独有。所谓趋向补语"上、下、进、入、出、过",当它用在方所题元前时(滑下山坡、走进教室、写入名单、搬出仓库、(船)摇过大河),就有介引联系作用,这与它们在普通宾语前的句法表现不同。比较：

(26) a. 拨下一笔钱去 ～ b. 拨下去一笔钱 ～ c. 拨一笔钱下去 ～ d. 拨一笔钱

(27) a. 滑下山坡去 ～ b. *滑下去山坡 ～ c. *滑山坡下去 ～ d. *滑山坡

在普通宾语前,"下去"可分可合,可前可后,可显可隐,而在方所题元前,只能有一种语序,并且不能省略。显然,这是为了让"下"在中介位置用作联系项。所以一些著述已注意到趋向词的介引功能,如范继淹(1963)提到动词后的趋向成分"可以分为两种变体:出现在一般宾语和存现宾语之间的是副词性变体;出现在处所宾语之前的是介词性变体",其中介词性变体有"上、下、进、出、回、过"。吕叔湘(1980:34)《现代汉语八百词》(范继淹是作者之一)也提到"当动趋式动词后边是代表处所的名词时,动趋式里的'趋$_1$'的作用像一个介词,如'话说出口'、'走出门来'"。这些分析实际上点出了趋向词所具有的联系项的作用。从标注类型看,趋向词作为联系项跟动词后的"到"一样也是核心标注的,所以也有可能式,如"滑得/不下山坡"。"到"跟"在"的区别,可能源于其语法化环境的不同。"到"可能是在趋向补语式中语法化的,"在"则是在连动式中虚化的。后文将看到,趋向动词并不必然有介词功能,它也是方言间类型差异的一个参项,吴语的趋向词就很少有这种功能(见 14.1.1)。

9.2 汉语前后置词的语义分工

9.2.1 前后置词的语义抽象度和题元分配

根据介词语义抽象度分级理论(见 5.1.3),汉语介词大致可以分成三个等级。

一级介词:**纯联系项介词**。它们不能表示明确的语义关系种类,只是在从属成分和核心的中介位置起一个联系项的作用,是最抽象的介词。此类介词都是后置词,只在从属成分前置于核心时使用。包括定语标记"之",某些用法的"的"[2],状语标记"而(为生存而拼搏)、来"。

普通话口语主要用"的"和"来"。

二级介词:**基本关系介词**。它们大体上用来表示各种基本题元。普通话的前置词大多可归入这一类。不过前置词内部抽象度也不相同,其中较为抽象的基本题元标记有:在(静态方所;时间)、从(时空起点;来源;途径)、到(时空终点)、向/往/朝(方向)、对(对象、客体)、以/用/通过(工具、方式)、给(接受者;受益者)、为(受益者;动因)、由于(原因)、把(受事)、被(施事)、跟/和/同/与(伴随)、比(差比基准)、像/如(等比基准)。在众多前置词中有一些表达比较具体的意义,如:"沿着、顺着、冲(冲我来的)、论(论斤卖)、管(管他叫大李)"等。有少数后置词的语义抽象度与前置词相当。如"似的"和"像"几乎同义,都是等比性基准的标记。

三级介词:**具体关系介词**。表示更加具体的题元关系,特别是方所类题元内部的具体方位。汉语的大部分后置词属于这一类。如一个前置词"在"可以分别与"上、里、外、中、前、后"等后置词配合表示更加明确具体的位置。另外,空间关系的一种重要引申用法——时空和实体的范围,也主要靠后置词表示,如"(在)三点钟以前"、"(在)三千人里"、"(在)五十岁以下"等。在时空方面表起点的"从"、表终点的"到"、表方向的"往"也都需要后置词来帮助确定位置[3]。而这些在纯前置词语言中完全可由前置词表示。如冰岛语的前置词中就有 megin'在…边上'、innan'在…之内'、milli'在…之间'、utan'在…外面'、austan'在…东面'、sunnan'在…南边'、vestan'在…西边'、norðan'在…北边'等。有些人可能觉得汉语"边上"、"之内"等意义实得难以看成介词,看了冰岛语的这些介词,当可消除这种感觉。而且,这些介词都要求带领属格 NP,这就意味着介词的宾语可能历史上来源于领属定语,而这些介词则本来是领属定语所修饰的中心名词。若真是如此,则这些前置词与汉语后置词的来源就非常相似。方所以外的后置词,往往也有进一步限制前置词的意义,使之更加专门。如"为了…起见"比"为了"专门,只能表示所追求的性质,限于插入形容词或抽象名词,如"为了安全起见",而不能像"为了"一样可用于各种动因、目的和服务对象。再比较"从…起"和"从"、"到…为止"和"到"、"跟…一样"、"跟…一起"和"跟",都是前者更具体。

以上概述也揭示了汉语介词在赋予题元方面的作用。一级抽象度的介词基本没有赋元作用。题元种类主要靠二级介词标注。三级介词给题元内部做更细的语义区分。

9.2.2 语义等级与句法范域的对应

9.1.2 讨论的前后置词在句法范域方面的差异,实际上主要是由刚刚讨论的语义抽象度决定的。大体上,介词语义越抽象,所支配的范域越大,语义越具体,范域就越小。

"的"是最抽象的一级介词。所以作定语的 PP 总是在"的"的范域内。如:

(28) a. [$_{NP}$[$_{PosP}$[$_{PreP}$ 对故乡]的]感情] ～ b. *[$_{NP}$[$_{PreP}$ 对 [$_{PosP}$ 故乡的]感情]

当框式介词的后置部分由"来"充当时,其范域总是比前面的前置词大,因为"来"是一级介词而前置词基本上都是二级介词。当框式介词的后置部分由"上、下、以来、起、为止"等充当时,其范域总是比前置词小,因为这些后置词是三级介词,而前置词是二级介词。汉语由前后置词分别表示的不同的范域,在纯前置词语言里可能是由前置词的连用表示,这时也总是语义抽象的拥有更大的范域。比较:

(29) a. [$_{PreP}$ 从 [$_{PosP}$ 房间外]]

b. [$_{PreP}$ from [$_{Prep}$ outside the room] ～ *outside from the room
　　　从　　…之外　　房间　'从房间外'

以三级后置词为核心的 PP 充当定语时,会出现后置词连用。这也必然是一级后置词拥有更大的范域。如:

(30) [NP[PosP[PosP操场上]的]学生]~ *操场的上学生

金昌吉(1996)认为汉语区别于英语的一个特点是不能有介词连用现象。这是因为他所说的介词局限于二级前置词。其实介词连用或前后搭配都是人类语言的常态,并遵循共同的范域规则,这是由介词的不同抽象度造成的,汉语并非例外。

在语义抽象等级不同的情况下,框式介词或介词连用可能会造成语义上的冗余现象,因为具体的题元义有时已包括了更抽象的题元义,比如方位后置词就蕴涵了处所题元,所以表示抽象方所题元的"在"就可能是冗余的,"在桌子上"就等于"桌子上"。另一方面,当方所后置词的位置义并不很具体,而只是标明方所题元时,后置词也可以是冗余的,前后置词取其一即可。所以"在学校里"就等于"在学校"或"学校里"。再比如,方位词短语作定语时,由于方位词已经有从属语标记的作用,所以与其连用的一级后置词也是冗余的。在普通话中这个"的"是句法上强制性的,如"房间里*(的)客人"。但在方位后置词更虚化的吴语中,"的"的对应词此时可以省略,方位后置词兼有定语后置词的作用(详 11.2.4)。作为虚词,介词的使用不仅有语义动因,也有句法动因,所以冗余的介词并不都能省略。

[1] 关于从属语标注和核心标注,Siewierska(1988:180—192)、Van Valin 和 LaPolla(1997:23—25,61—62)有较多介绍。据 Siewierska 引述 Nichols 的统计,世界上核心标注语言还远多于从属语标注语言,只因为印欧语以从属语标注为主,所以西方学者常以为从属语标注更合常规。最一致的从属语标注语言和最一致的核心标注语言都出在北高加索语群,分别为车臣语(Chechen)和阿布哈兹语(Abkhaz)。

[2] 这也是"之/的"跟英语前置词 of 的重要差别之一。of 除了主要用来介

引定语外,还用来介引某些动词和形容词的补足语或修饰语,有一定的赋元作用,如 to consist of villagers'由村民组成'、to be made of flour '由面粉制成'、to be full of happiness'充满欢乐'、to be proud of him'为他骄傲'等。而"之/的"只是定语标记,没有赋元作用。"之"和"的"在句法上也存在区别。"之"具有较强的介词性,只用在定语和中心语之间;"的"许多用法已难以看做介词,而更宜看做助词、语气词、词缀等,如"房子高高的(*屋高高之)、卖菜的(*售菜之)、你曾经答应的(*尔尝答应之)"。只有介引名词给名词的"的"可以仿效"之"看做后置词。

[3] 对空间关系介词的语义差异也可以从另一个角度来分析。Heine(1991:140)指出名源介词通常描写一种空间关系,而动源介词通常指明是一个方向还是一个点。这非常符合汉语的方所类前后置词语义的分工。"前、后、上、下"等名源后置词表示空间关系,而"在、到、朝、向、从、沿着、顺着"等动源前置词表示空间点或方向。本书以抽象度分类,是因为它覆盖面大,可以兼顾空间以外题元。

10. 吴语的语序类型与介词类型

10.1 吴语的语序类型

10.1.1 吴语介词类型及语序类型研究的意义

第7至9章,为汉语的介词研究建立了一个主要基于语言类型和语法化理论的新框架,并借助这个新框架揭示了汉语介词系统及发展演变中一些未被重视的现象和特性,其中包括新引进的后置词和框式介词等概念。比起普通话和古代汉语来,吴方言是后置词的作用更加重要和活跃、前置词的作用相对较弱的一群方言,一些有类型学价值的吴语现象不见于汉语共同语。换言之,吴语是更典型的前后置词并存互动的方言。与吴语中这些现象密切相关的是,吴语是比普通话更不典型的 SVO 类型。因此,通过对吴语介词及相关现象的深入研究,我们将能更加清楚地看到介词理论新框架的事实覆盖面和理论解释力。因此,自本章起,我们将在这一新的理论框架下集中研究吴语的介词问题。然后在此基础上总结新框架下汉语介词研究对汉语语法理论和类型学理论带来的启示。我们将着重针对吴语中具有理论意义、特别是类型学和语法化意义的介词现象进行分析、探讨和解释。有些现象可以通过方言点的描写分析来揭示,有些则需要通过跨方言的比较才能更清楚地反映。因此,下面几章对吴语的研究将按总—分—合的三部曲来进行。先就吴语的介词类型及相关语序类型做一点背景性介绍,这是"总"。然后是对苏州、上海、绍兴三个地点方言的个案研究,每个点根据其自身的特点突出不同的方面,这是"分"。然后再是跨吴语的比较,在比较基础上进行综合,这是"合"。本章就是一个"总"的背景介绍。

通常所说的吴语区被分为五个片,其中最大者为太湖片,位于苏南、上海、浙北,有时称为北部吴语,约占吴语人口和面积的一半。此片内的苏州话、上海话被分别视为吴语一老一新两个代表方言。本书有时只涉及以这两个方言为代表的苏南和上海的吴语,则简称"苏沪吴语",其范围小于太湖片。其实所谓"代表"主要是就其社会影响而言,很难说在语言学上是更典型的吴语。此外本片还有无锡、常州、绍兴、宁波、嘉兴、湖州等重要城市的方言,以及因历史原因而官话色彩很重的杭州话。其余四片也被称为南部吴语,各片间差异也不小。它们是:主要分布于台州各县区的台州片(较接近北部吴语特点),以金华话为代表的婺州片,分布于衢州、丽水各县市的处衢片,以温州话为代表的瓯江片。本书的研究以太湖片为主,兼及南部四大片[1]。

10.1.2 小句基本结构的语序

吴语在介词方面的句法表现,跟吴语整个语序类型特别是小句结构的语序特点有关。吴语像普通话一样属于不典型的 SVO 类型。与普通话比起来,吴语可能是更不典型的 SVO 类型。其小句结构的语序特点表现在以下方面。

静态的动宾结构以 VO 为语序。所谓静态,就是动词不带体标记,名词不带指称成分,如上海话(沪)(1a)。这样的结构在表示将来或条件的句子中用得较多,一般都是 VO 型的,如(1b,c)。这些 VO 结构很难改成动词居后的语序:

(1)〈沪〉a. 伊他天天看书,天天写文章。(~?伊天天书看,天

10.1 吴语的语序类型

天文章写)

b. 阿拉今朝_{我们今天}要去看电影。(*阿拉今朝要去电影看)

c. 啥人_谁打侬_你,我就打伊。(*啥人侬打,我就伊打)

此外,动宾小句充当谓语以外的成分,即用作嵌入小句,也表现为 VO 语序,如(2):

(2) a. 汰衣裳归阿拉老婆管_{洗衣服归我老婆管},买小菜_{买菜}是我个_的任务。(*衣裳汰…,小菜买…)

b. 老王顶欢喜吃红烧肉。(*欢喜红烧肉吃)

c. 吃红烧肉老王顶欢喜。(*红烧肉吃…)

d. 辦_这个买电视机个_的人是我个_的亲戚。(~*辦个电视机买个人…)

(2a)中"汰衣裳、买小菜"作主语,(2b、c)中"吃红烧肉"分别作宾语和话题、(2d)"买电视机"作定语。这些嵌入句的 VO 语序都很难改成动词居后的语序。虽然吴语的小句中 VO 的语序并不稳定,但作为短语,VO 语序相当稳定,这说明吴语总体上仍属于 VO 类型。也可以说,其底层结构是 VO 型的。即使是 VO 结构更不稳定的浙江吴语,(1)(2)仍会取 VO 式。

另一方面,吴语话题化现象比普通话常见,受事成分在很多情况下都会在动词前充当话题,特别是主语后的次话题(详 10.1.3)。徐、刘(1998)已通过统计和观察说明,在上海话中受事论元的话题化远比普通话常见和普遍。在浙江的部分吴语中,受事成分充当次话题的现象比上海话更常见,其中有些前置于动词的受事成分已不具备话题的信息特征或指称特征,出现了宾语化的迹象。比如宁波话句子(3):

(3) a. 其啦,信用社一笔钞票啦借来堆咪。'他从信用社贷来了一笔款'

b. 阿拉啦从仓库里头啦一批备用品已经调来堆咪。'我们从仓库调来了一些备用品'

　　　c. 房间里头啦一盏灯点该。'房间里点着一盏灯'

这些句子都是当地发音人看了调查表上的 VO 式普通话例句而提供感觉自然的宁波话句子，宾语都是无定的，从指称和信息特点看，也更接近普通的宾语而不是话题。而且，在这些方言中，一些在其他 SVO 型语言中通常后置的处所方向类成分，也倾向前置于动词，如宁波话：

(4) a. 现在其已经上海市区逃出咪。'现在他已经逃出上海市区了'

　　　b. 老王大门刚刚走进。'老王刚刚走进大门去'

　　这样的方言显得离典型的 SVO 语言更远，而有向 SOV 语言靠拢的趋势。总体上，这是一种统计上的倾向，但在有些条件下受事题元前置是强制性的，如在温州话中，结果补语或来自结果补语的体标记后不能再有宾语：

(5) a. 渠(他)一只脚 整个下肢 压断爻 T1。(~*渠压断爻一只脚)

　　　b. 渠(他)一篇文章写完罢 T2。(~*渠写完一篇文章罢)

正是在这个意义上，吴语作为 SVO 类型是比普通话更不典型的。不过，它们仍未成为真正的 SOV 类型。因为在这类方言中，另有一种常见句式，即分裂式话题结构，虽然其无定受事的名词部分前置于动词，但数量词语（至少是省"一"的量词）仍在动词后的宾语位置，如宁波话：

(6) a. 尔啦，身边啦，钞票要带眼堆。'你呀，身边呐，要带一些钱'

　　　b. 尔啦还是伞带把去。'你还是带把伞去吧'

　　　c. 昨么子黄鼠狼鸡偷去三只啦。'昨天黄鼠狼偷走了三只鸡'

　　　d. 阿姐毛线衫搭其结两件。'姐姐给他打了两件毛衣'

刘丹青(2001a)指出,在这种结构中,动词前的名词部分是类指性的,是汉语中强烈倾向于充当话题的成分,而留在后面的部分是无定的。这种关系决不能倒过来说,比如(6c)不能说成"昨么子黄鼠狼三只偷去鸡啦"。可见该句式仍是话题结构,前置 NP 是次话题而非宾语,宾语位置仍在动词后,由数量词语充当。它是发达的话题化和 VO 语序之间竞争后的绝妙平衡。可见话题化的常用只是使吴语出现 SOV 的萌芽,尚未达到真正 SOV 的阶段。

句法分析显示,部分吴方言由受事话题化引起的 SOV 萌芽,与先秦汉语残存的 SOV 句式性质迥异,毫无继承关系。首先,吴语次话题只能在否定词前出现(伊香烟勿吃～*伊勿香烟吃),离 VP 的核心远;而先秦的前置宾语在否定词之后(莫我肯顾;不已知),在 VP 的更内层。其次,疑问代词是先秦时强制性前置的两类宾语之一,而在吴语中疑问代词宾语是最不能前置的(参阅徐、刘 1998:261)。这显然因为疑问代词是天然的焦点成分,不宜充当话题。可见现代吴语的受事前置位置虽然有所泛化,但仍然是话题而不是真正的宾语。

吴语虽然普遍存在"把"字句的对等结构(不一定用"把"字),但"把"类句的实际使用比较少。普通话中许多适合用"把"字句的地方,吴语经常直接让受事论元作次话题。在祈使句中,无论是"把"字句还是受事话题句,都经常在宾语位置用第三人称单数代词作复指成分(resumptive),如上海话(7a, b)中的"伊":

(7) a. 侬拿老酒吃脱伊。'你把酒喝了'
  b. 侬地板拖拖伊。'你把地板拖一下'

以上情况说明,吴语中的受事类题元可以有多样化的句法投射,宾语是其中之一,其他投射也是常用的选择。不同投射的结果是受事论元可以在句法结构的不同层次中存在,甚至通过复指手段在同一句的几个位置上多次出现。通过比较可知,受事题元的不同句法投射在吴

语和北京话中呈现出如下不同的优先选择系列(暂不考虑受事用作被动句主语的情况):

(8)〈普〉受事:宾语化＞状语化("把"字句)＞主话题化(TSV)＞次话题化(STV)

〈吴〉受事:宾语化＞次话题化(STV)＞主话题化(TSV)＞状语化("拿"字句)

因此,我们可以用 VO 类型和发达的话题化(尤其是次话题化)的常见来概括吴语小句的基本语序类型。此外,也不排除吴语次话题句向 SOV 语序发展的可能。

10.1.3 次话题在吴语语序类型中的重要性

吴语的次话题发达特别表现在以下几个方面。

第一,受事类题元在多种情况下倾向于前置充当话题,而话题化的受事论元最常充当的是主语后的次话题(除非主语不出现)。话题化本身比北京话常见,而受事话题的位置更是区别于北京话的一大类型特征,因为主语前的位置是北京话里受事话题的主要位置。方梅(1997)指出,北京话里,"在 NP_1+NP_2+VP 构成的话题句中,NP_1 的施动性小于 NP_2"。用我们的系统来说,施动性大的 NP_2 其实就是主语,施动性小的 NP_1 就是受事话题,在主语之前作主话题。吴语中导致受事论元充当话题的因素,除了人们容易想到的 NP 是有定的、特别是已知的信息之外,突出表现在类指(generic)成分话题化、一般疑问句和否定句内的受事话题化。其实后两种情况与第一个因素有关。根据 Givón(1978:294),否定辖域内的宾语要么是有定的,要么是无指称的(non-referential,他的"无指称"概念实际上包括了其他人所说的类指),而不可能是无定有指的。其实一般疑问句辖域内的宾语也是如此。这些倾向可以通过徐、刘(1998:252—253)对一个上海话曲艺剧本中受事类成分的统计看得很清楚,见表 10-1,其中的 T 都指受事性的话题。

表 10-1 当代上海话受事话题句与动宾句的频率与句类分布

句类	TV	VO	细类
"VP 哦"问句	8	2	3 例 TV,5 例 STV;VO 和 SVO 各 1 例
V 勿 V 问句	1	0	1 例 STV
反意疑问句	0	4	VO 和 SVO 各 2 例
特指问	0	11	6 例 VO,5 例 SVO
否定陈述句	17.5	2.5	4 例 TV,11 例 STV,2 例 TSV,1 例 STVO 两边各算 0.5;2 例 SVO
肯定陈述句	8	36	2 例 TV,5 例 STV,1 例 TSV;3 例 VO,33 例 SVO
肯定祈使句	3	10	3 例 TV,9 例 VO,1 例 SVO

统计显示,是非问句(VP 哦,V 勿 V)和否定陈述句都是 TV 结构以绝对优势超过 VO 结构,而肯定陈述句则是 VO 明显占优势,但 TV 也有一定比例,因为肯定陈述句中的有定、类指、已知信息成分也较可能前置。是非疑问句以外的问句,包括特指疑问句,则完全没有 TV 结构。值得注意的是,在 TV 结构中,有 STV 式 22 例和 TV 式 12 例,总共有 34 例,而在普通话话题结构中占优势的 TSV 式这里只有 3 例。上海话在这点上基本上反映了吴语的总体情况,比较宁波话例句(3)和温州话例句(5),并参阅潘悟云(1997)对温州话的说明。

第二,吴语中普遍有发达的分裂式话题结构。例(6)已经举了宁波话的例子,这里再略补数个其他方言的例句:

(9) a.〈沪〉我拨个号头_{这个月}奖金就拿着一百块,派啥用场呢?(bc0005av)[2]

b.〈沪〉(要灯心小一眼,革末那么,)拨能样子末_{这样的话}油可以省一眼咯。(iw0009av)

c.〈绍兴〉鸡汤里诺_你盐再加些垌_{在内}。

d.〈乐清大荆〉尔_侬还是雨伞带把去，省得雨淋爻_了感冒。

e.〈金华汤溪〉尔碗借两个我用用。(曹志耘 1997：44)

f.〈温州〉我饭吃爻_了一碗。

从调查或文献所得的分裂式话题例句，都是话题部分在主语后(除非句子主语未出现)。虽然放在主语前也不是不可以，说成类似"饭我吃了一碗"一类，但是语料中基本上没有这样的例句。这又是吴语次话题发达的重要例证。

第三，吴语有发达的同一性话题结构。同一性话题指充当话题的 NP 或 VP 会在句子的后面全部或部分重复出现(详见 Liu 2004)。这种结构普通话中也有，但在吴语中要常用得多，其中不少次类很难有对等的普通话形式。大部分同一性话题由 VP 充当话题，相同的部分又出现在句子后部充当主句或嵌入句的谓语。在苏州话书面材料(如晚清小说《海上花列传》，见例 10)和上海话语料库(如例 11)中所发现的同一性话题结构的例句，全都是充当次话题或句子主语不出现的例子。同一性话题充当主语前的主话题也可以接受，但实际语料中未见，如：

(10) a. 耐咪_{你们}吃也吃完哉，还请我吃啥酒。(《海花》p24)

b. 王莲生忙道："勿去惹俚咪_{他们}哭哩。"林素芬笑道："俚哭倒勿哭个"。(《海花》p48)

c. 耐气末_{提顿词,话题标记}气，原仍快快活活转去_{回去}。(海花 p71)

(11) a. 搿学生子吓也吓杀勒！'那学生都要给吓死了'(iw0003av)

b. A:伊烤勒老烂个。'他烤得很烂的' B:烂末是老烂个。'的确是很烂的'(iw0001av)

根据以上情况，我们相信吴语有一个句法化的次话题位置，用来放置有一定话题性的单位，使次话题结构成为比较常规的句式，而不是需要很强的语用动因才出现的特殊句式。比起主话题位置来,次话题也确实更容易成为小句内部的常规句法位置,因为它没有成为左错位(left-dislocated)成分,不一定需要带明显的停顿,也没有很广的辖域,不需要与后面的小句形成话题链,没有特别的语境制约,因此更容易融入小句内的句法结构。

不过,尽管上海话的次话题已经是相当句法化的位置,但还不能认为出现在次话题位置的受事已经是宾语。不宜把 STV 句式看做 SOV 句,因为出现在这个位置的受事或多或少要具备一些话题性。受事没有话题性的,如(1)(2)中那些句子的受事,还是很难作为次话题或主话题出现。只是比起普通话来,吴语离典型的 SVO 更远。

10.1.4 其他相关语序

有一些在普通话中用动词前的副词表示的状语,在粤语等南方方言中用动词后的副词表示,如"我走先啦"(我先走啦)、"你食一碗添"(你再吃一碗)。从和谐论角度看,这样的结构跟 VO 一样同属"核心—从属语"语序,跟 VO 语序和谐,而状语前置则是不和谐的。所以这种结构也被看做是南方方言比北方话更接近 SVO 类型的证据。这样的结构在吴语中也有一些,如太湖片吴语普遍说"到快哉"(快到了)、"要过中秋快哉"(快要过中秋节了),而南部吴语更有类似粤语上述句子的结构,如金华"侬_你去起,我等记_{一会儿}再去"、温州"你走先_{你先走},我就来"、"吃一碗添/吃一碗凑"(再吃一碗)等(参阅曹志耘 2002)。

与普通话相比,后置状语似乎显示了吴语更强的 VO 型语言特征,这与吴语比普通话更强的动词居后倾向不符。对此,我们是从这几个方面去认识的。首先,状语后置和受事因话题化前置属于很不相同的历史层次。由受事话题化(包括次话题化)引起的动词居后现象是一种能产的可以类推的句法现象,而且是一种正在发展中的现象。而状语后置结构却限于极少几个甚至个别副词,是一个极小的封闭类,这种语序完全不能类推到其他副词。而且,在吴语中,状语后置结构往往有各种结构限制,不像前置的副词自由。比如北部吴语的"快"必须跟表示新情况的句末语助词"哉"等连用,南部吴语中动词后表示"先"的"起"必须紧接动词,用了"起"便不能再带宾语,而"VP 添/凑"却必须在 V 和"添/凑"之间有数量成分,"添"跟 V 不能直接组合。这些限制使这类结构更像是固定的格式而不是自由的句法组合。从类推性和灵活性看,状语后置像是一种化石化的现象。与汉语史和共同语的情况比较,再联系南方方言中的其他一些现象,可以相信这类现象与百越－壮侗语言(属更典型的 VO-前置词型语言)的底层或接触层有关,不排除这些结构反映了南方汉语与壮侗语言更密切的历史联系,因为从吴语区到粤语区在汉人大量南下前都是壮侗系的先民百越人的活动区域,而百越特征的底层也不仅表现在副词的语序上,量词在南方方言中的活跃就是另一个表现。这也能解释越是靠近壮侗语的地区状语后置越发达(如粤语)。跟汉语史其他方言比较,又可以看出吴语受事话题化的扩张及其相应变化(方所成分的前置等)是后起的新兴现象,同壮侗语没有关系,所以只存在于吴语及闽语地区,其他南方方言如徽语、赣语、客家话等并未达到这种程度,粤语甚至比普通话更倾向 VO 类型。换言之,受事话题化发达是吴语的朝阳现象、自源现象,而状语后置是吴语的夕阳现象、它源现象,对吴语的整体共时语序类型并没有太大影响。

另一类被用来证明南方汉语更有核心居前特点的例子是"鸡公、鸡婆、鱼生、豆腐生、菜干、鞋拖、人客、布碎"等所谓正偏式词语。这些词在吴语中数量不等地存在,南部吴语更多一些,但不如粤语丰富。这些结构也可能是历史上南方汉语跟壮侗语密切联系的证明。然而,从共时平面看,它们更只是词汇化的残留,不但不能体现句法上的语序,而且作为构词格式也已没有能产性。此外,它们是否能算正偏式词也有争议(伍云姬 1995 和丁邦新 2000 从不同角度否认"鸡公、鸡婆"式构词法为正偏式)。普通话也有"饼干、豆腐干、蛋白、肉松"等,是否算正偏式也有争议。也许因为汉语使用者的语言心理中已经没有正偏构词格式,因而把原来正偏式构词法残留的词语重新解释为偏正式。这种构词格式对吴语整体语序类型的影响可能比后置副词更小。

10.2 吴语的介词类型

10.2.1 吴语前置词概貌

 普通话是南北兼收古今并蓄的共同语,吴语就像其他汉语方言口语一样,前置词不如普通话丰富。吴语前置词不丰富的另一个原因是后置词扮演着更加重要而活跃的角色。所以,从句法角度看,吴语介词系统的特点更多表现在后置词方面。前置词的特点大多属词汇性差异。下面着重介绍较有特点的时空方面的前置词,兼及其他前置词。
 吴语中最重要的时空前置词也像普通话"在"一样由存在动词兼任。在北部吴语,这个词有"来"[lɛ]、"拉"[la]、"辣"[laʔ]、"勒"[ləʔ]等读音,早期文献从"来"或"拉"等,当时读音应属舒声字,入声读法是虚词常有的促化现象造成的。有时舒声入声并存于一种方言,成为自由变读,如无锡话,但作动词时倾向读舒声"来",作前置词时"来/勒"两可,也反映"来"代表更本色的读音。但从意义上并不能推断这些读音来自位移动词"来"。对"来/勒"族词的语源本书暂持存疑态度。
 "在"的对应词在某些吴方言中有比普通话"在"更实在的语源,如温州话的"宿"、丽水的"隑"[gɛ](也作"戤、敖"等,是吴语多数方言的"站立"义动词,与粤语动词"企"同源):

(12) a.〈温〉宿鸡汤里加佽儿点儿盐。
　　b.〈丽〉隑鸡汤里头囥点点盐。

不过温州、丽水还有其他"在"义动词兼前置词。两种方言都用"是"[zɿ]表示"在",语源大概就是系动词"是"[3]。丽水话还有动后前置词"啾[diʔ]"。当"宿"、"隑"等用作实义动词时,就可由"是"、"啾"等作前置词,形成"宿是"、"隑啾"连用：

(13) a.〈温〉渠他宿是住在上海
　　b.〈丽〉渠他隑啾站在大门外。

吴语的存在动词和普通话"在"有一项重要的句法区别：前者不能作不及物谓语。普通话可以有下列对话：

(14) A. 小张在吗？ B. 小张在。

这种情况在吴语中要使用一种特殊的复合存在动词,由存在动词加上一个虚化的处所语素兼后置词构成,结构同近代汉语中的"在里"。如(15)的对话上海话要说：

(15) A. 小张辣*(海)哦？ B. 小张辣*(海)。

例(15)必须用"辣海"而不能单说"辣"。"辣海"这样的结构普遍存在于南方方言,如福州话的"著咧"、粤语的"喺嗰"等(这类复合词的详尽讨论见10.2.3和11.3)。

吴语的存在动词兼前置词往往具有比"在"更宽泛的题元功能。在主要动词前,它常常兼表源点,相当于"从"("从"听起来较文)。在较地道的方言表述中"从"的功能更常由"在"义词表示,如把"从学校里回来"说成"辣学堂里回来"。在动词后,"在"义词又兼表位移终点。虽然各方言都本来就有"到",但用"在"义词表示终点仍是更常见的说法,即把"扔到河里"、"跳到台上"等说成"甩辣河里"、"跳辣台上"等等。换句话说,吴语的存在动词在用作前置词时比普通话的"在"更宽泛。另一方面,在多数吴语中,很多普通话当用"在"、"从"、"到"的地方常常干脆不用前置词(详见 14.1.1)。

多数吴方言动前动后用同一个"在"义前置词,如苏州话"**勒**床浪困觉"_{在床上睡觉}"、"困**勒**床浪_{睡在床上}"。但也有少数方言动词前后用明显不同的"在"义前置词,如金华"**来**操场上打球"和"放**特**俺[a⁴²]孩里_{放在我这里}",丽水"**隑**操场上打球"和"囥**咻**我阿垯_{放在我这里}"。总体上动后前置词特别少、趋向动词的介词功能不发达。动前与动后前置词的词项异同与句法语义差别详见 14.1.1。

10.2.2 吴语后置词概貌

吴语后置词的首要特点是方所后置词语法化程度更高。语法化程度表现在语音形式、语义和句法多个方面。

就跟普通话对应的方位词来说,"上"和"里"的虚化程度最高。语音上,在苏南上海的吴语区,后置词"上"弱化为[lɑ̃]或[n̠iã],区别于"上"的规则读音[zɑ̃³¹]。如苏州话"上[zɑ̃³¹]级、上[zɑ̃³¹]头",但"台子上[lɑ̃]、账面上[lɑ̃]"。后置词"里"在常州话中弱化为"勒"[ləʔ],在台州话中可弱化为"勒"[ləʔ]和"特"[dəʔ],区别于规则读音[li]。语义上,"上"和"里"在普通话中已有很高虚化程度(参阅 6.2.3 及 8.2),而在一些吴语中,"里"表现出更高的语义抽象度,经常覆盖本由"上"表示的语义,实际上已不再区分处所的表面还是里面,只是抽象地标明是方所题元。如:

(16) a.〈丹阳〉路里_{路上}|家里|台里_{桌子上}|屋顶里漏水|掉在地里_{掉在地上}(蔡国璐 1995:21)

b.〈东阳〉台桌里_{桌子上}

c.〈绍兴〉黑板里_{黑板上}|路里_{路上}

d.〈台州椒江〉黑板特|路特

e.〈乐清大荆〉黑板里|路里|戏台里_{舞台上}|衣裳里_{衣服上}|山

顶里_{山顶上}|（把事情推到）会计头里

f.〈温州〉黑板里|身里_{身上}|（把事情推到）会计头里|（带钱在）身里_{身上、身边}

在句法上,吴语的方位后置词整体上比普通话方位词有更大的句法强制性。方所题元不用后置词的情形严格限于专有地名。普通话中方位词可加可省的处所类普通名词,如"在学校（里）/教室（里）/图书馆（里）/剧场（里）/邮局（里）/单位（里）/公司（里）/公园（里）/广场（上）/陆地（上）/海洋（上/里）/天空（中）"等等,在吴语中都不能省略方位后置词。这与吴语经常省略方所前置词的情形形成鲜明对照。除此而外,有些吴方言中的"里"还有普通话方位词不具备的一大功能,就是直接加在指人名词或人称代词上,表示该人所在的处所,而普通话在这种位置只能用半虚化处所指代词"这儿、那儿"等。如绍兴话:

(17) a. 挪望我里_{你往我这儿}走几步。

b. 我到老王里坐一歇_{到老王那儿坐一会儿}。

方位词用于指人 NP,实际上消除了搭配面的一大限制,达到了由名词到后置词的更高的语法化程度。

其他吴方言中的方位词并不都像绍兴话的"里"那样有这个功能,这主要是因为吴语区普遍存在一种比方位词更语法化的方所后置词,它们在普通话中没有对应成分,而那些方言就将这种成分用于绍兴话"里"的上述功能。这类后置词以 11.2.1 将详细描写的苏州话"搭"为代表,如"老王搭_{老王那儿}"。

在宁波话中还发现了汉语中罕见的能用在地名后的方所类后置词"垱"[kaʔ]。如:

(18) a. 尔到上海好搭_{从、经}南京垱走,也好搭杭州垱走。

b. 火车搭_朝北京方向垱开去噢。

宁波话的"垱"来自处所名词后的"垱堆",相当于"…一带、…附近",如

"南京垯堆_南京一带,南京附近_"、"图书馆垯堆_图书馆附近_",但这种"NP 垯堆"还不能说成"NP 垯"。只有当前面有表示经由或方向的前置词时,才可以用"垯",这时意义更加虚化,不确指一带、附近一类意义,只是跟前置词一起表示跟方向有关的处所义(以上分析吸收了宁波人胡方先生提供的材料和意见)。换言之,处所名词后的单音节"垯"只有作为"搭…垯"这个框式介词的一部分才能出现,因此是个完全虚化的后置词,其用在专有地名后的功能说明汉语方所后置词也完全可以虚化到组合时不受小类制约的程度。

用于指示处所的"垯"[kaʔ]可能同宁波话等吴语广泛存在的指示方式程度的语素"介"[ka/ga]同源。后者吴语区许多方言中由方式－程度指示词虚化为后置词,表示等比或比喻,与普通话"这么/那么"、"这样/那样"、"似的"作用相近。如宁波"像尔介聪明"、"像鹁鸰_鸽子_介小",绍兴"像手指头介长"、绍兴和上海"有国际饭店介高",上海"告_跟_手节头介长"。其他方言也多用自己的方式－程度指示词或语素构成表示等比或比喻的后置词,尽管具体词形和词源可以不同。没有一种方言只有前置词而没有后置词来表示等比基准或喻体的。

普通话的一些后置词或有后置词作用的成分在吴语中也存在。如"…以来、…起、…开始、…为止、(为了)…起见"。另一些后置词性的成分在吴语中起更活跃的作用或获得更高程度的语法化,如"(用)…来"、"(比)…来得/要"、"(跟)…一道"等。我们的书面材料和调查材料都能显示这一点,详见后面几章的分析。

吴语后置词类型的发达还突出表现在后置性连词上。后置连词是吴语中极其重要的连接手段,在短语内和分句间连接方面都有重要作用,甚至超过前置连词的作用。下文的个案研究会进一步讨论这个问题,特别是 12.3 对上海话后置连词的重点分析。

10.2.3 由前置词加后置词构成的复合词(PPC)

10.2.1提到,吴语相当于"在"的存在动词兼处所前置词"辣、勒"等不能不带处所宾语单独作谓语,没有相当于普通话"他在"这样的说法,而必须以"辣海、勒里"等复合词的形式出现。这类复合词不但普遍存在于各地吴语,而且也广泛见于其他南方方言。吴语的例子如苏州"勒浪、勒海",上海"辣辣、辣海",无锡"来里、来哼",常州"勒头",绍兴"来垌、来埭",宁波"来的、来该",金华"来里",台州椒江"在垯",乐清大荆"是担",温州"是够、是垯"等等。其他南方方言的例子如广州话的"喺度"、福州话的"著吼"、泉州话的"咃嘞"等。从实的方面说,它可以分析为一种动宾复合词,因为其前字就是"在"的对应词,可作存在动词,其后字一般是黏着语素,但也可以看做名词性处所语素,充当前字的处所宾语。从虚的方面说,前字在有关方言中跟普通话"在"一样是最重要的方所前置词,而其后字则通常也充当方所后置词或跟方所后置词有语源关系,因此整个词可以分析为"存在动词/前置词+名词短语+后置词"省略名词短语而来。所以本书把这种复合词简称为PPC(pre-postposition compounds,前后置复合词)。这类词在吴语中十分活跃,语法化几个阶段的用法往往并存于一种方言,非常值得研究,而且对理解汉语史上的某些现象颇有帮助。其句法作用从动词用法,到像一个紧缩的动词短语或无NP的框式介词——这些是符合其内部结构的功能的。比较特别的是,这种复合词还可以整个儿用作一个前置词,亦即在已经有处所义的后字之后再出现词汇性的处所单位。更特别的是,在有的方言中如绍兴话中,这种复合词中来自名词性语素的后置词部分竟然也发展出前置词用法。再进一步,这种复合词又经常用在动词之前或之后充当体标记,有的还进一步由体标记虚化为句末语气词。PPC在某些方面突出反映了前后置词并存型语言的一些特点和语法化的一些规律,所以后文,特别是苏州话的个案分析,将具体讨论PPC的结构和作用。

这类结构早就引起关注。吕叔湘(1984[1947])最先注意到近代汉语"在里"一语,有时简缩为"在"或"里",并且把它跟苏州话中的"勒里、勒浪、勒海"等词语相联系,指出它们结构相同,功能相通,都从处所义发展出时体、语气等更虚的用法。吕文并认为普通话看似没有这类词,其实也有这类词的遗迹。他认为句末语气词"呢"就来自"哩",早期写作"里",就是"在里"的简缩形式之一。以后又有多种文献对苏州上海一带的这类词作了分析,但都没有将它们跟介词的类型联系起来考虑。

10.2.4　吴语和普通话介词方面的类型差异

吴语和普通话在介词方面的差异,有些只是词项差异或个别词的用法差异,有些却反映了类型方面的一些差别,值得注意。

总体上,吴语的前置词在句法上不如普通话前置词发达和活跃。不但具有前置词功能的成分较少,虚化程度不高,而且当PP用在动词前时,前置词省略或者说一般不用前置词的情况比普通话常见。特别是在绍兴话等方言(详13.1,13.3)中,受事成分和PP前置于动词的情况都比普通话更多,动词前的方所类题元经常只靠后置词标记,显示这些方言在类型上离VO型语言和前置词语言的典型状况更远,而比普通话更靠近OV型和后置词类型。从联系项原则看,动词前的PP中即使有前置词,它也不在中介位置,因此有了后置词就不再用前置词是很自然的。有意思的是,虽然吴语PP用在动词后的情况比普通话少,前置词省略也比普通话常见,但一旦表示终点方向等题元成分出现在动词后,却比普通话更难省略前置词,显然因为这时前置词在中介位置。这似乎显示吴语比普通话更遵循联系项居中原则。

与前置词不如普通话发达的情况相应的是吴语的后置词在句法上

更加重要。语法化程度高的后置词更多。事实上吴语的前置词大多具有较明显的动词性,而不少后置词却是纯虚词,例如以苏州话"搭"为代表的处所后置词,"上"的变体"浪","里"的变体"勒、特"等,都纯粹只有后置词的用法。吴语的后置词在句法上比普通话更难省略。除了方所性后置词作用很活跃外,其他来源的后置词,特别是在 PreP 前置于动词时用来填补中介位空缺的连接性成分如"来"也比普通话更常用。后置连词的作用也远比普通话重要。这些特点使得吴语总体上显得比普通话更接近后置词语言。

以上类型特点将在下面四章的个案分析和跨吴语比较中得到更具体的展示。

[1] 此外,还有"宣州片"吴语分布于安徽南部黄山山脉之北诸县及江苏西南角,它跟其他五片差距很大,未列入本书研究范围。

[2] 上海话语料后面的字母和编号是"上海话语料库"中的篇目编号。

[3] 有学者把温州话存在动词兼前置词"是"写作"在"(游汝杰、杨乾明 1998)或"着"(潘悟云 1998),看做"在"或"着"的变读。这样在语义上便于理解,但语音上必须曲折解释。本书相信就是"是"。系词在许多语言和方言中兼存在动词。英语中的 be 就兼存在动词,如莎士比亚名句 to be or not to be。除了部分吴语外,部分徽语也用"是"表示"在"(参阅平田昌司 1998:278),有些方言则用系词的变调形式表"在",如粤语和客家话的"嚟"是系词"系"的变调。

11. 苏州话介词的类型分析

11.1 前置词系统

在上海话崛起之前,苏州方言一直被看做吴语的代表,狭义的吴语有时就指苏州话(苏州古称吴、吴县,为春秋时吴国之都)。相比其他吴语,苏州话书面语料时代更早,数量更多,对苏州方言的研究成果也较为丰富。本章在必要时也适当补充一些老上海话等邻近吴语的材料以加深我们对吴语介词类型的认识。

苏州方言的主要前置词有一批与普通话同源或用法对应,无须详论。如"朝、望在、用、拿拿/用,工具标记、把/将,受事标记、对、为仔为了、从、到"等。下面着重从两个角度考察苏州话的若干常用前置词:一、苏州话前置词在意义分工和句法作用方面(尤其是与后置词的分工和互动方面)有哪些与普通话不同的特点?这些特点有何类型学意义?二、苏州话前置词在语法化途径和进程方面有什么特点,对语法化理论有何启示?本章后面几节分别考察后置词和前后置复合词 PPC 也从这两个角度切入。

11.1.1 基本方所前置词"勒"及相关成分

"勒"[ləʔ]是兼存在动词的基本方所前置词,即普通话"在"的对应词。清末著名苏白小说(官话叙述,苏州话对白)《海上花列传》(下简称《海花》)作"来"[lɛ],更早的长篇苏白话本《三笑》(1802 年)却已作入声的"勒"和"立"(今音[liəʔ]),明代的苏州话文献则作舒声的"拉"(今音

[lɑ])。考虑到今无锡话"来～勒"并存,也许苏州话"勒"也曾允许舒声入声多个变体并存,所以文献有舒入反复交替的情况。

"勒"是苏州话中在动词前后都可用的极个别前置词之一(另一个是表与事的"拨")。"勒"能表示的语义角色比普通话"在"多,可以认为这体现了更高的语法化程度。"勒"在动词前,除了表示行为或存在的场所,如(1a,b),也可以表示源点或经由处,起"从"的作用,如(1c—e):

(1) a. 爹爹**勒**床浪睏觉_{在床上睡觉}。

b. 俚欢喜**勒**纸头浪乱搨。'他喜欢在纸上乱涂'

c. 我刚刚**勒**上海转来_{从上海回来}。

d. 只猫已经**勒**洞洞里钻出去嗬。'那只猫已经从小洞里钻出去了'

e. 我**勒**爷娘搭搬仔点旧家生来。'我从父母那儿搬了些旧家具过来'

用"从"表示源点、经由等是较文的新说法,用"勒"才是地道的口语。直到晚清的《海花》中"从"还只表时间起点,如"从小"之类,而不表空间起点。在动词后,"勒"的作用一是跟在静态动词后,表示存在的位置,如(2a,b),二是跟在位移或致使受事位移的动词后,表示主体或受事到达的终点,如(2c—e):

(2) a. 爹爹睏**勒**床浪_{睡在床上}。

b. 垃圾侪都氽**勒**浮在水面浪。

c. 田鸡跳**勒**甏盘里——自称自赞。(歇后语)

d. 俚拼命想轧**勒**挤到前头去。

e. 快点拿物事囥**勒**把东西藏到房间里来。

苏州话向来能用"到"表终点,但不如用"勒"常见,如反映地道口语的熟语(2c)。普通话固然也说"挤在前面"、"藏在房间里",但那都表示静态的存在。注意(2d, e)中有位移动词"去、来",普通话在此只能取"到"弃"在"。

由此可见,"勒"概括了处所、源点、终点、经由多种功能。在老派和郊区的苏州话中"勒"还有跟接受者有关的功能(详 11.1.3)。因此它比普通话的"在"宽泛,更接近上古汉语多功能的"于"。不过"勒"的功能时常需要方位后置词的配合,这是跟"于"不同的。"勒"像"在"一样也能表示时间。不过,表时间题元的前置词实际上以省略为常,如"我(勒)前年三月份去过一次"。

语言中常常见到语法形式的"创新与强化"(renovation and reinforcement)现象(参阅 C. Lehmann 1995:95—97),即因语法化而意义虚化的成分常被加上功能相同相似、意义更实在的后起成分。这种情况也已经发生在"勒"上。强化"勒"的新成分是"蹲"。它在苏州话中可以表示"身处",与普通话"待阴平"相当,常与"勒"连用,如"蹲勒屋里待在家里"。"蹲勒"有时只表示动作发生的场所,与单纯的"勒"作用相同,可译为"在"而不再能翻成"待在"。这种"蹲勒"整个成为一个强化了的复合前置词。更进一步,可以只用"蹲"表示"在",形成新的前置词"蹲",见(3)(此类说法在《海花》中尚无):

(3) a. 小张蹲(勒)墙头浪在墙上画画。

　　　 b. 小张蹲(勒)书浪在书上乱写。

例(3)中"勒"若出现是新旧叠用,"勒"不出现就成为以新替旧。

11.1.2 伴随者与受益者标记"搭"和"帮"

苏州话另一个重要的前置词是"搭"[taʔ]。前置词"搭"的用途之一相当于普通话"和/跟",是并列连词兼伴随者(concomitant)介词。(4)是"和/跟"类用法之例:

(4) a. 老王搭(仔)老张俩都是我个同事。

b. 我明朝搭(？仔)小张一淘去。'我明天跟小张一块儿去'

从(4)可以看出,"搭"作并列连词有一个变体"搭仔","仔"是相当于"了"的体标记,而前置词"搭"一般不带"仔"。可见"搭"作为连词形式上离动词更近。因为特殊的语序类型,汉语的并列连词和伴随者介词可位于同样的位置,并能因此造成意义无别而结构有异的歧义句,如"我和他吵架",这是这两类虚词在汉语中时常互相转化的类型学背景(见7.5.2)。

　　前置词"搭"的另一项常用功能是作受益者标记。普通话的"和、跟"虽然偶尔用来标记受益者,如"你跟我拿样东西",但更普通的说法还是用"给、帮、替"等表受益者。而苏州话表示受益者,"搭"是首选前置词,在《海花》里俯拾即是,如:

　　(5) a. 耐碰着仔陈小云,搭我问声看。《海花》三回'你碰到陈小云,替我问一声'

　　　b. 耐还搭俚瞒啥?《海花》三回'你还帮他瞒什么?'

　　　c. 耐明朝就搭我给我买得来最好。《海花》四回

"搭"能这么用而不至于经常引起歧义,跟后置词有关,因为表示伴随者时"搭"通常要跟后置词配合用,如"我昨日**搭俚一淘**写仔篇文章"(详11.2.3),所以一般不会与受益者用法相混。在纯前置词语言如英语中,伴随标记和受益标记的合一很容易引起歧义并影响理解,如 I did it with him 和 I did it for him 意思完全不同,这种语言较难发生 with 和 for 的合并。用"搭"表受益者也跟苏州话不用"给"义动词介引受益者有关。

　　近二十年来,新派苏州话(及新派上海话)逐渐用"帮"表示原来"搭"的三种功能:并列连接、伴随者标记和受益者标记,如:

　　(6) a. 小英帮兄弟结件绒线衫。

　　　b. 我明朝帮小张一淘去。'我明天跟小张一块儿去'

c. 老王帮老张俫都是我个的同事。

有趣的是,"帮"的功能扩展方向正好与"搭"相反。"帮"的词义决定了宾语属受益者,所以"帮"是受益者的赋元动词,由此首先虚化为受益者标记,如(6a)。接着,由于意义的泛化或"搭"的类推作用(即语义感染),"帮"又逐渐获得伴随者标记的用法,如(6b),最后再获得并列连词的用法,如(6c)。

(7) 搭:动词→并列连词(搭/搭仔)→伴随者介词(搭/*搭仔)→受益者介词(搭/*搭仔)

帮:动词→受益者介词→伴随者介词→并列连词

11.1.3 与事与被动句施事标记"拨"与"拨勒"

前置词"拨"[pəʔ]来自北部吴语普遍使用的"给"义动词"拨",但在清代中期的长篇苏州弹词《三笑》中作"本"(今音[pən^{52}]),可见"拨"似由"本"促化而来。下面除引《三笑》原文作"本"外都写作"拨"。"拨"作为前置词也说成"拨勒","勒"就是 11.1.1 讨论的"在"义前置词(《海花》作"来",所以"拨勒"在该书中相应作"拨来"),因此"拨勒"是个复合前置词。其来历要从"勒"表接受者的用法谈起。

老苏州话表示给予的常用句式之一是"动词+直接受事+勒+与事"(郊区现仍如此)。"勒"作为方所前置词介引与事,跟古汉语"于"、英语 to、日语に ni 介引与事相似,都是由方向处所义派生出接受者意义,体现了语言处所主义。比较:

(8) a.〈古汉〉昔者有馈生鱼於郑子产。《孟子·万章上》

b.〈苏郊〉从前有人送活鱼勒郑国子产。

这种表与事的"勒 NP"也能用在直接宾语之前,但必须在"拨"字后,即说成"拨勒 NP"甚至"V 拨勒 NP"(V 是其他动词),但不能单说"V 勒 NP",而直接宾语之后的"勒"没有这个限制,比较:

(9) a. 小张拨勒我一本书。
　　b. 学堂奖*(拨)勒我一本书。
　　c. 〈苏郊〉学堂奖一本书勒我。

可见在直接宾语后"勒"是独立的与事标记,而在直接宾语前,"勒"实际上已经和"拨"组成了一个复合词。现在市区已经很少用(8b)(9c)这种句式。由于语法化中的强化作用,语义较虚的"勒"被加上了给予义更实的"拨",或干脆只用"拨",如:

(10) a. 从前有人送活鱼拨(勒)郑国子产。
　　 b. 学堂奖一本书拨(勒)我。

于是苏州话接受者标记就达到了强化的结果,即新旧叠用的"拨勒"或以新代旧的"拨",与表示处所的"蹲(勒)"形成平行的发展,区别只在"蹲(勒)"的出现并未终结处所标记"勒"(参阅11.1.2),而"拨(勒)"在市区已终结了接受者标记的"勒"的作用。

"拨(勒)"的另一个功能是作被动句的施事标记,如:

(11) a. **鱼拨**(勒)猫吃脱哉。
　　 b. **俚他拨**(勒)骗子骗得去两只金戒指。

这里,"拨勒"整体作为复合前置词由接受者标记发展出被动句施事标记的用法,其中的"勒"已完全没有可分析的意义。

"拨"的两大功能在语序上是互补的,在动词前表示被动句施事(而不能像普通话"给"一样表受益者),在动词后表示接受者。位置的差异显示施事标记不可能是从接受者标记直接发展来的。事实上,这种"拨"的发展途径是"给予义－允许义－被动施事义"。首先,给予的受事如果由物体换成行为,就自然产生允许义。比较:

(12) a. 我拨俚饭吃。'我给他饭吃'
　　 b. 我拨俚吃饭。'我让他吃饭'

允许的对象自然是后一行为的施事,假如该行为的受事又恰好是全句

的主语,就造成了作允许和被动双重理解的结构环境,经重新分析便成为被动句,如:

(13) 倷就拨俚骂吧。'你就让他骂吧/你就被他骂吧'

北京话也常用使动－允许动词"让、叫"作被动句主语标记,与苏州话异曲同工。

跟被动句相对的"把"字句,苏州话用表示工具的前置词"拿"兼作受事标记。因为跟普通话"把"的用法基本对应,不再详论,可参阅拙作(1997:2—4)。

11.2 后置词系统

11.2.1 时空类后置词(1):用于指人 NP 或时地专名的后置词

时空类后置词分成互补分布的两类,一类主要用在指人 NP 后,包括"搭、咾"等,另一类是由方位名词来的,一般不能用于指人 NP 后,以"浪、里"为代表。

"搭"[taʔ]是完全虚化的后置词[1],此外还用作处所量词,如"一搭地方"。后置词"搭"可以加在指别词后构成处所指代词和处所疑问词,如"该搭[kE44-45 taʔ5-2]/埃搭[E44-45 taʔ5-2]这里、归搭[kuE44-45 taʔ5-2]/威搭[uE44-45 taʔ5-2]那里、牾搭[gəʔ² taʔ5-2]这里/那里、哪搭[no²³ taʔ5-2]哪里"。英语中相应的 here,there,where 在生成语法中被分析为带零介词的 PP 或只有介词没有宾语的 PP(Napoli 1993:138),因为它们的功能相当于一个 PP。苏州话中的"搭"是显性的后置词,带"搭"的处所代词就可以直接看做词化的 PosP。"搭"的主要句法作用是加在任何指人的 NP 包括人称代词后,赋予该 NP 处所题元,如(14)。重要的是,"NP 搭"经常不需要前置词,直接在句中充当方所状语,如(15)。

(14) a. 我刚刚勒小王搭/一个老同学搭/俚搭字相。'我刚才在小王那儿/一个老同学那儿/他那儿玩'

b. 倷从啥人搭/哪个老同学搭转来?'你从谁那儿/哪个老同学那儿回来?'

c. 倷个物事就放勒我搭/伲搭吧。'你的东西就放在我这儿/我们这儿吧'

(15) a. 我外甥赵朴斋末,陆秀宝搭吃过一台酒。《海花》十二回'……在陆秀宝那儿请过一台酒'

b. 庄荔甫请耐陆秀宝搭吃酒,耐阿去?《海花》十二回'……请你到陆秀宝那儿喝酒,你去不去?'

c. 善卿道:"就双珠搭去坐歇末哉。"《海花》十二回'……就到双珠那儿坐一下吧'

d. 我为仔第一转,绷绷俚场面,就罗个搭借仔十块洋钱拨俚。《海花》十二回'我因为是第一次,撑撑她的场面,就从谁那儿借了十块大洋给她'

(15)中的"NP 搭"分别表示行为处所(在)、方向终点(到)、源点(从),都没有用前置词,因为"搭"本身作为后置词就具有介词的功能了。这些句子在普通话中较难省去前置词,而在苏州话中只用后置词很自然,所以大量写入经过推敲的小说语言。

"哚"[toʔ](又作"朵、笃"等)和"搭"[taʔ]仅主要元音不同。潘、陶(1999:45)、钱乃荣(1999:74)都相信"哚"是"搭"的变体,因为"哚"兼处所成分和代词复数后缀,而其他吴语中与"搭"有关的成分也常兼这两种身份。不过,"哚"早在几百年前的文献如《三笑》中就存在,现代苏州话中"搭、哚"也并存而有分工,无论两者是否同源,共时上已是两个词,而非同一个词的变体。

11.2 后置词系统

"哚"是第二、第三人称代词的复数后缀:倷[nɛ]你(也作"耐")—唔哚[n²⁴ toʔ]你们,俚[li]—俚哚[li toʔ]他们。第一人称单复数是:我[ŋəu]我—伲[ɲi]我们(也作"倪"),"伲"来自早先"我里"的合音(《三笑》作"吾里")。严格说来,吴语的代词复数后缀不是真的复数,而是集体或集合(钱乃荣 1999 称为"群集",甚妥)。所以它也能加在人名后,如"小强哚",表示小明所在的一群人(临时的或固定的),也可指小明一家人,而不是若干个名为小强的人。一家人的意思又通"家里"的意思,由实体 NP 兼表方所。指人 NP 加"哚"都有这种用法,如(16)(17)(例 16 取自石汝杰 1999:90),复数代词在早期苏州话里也可以用作处所题元,如(18):

(16) 今朝头还要到七老官朵去个哉。《三笑》p15 '今天还要到老七那儿去呢'

(17) 姆妈勒隔壁王好婆笃讲闲话。'妈妈在隔壁王奶奶家说话'

(18) 伲=伲明朝去吃酒,请耐=倷六点钟到俚笃。《海天雪鸿记》六回

当代苏州话已经不常用"NP 哚"表处所,而一律用"NP 搭"或"NP 屋里"。不过复数后缀和表家里的处所语素同形是北部吴语区中相当普遍的现象,看表 11-1:

表 11-1 北部吴语复数后缀与处所语素的一致性:

普通话	他	他们	在他家里	小明家里	他那儿	小明那儿
苏州	俚	俚哚	勒俚哚(旧)/勒俚哚屋里	小明哚/小明搭	俚搭	小明搭
上海	伊	伊拉	辣伊拉	小明拉/小明㟂搭	伊㟂搭	小明㟂搭
无锡	佗	佗里	来佗里	小明里/小明搭	佗搭	小明搭

上表显示,复数后缀同时是表示"家里"义的处所后置词,所以"他们"和"他家里"同形。另外也可看到,三种方言都存在复数后缀和"搭"的分工。"NP 搭"泛指某人所在的地方,或是家里,或是当时所在的任何地

方,而"NP 笃/拉/里"专指家里。

在苏州方言中,比"搭、哚"意义更加实在的名词"场化地方"(现常说"地方")和"辰光时候"也有了相当程度的语法化,这是吴语研究者至今未重视的现象。"场化"的一个特殊用法就是加在地名之后使之成为方所题元。如:

(19) 上海场化要寻点生意也难得势哚。《海花》十二回'在上海要找点生意也难得很呢'

由于地名后既不能加"搭、笃",也不能加方位词,"场化"成为适合地名的后置词:

(20) 我勒工厂里/小张搭/山东场化蹲过。'我在工厂里/小张那儿/山东呆过'

说这种"场化"是后置词的一个结构依据,是这种用法的"场化"前不能加定语标记"个的",而作为核心名词的"场化"都可以加"个"。比较:

(21) a. 我个场化蛮远个。'我的地方挺远的'
 b. 我勒桂林(*个)场化工作过。'我在桂林工作过'

在语义上,这种"场化"没有增加任何实在意义,只是更明确地表明该地名在此处是方所题元,所以在普通话中完全不必用"地方"一类名词来对译。

"辰光"近似于普通话"时候"。普通话"时候"已经用作时间题元或时间小句的标记,Gasde(1998)指出"的时候"可以是时间后置词。"辰光"也一样,而且在 VP 或小句后可以不加定语标记"的",可见"辰光"比普通话"时候"更不像名词,比较:

(22) a. 〈苏〉俚哚嫁出去辰光,拣中意点末拿仔去。《海花》六回
 b. 〈普〉她们嫁出去*(的)时候,挑中意些的就拿了走。

此外,"辰光"也有类似后置词"场化"的用法,它经常用在朝代名称或历

史事件名称后表示时间题元,一般也不加"个",如:

(23) a. 唐朝辰光中国国力穷很强。

b. 文化大革命辰光侬还小勒你还小呢。

"场化、辰光"等名词的虚化(后置词化)形成了跟方位后置词、处所后置词("搭、哚"等)的分工配合,使吴语中所有类别的 NP 后都有合适的时空题元标记可加,形成一个更加发达而严密的虚词子系统。而在普通话中,时空后置词基本上限于方位词,在指人名词和地点名词后仍没有合适的后置词可用。

11.2.2　时空类后置词(2):来自方位名词的后置词

时空类后置词的另一重要来源是方位名词。方位后置词通常不能直接加在指人 NP 上,跟专用于指人 NP 的"搭、哚"等形成互补,不过也有个别"越界"现象,如方位来源的"里"在绍兴话(详 13 章)、无锡话中就可以加在指人 NP 上。方位后置词以"浪上、里"为代表,其语法化程度最深,虚得比普通话的"上、里"更彻底。

"浪"[lã]是"上"[zã²³¹]作为方位后置词的变体,因为专用于后置位置而不存在单字调。两种读音分布完全不同,不能互相替换(见10.2.2)。所以后置词"上"在清代中期以来的苏白文学中一直写作"浪",语感上已视为有别于"上"的另一个词。由于"浪"除了后置没有其他作用,因此毫无名词性,完全无法像普通话语法书那样归入名词特殊小类的所谓"方位词"。当代苏州话"浪"还有一个交替形式"浪向"[lã çia],当是从先它而存在的"里向"类推出来的(见下面"里/里向"的讨论)。"浪向"仍是纯粹的后置词,如"台子浪向"。苏州话能说"台子个上头",但决不说"台子个浪向"。可见"浪向"毫无名词性,也没有独立的声调形式。

作为后置词,"浪"不能加在指人 NP 后。事关人而需要用后置词时,就用上文刚刚分析过的"搭"。"搭"表示的是某人所在之处。假如需要以人本身为方所题元,则通常会在指人 NP 后加"身浪"、"面浪"或"头浪",如"任务落勒小王**身浪**"、"倷看勒我**面浪**你看在我分上"、"经理怪到我**头浪**"。"身、面、头"本是人体部位关系名词,但在此处已是黏着语素。"身、面、头"这些人体部位关系名词作为名源介词的常见来源在这里已经有所语法化,与后面的"浪"组成一个复合后置词,也属于 C. Lehmann(1995)所说的"强化",即对已虚化成分用比它实的成分强化,形成多层虚词的叠用。

在句法功能上,"NP 浪、NP 身浪、NP 面浪"等单位跟"NP 搭"一样,既可以用在"勒"等前置词后,也经常作为 PosP 独立充当一个方所题元,而且比普通话更常这么用,也就是说更不依赖前置词。例如下列 PosP 单独用作方所状语的例子,全选自文献:

(24) a. 俚朵总要千人石浪坐轿个吓。《三笑》p44'他们总要在千人石上坐轿子的吧'

b. 还你大船浪去吃夜饭末是哉。《三笑》p54'肯定让你到大船上去吃晚饭得了'

c. 昨日夜头,保合楼厅浪阿看见个胖子?《海花》三回'昨晚上,在保合楼厅上看见个胖子没有?'

d. 阿姐,阿要榻床浪来坐?《海花》三十五回'姐姐,要不要到榻床上来坐?'

e. 前日子为子伙计淘里边财物浪勿均匀,破子面。《三笑》'前天因为伙计之间在财物上不均匀,打破了脸'

f. 故歇为仔气头浪说说罢哉呀。《海花》三十四回'刚才是因为正在生气的当口说说而已'

这些例句翻译成普通话最好加进"在"或"到",其中 a—d 诸句的 PosP 实指具体方位,e—f 则是抽象的方所义,e 表示"在财物方面",f 以空间隐喻时间，"头浪"是一个复合后置词，是"气/头浪"，"气头"不成一个单位。"浪"本身也可以介引时间，如：

(25) 王老爷讨仔娶了张蕙贞哉，就是今朝日脚浪讨得去。《海花》三十四回'……就在今天娶过去'

"今朝日脚浪"直译就是"今天日子上"（比较英语表日期的 on）。此例中时间题元借用方位后置词却不用前置词，再次显示后置词在吴语中的重要性。

复合后置词"面浪、头浪"的某些用法已由方所范畴引申到更抽象的非方所性题元。像(24f)"头浪"表示时间范畴的同类表述还有"火头浪、热头浪"等。"面浪"的用法可以离方位题元更远，许多例子宜于译成普通话对象前置词"对"，如：

(26) a. 讲到小娘倢儿面浪做工夫介，第一要做人真道地……《三笑》p34 '讲到在女孩子身上下工夫/讲到追求女孩子……'

b. 小干倢小孩儿面浪刻薄勿得个。《三笑》p35 '对小孩不能刻薄的'

c. 我劝你不要我辈面浪做工夫哉。《三笑》p84 '……不要在我们这种人身上费心了'

d. 只要倪先生面浪交代得过……《海花》十一回'只要在我们先生那儿交代得过去/只要对我们先生交代得过去……'

e. 我看耐要几花洋钱来放来咪箱子里做啥，阿是我面浪来做人家哉？《海花》十五回'我看你想要这么多钱放在箱子里干吗，是不是对我来节省了？'

f. 无姆面浪总算我有交代。《海花》四十九回'对妈（鸨母）我总算有个交代'

与此密切相关的是，我们发觉在《海花》中，真还找不到"对"有"对他好"、"对他交代"这种对象前置词用法。书中"对"仅有的个别前置词用例也是表示方向的"对……跪"这类。可见普通话前置词"对"表示的对象关系,在老苏州话中主要是由复合后置词"面浪"表示的,这些用法沿用至今,与后来从普通话中引进的"对"的对象用法并存。

再看"里"。苏州话有一个方位名词"里向"[li$^{31-22}$ ɕia^{-55}],表示里面,可以单用(不同于不能单用的"浪向"),而"里"则只能作后置词。如"里*(向)有人"和"房间里有人"[2]。清代中期的《三笑》中尚未发现"里向",到清末的《海花》,大致为方位名词用"里向",后置词用"里",但"里向"也在"屋里向家里"、"日里向白天"等较固定的组合中作后置词。当代苏州话后置词用"里"和"里向"很自由,方位名词则只能用"里向"。今天有而《三笑》、《海花》中尚无的"浪向"估计是在"里向"的类推下出现的,两者也都用于时间词语,如"日里(向)白天、夜里(向)晚上"、"早浪(向)早上、中浪(向)中午"。

像"NP 浪"一样,"NP 里(向)"短语也是既能用在"勒"等前置词后,又经常单独作状语。我们只就后一种情况略举数例:

(27) a. 等俚哚亭子间里吃,耐搭我坐来浪。《海花》二十一回
'让他们在亭子间里吃,你和我坐在这儿'

b. 同客人约好仔,索性花园里歇夏。《海花》四十八回'同客人约好了,索性在花园里度夏'

c. 自家勿声勿响,就房间里点仔了对大蜡烛拜个堂。《海花》五十三回

d. 价末喊俚进来哉呀,天井里去做啥?《海花》四十六回
'那么喊她进来呀,到院子里去干吗?'

注意(27b、c)中 PosP 前虽然是副词,但仍然不需要用前置词。

吴语 PosP 单独充当动前状语的能力比普通话强,而后置词正好在状-动之间的中介位置;但在动词后,处于中介位置的是前置词,这

时吴语就很难省略前置词而单用 PosP。苏白小说中几乎找不到"坐椅子上"、"放房间里"这类在普通话中挺自然的结构。

"里"的语法化并不到此为止。与"面浪"这类复合后置词相似，"里"也有复合后置词。最重要的是"淘里"[dæ li]。这也是一种强化的产物。

"淘里"的"淘"本指伙伴，偶尔单用，如"有一个淘"。更常用于复合词，如"搭淘结伴、轧淘结交伙伴、淘伴伙伴、一淘一伙，一起"。"淘里"字面上的意思是伙伴之间，其实已虚化成表示任何人"之间"的复合后置词，如"朋友淘里、亲眷淘里、兄弟淘里、夫妻淘里、同学淘里、对手淘里、冤家淘里"，有点像英语的 between 或 among，但主要只用于指人名词。像其他方位后置词一样，"…淘里"前可以加前置词"勒"，但更常不用前置词而直接充当状语。如：

(28) a. (勒)朋友/同学/同事淘里在朋友/同学/同事之间，大家应当客客气气。

    b. 我搭小张淘里一点矛盾呒拨。'在我和小张之间一点矛盾也没有'

    c. 方巾旧衣破乌靴，介立所以善人淘里叫大哥哥。《三笑》p15'……所以在善人们中间称大哥'

    d. 倪朋友淘里，间架辰光也作兴通融通融，《海花》三十一回'在我们朋友之间，困难时候也应当互相帮助一下'

    e. 七姊妹淘里阿有啥好人！《海花》四十九回'那七姊妹中间会有什么好人吗'

下面 11.2.3 还将讨论"淘"本身的一种后置词功能。

"里"由方位名词还发展出词缀的作用。由关系名词到介词到词缀正是一条常见的虚化链。词缀作用之一是作为中缀构成单音节形容词的"A 里 A"式构形形态，表示程度达到极点，如"人好里好"、"塔造得高里高"、"菜卖得贵里贵"等。"里"还作为后缀用于早期苏州话副词性的"AA 里"式,如"好好里写、慢慢里走、暗暗里拨俚给他"。比较副词"私下里、暗地里",这些"里"正体现了由方位义到副词后缀的中间环节。当代苏州话"AA 里"已被"AA 叫"取代,无锡话至今仍用"AA 里"。

11.2.3 其他题元性后置词

下面讨论有方言特色的非时空义后置词。先从刚讨论过的"淘"说起。

"淘"由表示伙伴的名词发展出量词用法,"一淘"相当于"一伙",如:

(29) 倪一淘人就挨著俚运气最好。《海花》三十七回'我们一伙人
就轮到他运气最好'

由"一伙"义又引申出"一起、一道"的副词义[3]。7.3.3 指出普通话表示伴随者题元的"跟/和/同"经常和动词前的"一起、一道"等构成框式结构,表示共同性行为。很多情况下"一起"等是不能省略的。苏州话用在"搭⋯一淘"中的"一淘"尤其不能省,因为单独的前置词"搭"主要是受益者标记。比较:

(30) a. 〈普〉我昨天跟他(一起)写了篇文章。

　　 b. 〈苏〉我昨日搭俚写仔篇文章。'我昨天为他写了篇文章'

　　 c. 〈苏〉我昨日搭俚一淘写仔篇文章。'我昨天跟他一起写了篇文章'

这种用法的"搭⋯一淘"在文献中很多,如:

(31) a. 今夜头搭罗个一淘困局介?《三笑》p6'今晚跟谁一起睡觉呢?'

　　 b. 耐阿是搭松桥一淘来浪白相?《海花》三十回'你是不是

跟松桥一起在玩?'

"搭⋯⋯一淘"虽然是个临时框式介词,但"一淘"本身仍是可以单独修饰动词的副词,如"一淘去"。特别值得注意的,"搭⋯⋯一淘"在当代苏州话中发生了一个小而重要的变化,在"搭 NP"后的"一淘"可以省略为"淘",从而彻底区别于作为副词的"一淘"。比较:

(32) a. 伲今朝*(一)淘走吧。

b. 我今朝搭倷你淘走。

"一淘"变成单音节"淘"后,韵律层次切分也跟着变化。"一淘"在"搭NP"后靠后靠前念两可,因为其身份在副词和后置词的过渡状态,而单音节的"淘"只能靠前念,变成了真正的后置词。下面用竖线表示可能加进的停顿:

(33) a. 我今朝搭倷| 一淘去。～我今朝搭倷一淘| 去。

b. *我今朝搭倷| 淘去。～ 我今朝搭倷淘| 去。

这个完全语法化的后置词"淘"广见于苏沪吴语,但在普通话中没有对应成分。"淘"的直接源头是副词"一淘",所以是典型的副源后置词。

表示等比和比喻的框式介词"搭⋯⋯一样/实梗这样"由伴随者前置词"搭"加后置词构成,相当于普通话"跟⋯⋯一样/那样"。表比喻时前置词也能用动词性更强的"像/赛过好像"。现在等比/比喻后置词最常用"实梗"的合音形式"丈",而方式程度指示词更常用前面再加指示词的"埃丈这样"等双音形式,"丈"有成为专用后置词的趋势[4]。如:

(34) a. 个小干儿个手臂搭甘蔗丈细。'这个孩子的胳膊像甘蔗那么细'

b. 俚个心赛过菩萨丈好。'他的心像菩萨一样好'

在等比及比喻方面,老上海话的框式介词是语法化程度更高的。它主要用"像⋯⋯能"。下面是早期文献中的若干用例。

(35) a. 并且相陪太子出入迎接,费时勿少,所以勿能够如同

　　　　　前头能默想。sm0003wr
　　　b. 闻得之听说了父亲个的死信，声色勿变，勿像别人能哭
　　　　　天哭地。sm0003wr
　　　c. 又像耶稣能，喜欢卑贱穷苦遭著烦难，为救人个的灵
　　　　　魂。sm0015wr
　　　d. 伊看见上帝个的圣灵，像鸽子能降到伊身上。
　　　　　sm0020wr
　　　e. ……猫勿像狗能大啥和凶。tx0038wr

"能"的语源为"恁"，在近代汉语中作方式－程度指示词，相当于"这么，这样，那样"[5]。上海话除上述用法外还用作方式程度指示词的后缀，如"哪能怎么样、辫能这样"。其实，后置词兼作同一题元的指示词后缀是很正常的，两者都是赋予该题元的标记，区别只在语法化的程度——由介词到词缀是语法化深化的常见轨迹，后者就是形态上已被整合进词内的后置词。其他题元也不乏此例。如普通话方位后置词"里"用于指示词"这里"，上海话处所后置词"搭"用于指示词"辫搭这儿"。上海话"像…能"跟普通话"像…这样/一样"来源是类似的，因为"能(<恁)"的本义也是"这样"，不过上海话"能"语法化程度更深，已不单用，而是纯后置词。"能"的另一用途是作后缀构成副词"AA能"式，如：

　　(36) a. 我愿意替侬你送圣体，侬好好能预备。sm0003wr
　　　　b. 因为过分刻苦，力量慢慢能软弱起来者了。
　　　　　　sm0003wr
　　　　c. 就对神师细细能话说实话出情由。sm0004wr

其他例子还有"细细能、大大能"等。"能"由方式程度类后置词发展出方式程度副词后缀，属于很合规律的虚化链：方式程度指示词→方式程度后置词→方式程度后缀[6]。

当代上海话已不太用"像…能"，而改用"像…介[kA]"或"像…辫

能介",如"俫要像小张(辫能)介用功"。"介"是副词性指示词,表示"这么",如"介用功"。"辫能介"是谓词性兼副词性指示词,表示"这样、这么",如"俫应当辫能介"。"介"取代"能"是语法化中的创新现象,"辫能"说成"辫能介"则是强化现象。

表示差比,苏州话跟普通话一样用前置词"比",也经常加上助动词性或副词性的"要、来得"等组成"比…要、比…来得"等临时框式介词。我们发现,《海花》中的差比句语法化程度还比较低,"比"后经常出现完成体标记"仔",如"人家比仔耐要乖点咪!"(十三回),相当于普通话说"比起你来",不是典型的前置词。老上海话的"比"字差比句语法化程度高一些,带"仔"的情况少一些。下面我们看一下老上海话的情况。在老上海话中,表示差比的"比"多数情况下都会在基准和谓语之间的中介位置用上一个能起联系项作用的成分,形成"比…X"框式介词。下面是对上海话语料库20世纪30年代以前全部文献(约20万字)的统计结果:

表11-2 表示差比的"比"字句与"比…X"框式介词

结构	"比"+基准+AP	"比"+基准+联系项+AP	总计
次数及百分比	22(占35%)	41(占65%)	63

表11-3 老上海话"比…X"框式介词中充当X的成分及出现次数

联系项	还(要)	更(加)	来得	又	要	还要来得	岂勿	总计
数量	14	9	8	5	3	1	1	41

从表中看出,65%,即近三分之二的"比"字差比句是用"比…X"这种临时框式介词来介引的。其中有些X确有语义作用,但如此多的差比句插进X,其联系项作用也是不可忽视的。而且确有很多X没有什么语义作用,仅为中介位置加一个联系项,如:

(37) a. 汽车夫……工钱比别样个车夫来得大。tx0042wr

b. 夏季比冬季要热几倍。tx0042wr

当然,在语料中还有三分之一的"比"字句不用任何 X。这类例子中多数基准是人称代词和人名等简短单词。有时插与不插 X 的句子连用,那 X 必然插在长而复杂的基准后,如(38)中"内地"是单个名词,后面不插 X;"内地弃脱"是一个小句,就插入了"来得":

(38) 上海是中外通商个一个中心咾,通商比内地[　]早,
盖末迷信个事体也应该比内地弃脱来得快,那里晓得更加厉害。tx0042wr

下面回到苏州话。"来",以及一定程度上的"去",作为框式介词的后置词部分在苏州话的工具题元中起重要作用,在间接格受事句("把"字句的对应句)中也起一定作用。当代苏州话用"拿"和"用"在动词前介引工具题元,但在《海花》中只用"拿","用"只作动词(句中的惟一动词或主要动词)。至今苏州话仍只用"拿"对应普通话"把",完全没有用"把、将"作前置词的。表 11-4 是对《海》全书苏白"拿"字作前置词时带"来/去"情况的统计:

表 11-4　苏州话前置词"拿"后带"来/去"的统计

题元	Pre+NP+VP	Pre+NP+来+VP	Pre+NP+去+VP	总计
工具	7 (占 28%)	13 (占 52%)	5 (20%)	25
受事	27 (占 73%)	7 (占 19%)	3 (8%)	37

从上表可见,用"拿"介引工具题元时加"来/去"的达 72%(52%+20%),大大高于普通话 31%的比例(见 7.3.3),而单用前置词"拿"的为 28%,仅四分之一强。可见苏州话强烈倾向于用"拿…来(去)"这种框式介词而不是单用前置词来介引工具状语。下面各举一例:

(39) a. 加"来":转去末拿啥来交代哩?十六回'回去用什么来交代?'

b. 加"去":勿好看末,人家为啥拿几十块洋钱去做俚

嗄?三十九回'假如不漂亮,为什么人家用几十块钱去"做"(固定性地狎妓)她?'

　　c. 不加:拿洋肥皂净脱俚。二十六回'用肥皂洗掉它'

表受事的"拿"字句加"来/去"构成框式介词的为10例(占27%),不加的为27例(73%),普通话"把"字句加"来/去"的应该远不到27%。受事是动词的论元而工具是修饰语(adjunct),前者与动词的关系更密切,加"来/去"少于工具句正体现了句法紧密度象似性。例如:

(40) a. 加"来":耐拿粪角来刷刷哩。十回'把粪角刷刷吧'

　　b. 加"去":故歇这会儿绸缎店个的账一点也勿曾还,倒先拿衣裳去当光仔。六十四回'……倒先把衣服当完了'

　　c. 不加:耐你倒硬仔了心肠,拿自家称心个人冤枉杀仔。三十四回'……把自己喜欢的人冤枉死了'

普通话被动句很少插入"来",苏州话中则常在"拨"字介引的施事后插入"来",如(41a, b)。有趣的是,同样的内容,当施事后面出现有后置词性质的"里",就不再用"来",如(42)。

(41) a. 赛过好像拨一只邪狗来咬仔了一口,也无啥要紧。《海花》九回

　　b. 前年还寻着一头生意,刚刚做仔两个月,拨新衙门来捉得去。《海花》二十一回

(42) 就是苏冠香哉哩,说拨新衙门里捉得去哉。《海花》二十六回

在工具题元和间接格受事的框式介词方面,老上海话也有相近的表现。20世纪初的老上海话工具标记有"担、拿(早期也写作'拏')、用"三个。相当于"把"字的受事标记,老上海话有"担、拿"两个。下表反映了这几个前置词在老上海话(约20万字语料)中出现时带"来/去"的频率:

表 11-5 老上海话工具及受事前置词带"来/去"的统计

前置词 Pre	题元	Pre+NP+VP	Pre+NP+来+VP	Pre+NP+去+VP	总计
担	工具	1(占 14%)	6(占 86%)	0	7
	受事	17(占 89%)	2(占 11%)	0	19
拿/拏	工具	8(占 47%)	8(占 47%)	1(占 6%)	17
	受事	126(占 88%)	11(占 8%)	6(占 4%)	143
用	工具	55(占 42%)	68(占 52%)	8(占 6%)	131
三词总计	工具	64(占 41%)	82(占 53%)	9(占 6%)	155
	受事	143(占 88%)	13(占 8%)	6(占 4%)	162

11.2.4 定语后置词:介词兼作定语标记

本书取马建忠、王力等的观点,把介引名词性定语的"之、的"也看做一种后置介词,列为一级抽象度的纯联系项介词(见 9.2.1)。普通话"的"是各种定语的标记,其苏州话对应词为"个"[kəʔ](或作"格、葛"),如"小张个书"。不过,苏州话介引定语的手段比普通话多样,下面讨论方位后置词兼作定语标记的现象。其他手段参阅刘丹青(1986)。

在普通话中,方位后置词短语充当定语时要加"的",形成抽象度三级和一级的后置词连用的情形,如"桌子上*(的)茶杯"。只有词化的熟语才可以不用"的",如"水中月、镜中花、房中术、性情中人、心上人、人上人、心里话、楼外楼"等。在苏州话中,方位后置词短语作定语可以加"个",但也经常仅靠方位后置词特别是语法化程度最高的"浪"和"里"兼作定语标记,取自《海花》的(43)、(44)分别由"浪、里"连接临时性的定一名短语:

(43) a. 耐你看我马褂浪烂泥马褂上的泥巴,要俚赔个啘!一回

b. 啥人勿晓得上海滩浪沈小红先生上海滩上的沈小红先生。

c. 一只嘴张开仔了/着，面孔浪皮才牵仔拢去脸上的皮都抽拢了。十五回

(44) a. 有个米行里朋友米行里的朋友，叫张小村。一回

b. 听俚闲话末好像蛮会说，肚皮里意思肚子里的学问倒不过实概这样，如此。四十八回

c. 俚哚说同皇帝屋里观象台皇帝家里的观象台一个样式，就不过小点。五十二回

据江蓝生(1999a)，普通话的"的"来自方位后置词"底"。假如这属实，倒是语法化中常见的处所主义现象。苏州话"浪、里"等方位后置词发展出定语标记的用法也是非常自然的语法化路径，比普通话的"上、里"等走得更远了一步。从类型学的角度看，介词的首要功能是介引NP给VP，至于PP作定语时，恰好位于中介位置的介词是否兼作定语联系项，则因语言而异，如英语的前置词兼作定语联系项，日语则不兼，作定语的后置词短语后需另加定语标记 no(参阅 4.2.3)。在这点上，苏州话"马褂**浪**烂泥"同英语模式，后置词"浪"(上)相当于 on，兼定语标记(语序则为英语的镜像)；"马褂**浪个**烂泥"则同日语模式，"浪"相当于 de，而"个"相当于 no。

11.3 多功能的前后置复合词(PPC)

11.3.1 PPC 的内部结构

由存在动词/前置词"勒"带处所后置词构成的 PPC(pre-postposition compounds)复合词在苏州话及许多南方汉语的句法中都扮演活跃的角色。吕叔湘(1984[1941])最先提到近代汉语"在里"与苏州话此类复合词的共同点。20 世纪 80 年代以来，有不少文献或者专论苏州

话、上海话的这类结构,如于根元(1981)、巢宗祺(1986)、平悦铃(1997)、徐烈炯、邵敬敏(1998)等,或者在讨论体范畴时论及这类词的作用,如张双庆主编(1996)中石汝杰(苏州话)、游汝杰(杭州话)、曹志耘(金华汤溪)、潘悟云(温州话)、陶寰(绍兴话)、刘丹青(东南方言比较)等文。上述论著对此类词的内部结构及句法表现已作了很细的描写分析。下面根据本书语序类型学和语法化的主旨对苏州话中的有关现象再作一些分析。

PPC 都是双音节词。前字限于"在"义词"勒",其后字则有"里、浪、哚、海、搭"。在《海花》及以前的苏白文学中只见前四个词。今天的苏州话则主要使用"勒浪、勒海",中派以下极少用"勒里、勒哚",但偶尔使用"勒搭"。后字都是方位处所后置词或后缀。"里、浪"是最常用的方位后置词,"哚"是指人的复数－群集后缀兼表家里的方所后置词,"搭"是用于指人 NP 的基本方所后置词。11.1.2 都讨论过。惟一需要说明的是"海"[h$_E$]。"海"的本字当为表示场所的"许",比较"锯"白读[k$_{E44}$](说详梅祖麟 1995 和潘、陶 1999)。"海"在苏州话里虽没有后置词用法,但老派及附近方言有"东海东边、东头"、"南海南边、南头"一类说法,上海老派则"海"加"头"作后置词,作用同苏州话"搭",如"小明海头小明那儿"。因此,PPC 的后字都是可以作后置词或在邻近方言中可作后置词的成分。

"勒"在句法上没有与 PPC 的后字直接组合的机会,因为这些后置词都不能单用。例如"浪",只作后置词,在其他位置上它都要念"上"。"里、海、哚、搭"等也不具备后置词和后缀以外的用法。巢宗祺(1986)提出这些复合词是由"缩合"的方法构成的,例如"勒学堂里→勒里"、"勒 XX 海头→勒海"等。用本书的观念说,就是 PPC 起源于"勒"和后置词短语的组合,因其中 NP 或名词语素的省略而构成,即:

(45) a. "勒浪"来源:坐勒凳子浪坐在凳子上→ 坐勒浪坐在那儿,坐

11.3 多功能的前后置复合词(PPC)

着(见刘丹青1996)

b. PPC 总体产生过程：前置词＋NP＋后置词/处所后缀→前置词＋后置词/处所后缀

这样看来，PPC 本质上是一种紧缩的(词化的)VP 或 PP。不过，当它们凝固成词后，它们在结构和意义两方面都出现了对其来源的突破。结构突破表现在 PPC 后还可以出现完整的 PosP，造成叠床架屋，如(45a)可说成"坐勒浪凳子浪"。在意义方面，出现了难以用语源直接解释的有趣的距离指示意义，形成了存在动词和前置词的距离形态。

在使用4个 PPC 的《三笑》和《海花》中，4个词在语义上分工明确。"勒里"近指，表示"在这儿"。"勒哚"远指，表示"在那儿"。"勒浪"不分远近，用于无须强调距离时，就表示"在"。"勒海"表示范围，相当于"在内"。先看远近对立的用例：

(46) 相公，你立里叹气，只怕你朵个家小_{你老婆}，个歇辰光_{这会儿}立朵骂哉嘘。《三笑》p73

(46) PPC 兼表进行体，相当于普通话"在"，但远近对立明显。描写听话人"相公"是"立里叹气"，即"在这儿叹气"，描写不在眼前的相公之妻则为"立哚骂"，即"在那儿骂"。到《海花》中这种分工依旧：

(47) a. 听见说杭州黎篆鸿来里。一回

b. 说请洪老爷带局_{伴酒妓女}过去，等来哚。三回

(47a)指杭州人目前在对话者所在的上海，由远变近，所以用"来里"。
(47b)是叫人在将去的目的地等着，属远指，所以用"来哚"。

"勒浪"用于不需要强调远近对立的场合，如：

(48) 醒转来听听，客堂里真个有轿子，……有好几个人来浪。

《海花》十八回

说话人听到隔壁的声音，又无另一位置与之相对，无所谓远近，所以用"来浪"。

"勒海"是如今苏沪吴语用得最多的 PPC，但在《海花》中出现得极少，一共 3 例"来海"，全都有"在内"的意思，表示范围甚于表示方所。如：

(49) a. 先到东兴里李漱芳搭那儿，催客搭和叫局叫妓女陪酒席一淘来海一起在内。七回

b. 勿多几个人，倪两家头也来海。十八回'没几个人，我们俩也在里头'

PPC 的距离指称义从何而来？至少"勒里～勒哚"的近远对立已被我们找到解释。苏州话复数后缀"里"用于第一身（"我里"后来合成"伲"），"哚"用于二、三身（见 11.2.1）。从中可以发现远近指的来历：第一身配近指、第二第三身配远指，极为自然。换言之，PPC 的远近对立与"里、哚"本身的语义无关，而与它们作复数后缀兼处所后置词时一种不规则分布有关。这也进一步证明 PPC 中的前字"勒"并不直接支配后字，而是支配整个后置词短语或带后缀的处所指示词，尽管其中的 NP 或代词语素已经省略。

11.3.2 PPC 用作存在动词

PPC 首先是一种紧缩的存在动词短语，可以充当谓语，相当于普通话的"在(这儿/那儿)"，其中的"勒"不能单独作谓语，必须带上 PPC 的后字。比如普通话问"小张在吗？"，答"在"。苏州话可以问"小张阿勒里/勒浪/勒海"，答"勒里"等等，但不能问"小张阿勒？"，也不能答"勒"。假如后面有处所宾语出现，则存在动词可以只用"勒"，如"小张勒埃搭在这儿"，"俚现在勿勒不在上海"。由此可见存在动词单用时要求带 PPC 后字，既非语义要求，也非构词或构形要求，而是一种句法性要求。

不过曾有一度，"勒"带后置语素似乎确为形态性要求。数百年间，

它经历了有趣的"可单用→须带 PPC 后字→可单用"的曲折过程。在现在能见的最早苏州话文献中,如明代的苏白剧本中,"勒"(当时为"拉")后可以单独带处所题元,如《钵中莲》第 8 出中的例子(转引自石汝杰 1996a:105):

(50) a. 里厾＝俚哚,他们住屋就拉隔壁。

　　　b. 拉玉皇大帝面前,千讨万讨……

从清朝中期的《三笑》到清末的《海花》,"勒"失去了单独带处所题元的功能。无论作为动词还是作为前置词,"勒"都成为黏着语素,离不开 PPC 后字。先看做谓语的 PPC:

(51) a. 你一向勒朵啥场化?《三笑》p22

　　　b. 八位娘娘才勒朵内厅浪都在内厅上哉,介勒所以请大爷进去。《三笑》p2

　　　c. ……问:"烟盘来哚陆里在哪里?"郭孝婆道:"原来里床浪蜿还在床上么。"《海花》五回

　　　d. 浣芳道:"阿姐困来哚陆里嗄?"玉甫道:"哪,来里该搭。"《海花》二十回

　　　e. 来浪陆里嗄在哪儿呢?《海花》二十九回

　　　f. 来浪兆富里,叫文君玉。《海花》三十一回

从语法化的角度看,存在动词兼前置词"勒"必带后置词的现象,使 PPC 后字已经被整合为难以分析的词内要素,进入丧失独立性的更虚化阶段。在 PPC 整体支配一个后置词短语时,后置词实际出现了两次,如(51c)中"来里床浪",直译为"在里床上"。句法上前一个"里"已不再是活的后置词,而是化石化的后置词。此外,在两次使用后置词时,仍有一条避免拗口的原则在起作用,所有用例都排除了同一后置词的重复出现,如(51)中有"来哚…浪"、"来里…浪"、"来浪…里"等,但是没有"来里…里"、"来浪…浪"等出现。

到当代苏州话中,"勒"又恢复了单独带处所题元的功能,如"勒床浪"。

假如不考虑避免拗口的情况,PPC 的发展阶段以"勒浪"为例可表示如下:

勒 NP 浪＞ 勒 NP 浪 / 勒浪 ＞ 勒浪 NP 浪 / 勒浪＞ 勒 NP 浪 / 勒浪

PPC 在带处所题元时,距离对立仍或明或暗地存在。比如,问地点的疑问句只能用远指的"勒哚"或中性的"勒浪",而决不用近指的"勒里",因为说话人不知道的位置当然是心理上较远的。由于距离标记不加在 NP 上,而加在 V 上,因此 PPC 后字实际上成了存在动词的距离形态,成为一种距离义的核心标注现象。这种形态不见于普通话,所以其距离含义难以在普通话中译出,比如"勒哚哪搭"只能翻译为"在哪儿",远指义无法译出。

11.3.3　PPC 用作紧缩介词短语

PPC 不但是紧缩的 VP,也是紧缩的 PreP,并且在早期苏州话中也分远近指,近似于普通话作为前置词短语的"在这儿/那儿"。如:

(52) a. 去喊小吴来,说有人来里在这儿找。《海花》十三回

　　　b. 俚搭黎大人来哚说闲话。《海花》十五回'他跟黎大人在那儿说话'

(52)"来里"和"来哚"有远近之别,但是句法性质还是有别于普通话"在这儿/那儿"。PPC 的距离义是由加在前置词上的形态表示的,所以当后面再加带距离义的处所词语时,就形成距离义在动词和 NP 上的双重标注,因此要求保持距离的一致性(agreement),即远配远,近配近。如可以说"勒里该搭、勒哚归搭",却不能说"勒里归搭、勒哚该搭"。而普通话的"在这儿/那儿"是一般的前置词短语,远近距离单纯

由后面的处所成分表示,后面不能再加处所成分。PPC 的距离义是前置词的形态范畴而不是词汇意义,所以它表示处所的功能是比较弱的,常用来回指而不是独立表示处所,所以有时只需体标记来对译。如:

(53) a. 箱子忒重哉太重了,侬你就摆勒埃搭放在这儿吧。

　　　b. 埃搭这儿蛮安全,侬你就摆勒里/勒浪/勒搭放在这儿/放着吧。

(53a)是独立表示处所,所以用"摆勒埃搭",不宜只用"摆勒里"。句法上 PPC 还可以在同一句中已经表明方所成分的情况下使用,如(54),这时 PPC 的功用更偏向于体。普通话"在这儿/那儿"绝不能在这种情况下使用,见(55)。

(54) a. 侬就勒老王搭住勒海吧你就在老王那儿住着吧。

　　　b. 箱子就勒房间里摆勒浪吧在房间里摆着吧。

(55) * 你就在老王那儿住在那儿吧。

11.3.4　PPC 用作前置词

PPC 整体可以用作前置词。实际上,清代苏州话中的"勒"基本不能独立充当方所前置词,需要处所前置词时必须以 PPC 的形式出现,即"勒"必须带 PPC 后字。在当代苏州话中,"勒"经常独立充当前置词,但 PPC 整体用作前置词仍是可以接受的。

PPC 引导的 PP 在动词前,不仅表示行为场所,而且也能表示源点、经由或方向。如:

(56) [丑] 一向立朵啥场化在哪儿发财?

　　　[付] 立朵杭州居来从杭州回来。《三笑》p36

(57) 太太介归心如箭,下船之后,勒里纱窗里边张得出来从纱窗里望外看。《三笑》p45

(58) 耐你要听仔张先生闲话,就来里倪搭就到我们这儿走走,勿

到别场花地方去末,倒也勿去上俚哚当水上他们当哉。《海花》十四回

(56)丑角问句"立朵"表示行为发生的场所,相当于"在",但付角答话"立朵"却介引源点,表示"从杭州回来"而不是"在杭州回来"。(57)的"勒里"表示目光途经处,相当于表示途经地的"从"。(58)"来里"表示方向终点,相当于"到"。以上PPC中的后字已无法分析为后置词;整个PPC也不再能分析为紧缩的PP。

PPC引导的PP在动词后,多表示行为处所的终点或方向,包括行为结束后主体或客体存在的位置。在清代苏州话中,PPC也都带有距离指示义。如:

(59) a. 可惜个这种好关子,留勒朵别场化发卖子了罢留在别处发卖吧。《三笑》p68

b. 但见四乘小轿停立朵千人石浪上。《三笑》p38

(60) a. 我去仔了,耐一干子你一个人住来里栈房里,终究勿是道理。《海花》十四回

b. 台子浪桌上一只自鸣钟,跌笃跌笃象声词,我覅去听俚,俚定归硬是钻来里耳朵管里。《海花》十八回

(61) 我朋友约末约定哉,约来浪初九。《海花》二十八回

当PPC作为动词带处所题元时,PPC后字实际上成为存在动词的距离范畴标记。当PPC作为前置词带处所题元时,其后字成了加在前置词上的距离范畴标记,这是很特别的核心标注现象。

11.3.5 PPC用作体标记、语气词和结构助词

以上几小节讨论的PPC的几种用法都是与介词直接相关的功能。除此而外,PPC发展出几种更虚化的用法,一是作体标记,二是作语气词,三是用如结构助词。前两者都属于非关系性(non-relational)虚词,

11.3 多功能的前后置复合词(PPC)

即有语法意义但不标记句法关系,与本书关注的语序类型学和介词问题没有很直接的关系,所以不拟详述。其中 PPC 在动词前后作体标记分别表示进行和持续的用法已在石汝杰(1996b)、刘丹青(1996a,b)、李小凡(1998)中有详细的描写。用如结构助词的 PPC 是关系从句定语的标记,在研究 PPC 的论文中迄今尚未提及这一用法,下面略加说明。

11.2.4 讨论过方位后置词"里、浪"在苏州话中的定语标记作用。PPC 介引的则是以动词为核心的关系从句,而且核心名词提取的一般是关系从句中的宾语,PPC 在介引小句时仍保留其跟处所有关的句末持续体标记的意义。如:

(62) a. 手里拿仔一本书勒海。'手里拿着一本书'→
  b. 手里拿勒海[ ]一本书穷厚。'手里拿着的那一本书很厚'

(62a)是所谓存现句,"一本书"是"拿"的宾语,"勒海"表示持续体,并轻微保留 PPC 的处所义。(62b)的主干是"一本书厚","一本书"是由(62a)的宾语经关系化而提取出来,作了主句的主语核心,(62b)的其余部分则成为修饰主语核心的关系从句定语。普通话中这样的关系从句后一定要加定语标记"的",苏州话关系从句的 PPC 后(b 句的方括号处)也可以加定语标记"个"。苏州话的特点在于这个"个"经常省略,于是"勒海"等 PPC 就充当了关系从句定语标记,或者说兼有结构助词的作用。文献中这类用例很多,如(63),其中引者标方括号处即省"个"之处:

(63) a. 阳台浪晾来哚[ ]一块手帕子搭我拿得来!《海花》三回
  '阳台上晾着的一块手帕给我拿来'
  b. 耐你看我养来哚[ ]倪子阿好?《海花》五回'你看我生下的儿子好不好?'

c. 耐你吃倪自家烧来喥[ ]菜水_{我们自己做下的菜肴阿好}？

《海花》八回

PPC 在这些例句中兼作结构助词的证据有两个。第一，这种 PPC 在结构上不能省去，否则就要加进真正的结构助词"个"。比较(62b)和(64)：

(64) a. 手里拿个一本书穷厚。

b. *手里拿[ ]一本书穷厚。

第二，其他体标记如"仔"没有这种作用。比较(62)和(65)：

(65) a. 手里拿仔一本书 →

b. *手里拿仔一本书穷厚

《海花》书中有四个 PPC，只有"来喥"有这种功能，所以(63b，c)的关系从句尽管意义上是近指，却没有用近指的"来里"。可见"来喥"作为关系从句的新用法已突破了远近指的选择，是进一步的语法化。当代苏州话主要由"勒海"作这类关系句标记。

11.4 苏州话介词系统的类型特点

一、苏州话前置词大多是动前型的，能用于动词后的仅限于"勒_在"和"拨_给"。

二、"勒"在动词前经常省略，"NP+Pos"构成的后置词短语常常直接作处所状语，这与此时后置词而非"勒"位于 NP 和 V 的中介位置有关。反之，"勒"在动词后不能省略，此时前置词"勒"位于居中位置，一般没有普通话"搁桌子上"这样的说法。这反映了苏州话更遵循联系项居中原则。

三、"勒"语义角色比普通话的"在"等单个介词宽泛，也因此出现了被后起虚词强化和替代的现象。"勒"在动词前可介引处所、来源、经由等题元,在动词后可以介引终点、方向、接受者等题元。动词前的处所性"勒"可以被动词"蹲"强化或取代,形成复合介词"蹲勒"或新的前置词"蹲"。在动词后介引接受者的"勒"被给予动词"拨"强化或取代,形成复合介词"拨勒"或单用的"拨"。

四、与事标记用在动词后,不能像"给"一样用在动词前表受益者。因此,主要靠并列连词兼伴随者介词"搭和、跟"在动词前表受益者。新派苏州话用"帮"代替"搭"的三种作用。两个词在动词后的语法化过程正好相反。"搭"是"动词→并列连词→伴随者介词→受益者介词"。"帮"是"动词→受益者介词→伴随者介词→并列连词"。

五、苏州方言具有发达的后置词系统。方所题元后置词按搭配范围可分三类。1、纯粹虚化的"搭、哚",用在指人NP后。2、方位后置词,特别是只能作后置词的"浪上、里",用于非指人的普通NP后。3、"场化/地方",用于专有地名后(时代名称后的"辰光"性质类似)。三类后置词使各种NP都可以加上后置词成为方所题元,形成整齐的方所后置词系统。与方所后置词有关的还有复合后置词"淘里之间"和"面浪"。

六、与前置词在苏州话中较自由的省略形成对比,苏州话方所后置词具有比普通话同类虚词更大的强制性。

七、方所后置词还发展出定语标记的后置词作用。

八、方所以外的前置词也常与来源和虚化程度不同的后置词构成框式介词,如"搭…淘"、"比…来得"、"像/搭…丈"等。工具题元多数都用"拿…来/去"而不是单个的"拿"介引。"来"还用于"把"字句、"被"字句的对应句"拿"字句和"拨"字句。这些都显示了后置词或框式介词在苏州话句法中更加重要和活跃的作用。

九、由存在动词兼方所前置词"勒"加方所后置词可以构成一组紧缩式复合词(PPC)"勒里、勒浪、勒哚、勒海、勒搭"。PPC在苏州话中句法功能极其多样:可以作紧缩式存在动词短语或介词短语,隐含一个未出现的处所 NP,带有远近距离指示作用;可以合起来构成一个存在动词或前置词,后面再带后置词短语,并使 PPC 的后字成为存在动词或前置词的距离标记。此外 PPC 还有体标记、语气词、关系从句标记等作用。这种词语的存在是苏州话前置词类型和后置词类型并存的产物。

[1] 吴语学界多同意后置词"搭"的本字为"垯"。《集韵》"垯""德盍切,地之区处"。

[2] "里向"常被错写成"里厢",尤其在上海。其实"厢"苏州话老派念 [siã⁴⁴],跟"向"[ɕiã]有尖团声母之别。

[3] 不了解"淘"[dæ²³]字来历的人容易将"一淘"误写作音近的"一道" [dæ³¹]。

[4] "实梗"[zəʔ²³⁻²² gã⁵⁵]是苏白小说中用字,语源当为"是介儿"(鼻音节、鼻韵尾或鼻化是吴语广泛采用的儿化形式)。"介"[ka]是一些吴方言表示"这样"的指示词(如上海话),而无锡就说"梗"[kã],显然是"介儿"。"是"则是代词上的强化成分,代词上加表强调的"是"也是吴语常见现象,如老上海话三身代词用"是我、是侬、是伊"。当代苏州话"实梗"合音成"丈"[zã³¹],合音后前面又可以加指别词成为"埃丈这样"、"威丈那样"(参阅石汝杰 1999:94),"介儿→梗→是梗→丈→埃丈"典型地反映了语法化"弱化—强化"的反复交替过程。

[5] 日母字吴语白读常为鼻声母,如"瓤"音[nã²³],所以"恁"读"能"[nən]完全合规律。写作"能"是从俗。在明清苏州话中,"能"(<恁)也有程度指示词用法,表示"这么",如"**能**着肉这么贴肉"(冯梦龙编《山歌》卷二)、"**能**勿会算计"(《缀白裘》)。现代苏州话"能"已不能单用,但程度指示义还保留在感叹句里的"能个"(如此)中,如"小明**能个**聪明!"上海话没有作指示词的"能"和"能个"。

[6] 这一虚化链在汉语中一再出现。古代汉语的"然"、"尔",由表示"这样"的方式程度指示词,经后置词再虚化为副词后缀。再比较"AA 能"和 11.2.2 讨论

的老苏州话"AA 里",两者都由后置词进一步语法化为方式副词后缀。"AA 里"体现了语言处所主义,意义引申稍显曲折;"AA 能"的引申更为直接,作为后置词和后缀都表示方式程度。在当代苏州话和上海话中,"AA 里/AA 能"被"AA 叫"取代,但"AA 里"仍通行于无锡,"AA 能"仍通行于常熟。"叫"的来历则尚待研究。

12. 上海话的前置连词与后置连词

12.1 上海话连词的前置与后置

以城市人口计,上海是世界上最大语言——汉语的最大方言点,上海话常被视为当代吴语的代表。上海与苏州为邻近城市,介词系统同多异少,上一章也有所提及。而在连词方面,老上海话却表现出明显的前置连词与后置连词并存的类型特色,与前后置介词并存的特点形成高度的和谐,非常值得重视。所以本章着重分析上海话、尤其是类型上更加纯真的老上海话在连词方面的类型表现。

前文 4.4 和 7.5 已经从理论和初步的材料两方面说明,连词是语序类型方面与介词最和谐的参项。学术界以往对连词和介词的类型相关性重视不够,甚至完全不涉及。前置连词、后置连词之分对许多人来说也是全新的观念。上海话的材料正好为我们提供了这方面的难得的例证。

12.2 并列连词的前置与后置

12.2.1 "搭(仔)"与"咾"的并存

并列连词是比介词更遵守联系项居中原则的虚词。试看英语的情况。前置词一般位于核心和所介引的间接题元之间,如 sit *in* the chair,但也有时前置词并不居中,如 *In* the school, I did a lot of things today。而并列连词 and 永远介于所连接的并列肢之间。在汉语中,虽然前置词通常不在中介位置,但并列连词还是永远在中介位置。上海话中同样如此。因此,并列连词的前置和后置,并不表现为语序的差异,而表现为由停顿体现的直接成分关系。4.4 已经说明,并列连词很少真正处于对两个并列肢不偏不倚的"等距离外交"的句法位置,它倾向于只同其中的一个并列肢发生直接成分关系。而连词的前置和后置与其介词类型相吻合:使用前置介词的语言具有前置连词,如英语的 and,使用后置介词的语言具有后置连词,如日语的 to。我们在 4.3 中用停顿测试证明普通话的并列连词"和"(及其同义词"同、跟、与")是前置连词。用停顿测试也能证明连接谓词的"而、并"属前置连词,如可以说"讨论,并通过"、"古老,而神秘",不能说"讨论并,通过"、"古老而、神秘"。这与汉语中的前置介词相和谐。普通话没有真正的后置并列连词,但有虚化度低的后置性关联词语,如"老张也好,老王也好,都不同意"中的"也好",部分体现了跟后置介词的和谐。上海话则有较发达的后置连词系统,包括后置并列连词与前置并列连词并存,跟前后置介词并存的局面完全和谐。

老上海话的并列前置连词和苏州话一样是"搭"或加完成体标记的形式"搭仔"(老上海话文献中常写作"搭之"),当代上海话更常用其语音变体"脱(仔)"及"得(仔)"(更新的说法则是用"帮"作并列连词)。如上海话可说"老张,脱仔小王",完全对应于普通话的"老张,和小王";但不能说"老张脱仔,小王"。然而,"搭(仔)"并不是老上海话并列连接的优势手段。

在老上海话的语料中,大部分并列短语使用的并列连词是后置连词"咾"[lɔ]。可以说"老张咾,老王",但是不能说"老张,咾老王"。最早提到"咾"为连词的是许、汤主编(1988)的语法章(游汝杰执笔),但该书没有明确指出"咾"和"搭"的类型差别——前置后置之别。此外该书语法部分本身比较简略,并且基于"咾"的功能已有所衰落的当代上海话,对"咾"的句法描述不够完整,特别是忽略其最重要的并列连接功能。由于后置连词是一个新的观念,因此下面将重点分析"咾"的句法作用和性质。

12.2.2 后置连词"咾"的句法表现

"咾"首先具有列举性停顿标记的作用,跟吴语中表现活跃的提顿词具有类似的性质;跟普通话"啊"也有相同之处,都能在每个并列肢后使用,形成的"A 咾,B 咾",对应于普通话的"A 啊,B 啊"或"A 啊 B 的"。比较:

(1) a. 亲眷咾,朋友咾,侪来帮忙。~〈普〉亲戚啊,朋友啊,都来帮忙。

b. 伊就欢喜吃鱼咾,虾咾。~〈普〉他就爱吃鱼啊虾的。

其实前置性的并列联系项也有类似现象,如普通话关联副词"又"就有"聪明(,)又勤奋"和"又聪明(,)又勤奋"两种说法。两肢或多肢并用的"咾"还不是很句法化的连词。它总是跟停顿联系在一起,更像是停顿标记。

语料库中和上海话实际口语中大部分"咾"的用例并不如(1)那样,而更符合典型连词的用法。"咾"并不成对出现,后面没有停顿,只是用在两个并列肢之间。假如不进行停顿测试,让没有上海话语感的研究者仅从句法形式看,"咾"与普通话"和"及上海前置连词"搭"并无二致。例如:

(2) a. 论勿要困拉床上看书咾报(课文标题)tw0038wr'论不要睡在床上看书和报'

b. 伊拉勿收啥种费咾号金。tw0040wr'他们不收什么种

(牛痘)费和挂号费'

c. 中饭咾夜饭个後首午饭和晚饭之后也要吃点水果。tw0041wr

d. 天主咾圣母收伊个愿。sm0003wr '天主和圣母接受了他的愿'

e. 碰著生毒疮个的人,圣人有常时有时用嘴来呼吮伊拉个血咾脓他们的血和脓。sm0012wr

f. 到明朝明天,担把前头用个的刀咾剑,献拉给圣母。sm0015wr

g. 天主赏赐我个的恩典,加拉在强盗咾坏人个的身上。sm0017wr

h. 路咾周围环境比老早好多勒了。(田野调查)

例(2)a 句中"咾"用作语体偏雅的"论…"格式的课文标题,当属相当正规的连接手段,不同于"…啊…啊"。普通话课本决不会取"论不要睡在床上读书啊报啊"这样的标题。用"咾"连接的并列短语可以作主语(d,h)、宾语(a,b)和相当于"把"的前置词"担"的宾语(f),可以在定语标记"个的"之前作定语(c,g),也能在"个"之后作被饰的核心(b,f)。"啊"一类列举性停顿标记句法分布没这么广,尤其不能作定语,例如无法将 g 句翻译成"……加在强盗啊坏人啊的身上"。h 句显示"咾"在今天的上海话中依然活跃。

"咾"作为并列连词并没有失去其后置的性质。所以,"咾"偶尔还跟前置连词"搭(仔)"一起出现,共同连接一个并列短语,如(3a);这种双重连词现象还见于课文标题,如(3b);两个连词之间也可以有停顿,前后置性质毕现,如(3c):

(3) a. 伊所用个家生必过他所用的工具不过是一个小网咾搭之一盏手提个的电光灯。tx0037wr

b. 论一个剃头匠咾搭之一只凳子。(课文标题) tx0040wr

c. 第个这两条诫命,是包括全律法咾,搭先知个的总意。sm0039wr

"A 咾搭仔 B"这种连词连用形式与框式介词(如"跟…似的")表面不同,其实有共同之处,即句法上的前后置词并用、语义上的冗余性和语用上的强化效应。

"咾"和"搭"也可以在一个多层并列短语中配合使用,帮助划分层次:前置连词"搭"用于大层次,后置连词"咾"用于小层次。这与"在…上"、"跟…似的"(见 4.2.3)等多数框式介词一样,也是前置词用于大层次,后置词用于小层次。看(4):

(4) 后来圣人个的父亲写信到屋里,叫圣人搭之先生咾兄弟,一淘来碰头。sm0003wr

"叫"的宾语(兼语),首先是"圣人"为一方,"先生咾兄弟"为一方,用"搭仔"连接;然后是"先生咾兄弟"内部用"咾"连接。在"先生"和"兄弟"前实际上都省略了领属定语"圣人",它们都受"搭"的另一并列肢"圣人"的统制,所以可以省略这个领属语,正如"我和弟弟"就表示"我和我的弟弟"。假如先用"咾"后用"搭",如"小王咾小张搭小李",结果仍是"搭"用于大层次,即理解为"小王咾小张"为一方,"小李"为一方。假如两个并列短语之间不构成更大的并列关系,而是修饰语和核心的关系,则"搭"和"咾"可以互换而不影响意义:

(5) a. 还有多化好多图画,显明卫生搭之勿卫生个的伤害咾益处。tx0039wr

b. ……显明卫生咾勿卫生个伤害搭之益处。

上海话的"咾"甚至是比"和"更加全能的并列连词。"和"及上海话"搭"基本上只用于 NP;而"咾"像英语的 and 一样还能用于各种位置的 VP(含 AP)。如:

12.2 并列连词的前置与后置 241

(6) a. 认得万王之王万主之主,一总人个_{所有人的}大父母,恭敬咾奉事伊_他,是最尊贵个_的事体,有啥卑贱咾鄙陋耶。sm0011wr

b. 百姓拉_们个个惊惶咾怨恨官府。sm0011wr

c. 拉夏天个辰光_{在夏天时},应该认耐=忍耐咾静坐。tx0037wr

d. 伊拉一头喊咾一头跑。tx0037wr

e. 後来伊个爷到屋里,小姑娘跳咾跕跑出来话。sm0012wr

f. 貌禄…看见一条铄亮咾美丽得极个_的大路,从地上到天上。sm0013wr

g. 第这个是叫测字摊,专门替别人家占卜好咾㑊_坏个事体个。tx0038wr

(6)a 句前一个"咾"连接合带一个宾语的两个动词,后一个"咾"连接两个形容词。不过两者分别在主语和宾语位置,还不是典型的连接谓词的用法;b—d 句"咾"连接的成分真正在谓语位置;e 句连接表示方式的两个动词,即"跳啊蹦的走出来说","跳、跕=踮,指单脚蹦"作状语的功能也是"咾"带来的,去掉"咾"这些动词无法作状语;f—g 句连接的都是作定语的 AP,其中 f 句用于真正的并列,即"锃亮而极其美丽的大路",g 句用于选言连接,即"好或坏的事情"。

"咾"除了连接 VP,还能连接完整的小句。如:

(7) a. 有两个女小囡_{女孩}拉客堂里_{在客厅里},一个大咾一个小。tx0037wr

b. 王家向来是作生意人家咾张家末历代做官人家。蒲课 p63

12.2.3 后置并列连词"咾"的其他用途

"咾"的后置并列连词因为常用,还派生出了其他一些用途。其中之一是构成一个与并列有关的习语"咾啥",其实就是用虚指(不定指)的"啥"来代替后面的并列肢,表义作用相当于普通话"…什么的"、"等等",如"苹果咾啥",表示"苹果等等"、"苹果之类东西"。这个"咾啥"已经紧密成词,"咾"后面不能再有停顿,如:

(8) a. 方济各听得之_{听说了}朝南千把多里路有貌罗格海岛,出丁香咾啥。sm0012wr

b. 有一个外国人领之了伊个娘娘,小囝咾啥_{他的太太、小孩}等到新世界去勒相玩。tx0038wr

c. 伊个里向_{这里边}放满之了带孝著穿个的白布衣裳,白布裤子,白布裙咾啥。tx0040wr

d. 㑚_你要造堂传教咾啥,我无得_{没有}一样勿许。sm0008wr

(8)a—c句"咾啥"分别用在1至3个NP后。许、汤主编(1988:474)认为"'咾啥'前头一般只列举一、两个事项",从语料看不存在此项限制,甚至存在用于四个以上并列肢后的例子。d句则显示"咾啥"也能用在VP后。

并列连词"咾"还有一种形态化的用法,即构成单音节动词的"V咾V"式,表示动作缓慢反复的持续状态,一般只适合于可视性(visible)具体行为的单音动词。如"一面旗飘咾飘_{飘啊飘}"、"头摇咾摇_{摇啊摇}"。

"咾"作为连词还有许多用法已经超出并列关系的范围,将在12.3.2讨论。

上海话的后置连词"咾"在整个北部吴语区具有代表性。它遍布苏州、无锡、常州、绍兴等方言,通常念"勒"[lə?]。不过,论作用之活跃和频率之高,当以老上海话的"咾"为最。所以 11 章搁置了对苏州话后置连词"勒"的讨论,而把详论留给上海话的"咾"。

12.3 复句关联词的前置与后置

12.3.1 前置复句连词

对于新老上海话复句的连词及其他连接手段,钱乃荣(1997:184—197)有较详细的描写。这里只从语序类型的角度,参考钱著的描写和我们对语料的观察做些补充分析。

像"因为、所以、虽然、但是"这类用于分句之前的前置连词,是普通话复句的主要连接项,但在 19 世纪的老上海话口语中,这类词很少。在钱著的描写中,只有"一头…一头一边…一边"、"要末…要末"、"外加而且"、"葛咾因此"这几个词可以算前置连词(其中"要末"和"葛咾"还含有后置连词"末"和"咾")。它们至今仍在使用,如钱书所举当代的例子:

(9) a. 一头看电影,一头谈朋友。

b. 路介这么远,要末乘汽车,要末乘地铁,走路就忒慢了。

c. 我勿吃伊搿一套他这一套还勿算,外加警告伊他以后勿许搿能这样做。

d. 伊拉他们卖得嗷便宜,葛咾买客去得多。

此外书面上还存在"因为、若使、所以"等显得较"文"的连词。当代上海话使用的前置连词多得多。后起的前置连词先是由"老派从官话书面语中借来"(钱书 194),如"故所以、故而、因得之、倘使、因此缘故、若使、既然、并非、尚且、只消、任凭、不过、一则…二则",其中不少带文雅色彩。"后来新派更是直接从普通话中引用过来"(同上)。

就口语性强的老上海话来说,大量的复句是通过其他手段表示的,其中包括后置连词、关联性副词(如普通话的"就、才"之类)以及某些特殊的句法结构或形态手段。下面集中讨论与复句关联有关的后置连词。

12.3.2 作为复句连词的"咾"

钱乃荣指出,老上海话纯口语的连词,"连接复句里的分句、表示逻辑关系的连词和连接词、短语的连词几乎是相同的。"(钱书 184)。对后置连词来说,这突出表现在"咾"上。它不但如 12.3.1 所示是最重要的短语内并列连词,也是重要的复句连词。

在单句内部,"咾"的作用已不限于上面讨论过的并列或选言连接。"咾"也常用于连动式。连动式的几个 VP 间在语义上可能有方式、目的或递进、转折等关系。如:

(10) a. ⋯ 然后拿笔拔出来咾到砚台上去蘸墨。tx0041wr
   b. 限定三日天要做好咾送去个。tx0041wr
   c. 偶然听得之邪淫个说话,立时三刻面孔红咾昏倒。sm0004wr
   d. 自家想发奋咾读成功。sm0004wr
   e. 不过倘使剃和尚头末,光秃秃咾忒啥难看哉。蒲课 p238
   f. 倘使侬你买二等票咾垃拉在车子里无没没有位子,侬好到头等里去个的。蒲课 38

(10)各句"咾"所连接的 VP 都按行为发生的先后排列,但语义关系不尽相同。a, b 句是比较单纯的时间兼事理顺序(前 VP 的实现是后面 VP 的前提),在普通话中通常不用任何连接项,直接说成"把笔拔出来到砚台上去蘸墨"和"要做好了送去的"。c 句是时序兼递进(脸红而且昏倒)。d 句是时序兼方式-目的(通过发奋而读成功)。e 句是两个

AP 构成的描述,没有真正的时顺,但有认知顺序(先见光头,再觉难看),同时带有因果关系(因光秃秃而难看)。f 句是时序兼转折(买了二等票,却没有座位)。可以认为,"咾"本身只表示两个 VP 之间有相承关系,具体的关系类型是由特定词语在语境中实现的。

连动式(serial verbs)本指多个 VP 不用连接项而形成的结构。使用了后置连词"咾"的结构,严格说来已不属连动,而是几个小句的组合,即所谓紧缩复句。(10)中的句子都能看做紧缩复句,只要"咾"后加上停顿,就成为真正的复句。老上海话中大量复句就是用后置连词"咾"连接的,前后的分句一般都按时序排列,如:

(11) a. 实盖_{这样}看起来人所欢喜个的音乐勿同个的咾,别个_的动物也有实盖个_{这样的}性情。tx0037wr

b. 耶稣就催门徒下船咾,先到对岸去,等伊他散开众人。tx0037wr

c. 伊个_{他的}娘求圣母发愿太平之后来_{之后},抱之了小囡咾,去拜圣母个_的圣室。sm0003wr

d. 第个_{这个}是后嗣,勿如杀之伊_{杀了他}咾,夺伊个_{他的}产业。sm0038wr

然而,"咾"并不是无条件"百搭"的复句连词。首先,"咾"跟其他后置连词有明显分工(详后)。其次,在"咾"所连接的复句中,因果关系获得了凸显的地位,已成为"咾"的一个专门化和语法化的意义。从语料中看,专表或兼表因果关系的复句占了突出的比重,其中既有单用"咾"的,也有同时使用前置连词形成"因为…咾"等框式连词的。看例:

(12) a. 第_{这个}佣人一直是登拉_{待在}乡下个_的咾,第转_{这次}是初次到上海来。tx0037wr

b. 耶稣出去,看见人多咾,哀怜伊拉_{他们},医好伊拉个_的病人。sm0031wr

c. 别人看见伊他小咾,劝伊小心点服侍病人,勿要多亲近。sm0003wr

d. 寻之了半日,幸亏天主默启咾,能够到洞口。sm0013wr

e. 但是因为过分做补赎咾,生起病来者了,勿得勿不得不回到孤病院里。sm0015wr

上面a—c句单纯用"咾"表示原因,d,e则分别加"幸亏"和"因为"更显性地表示原因。不过,"咾"的原因义的专化,不光表现在出现频率,更重要的是句法证据。"咾"本有句中停顿标记性质,所以用作连词的"咾"总是用在两个短语或两个分句的中间,不能用在一个完整句子的末尾。但是,惟独表示因果的"咾"例外。汉语因果句有两种语序类型。"咾"不但可用在"原因＋结果"型的"纪效句"后,而且能用在"结果＋原因"型的"溯因句"末,整句到此为止。而且,"咾"用于句末的情况只适用于因果句。可见"咾"用于因果关系时已突破了提顿词的句法分布限制,成为专用的后置连词。请看下例:

(13)(有一个散种撒种个的人,…)有个落拉有的落在石头地上,泥勿多咾,发芽来得快,为之因为泥勿深咾,日头一出末,就枯憔哉,因为无没根咾。sm0030wr

此例包含三层因果关系。第一层是"因为泥不多,所以发芽较快",属纪效句,单用"咾"表示。第二层是"因为泥不深,所以太阳一出就枯憔了",也属纪效句,用框式连词"为之…咾"表示。第三层是"之所以枯憔,是因为没有根",属溯因句,用"因为…咾"表示,"咾"出现在全句末尾。在语料中,用于纪效句的"咾"经常没有前置连词同现,如(12a—c),因为这时"咾"正好在原因句和结果句的中介位置。用于溯因句的"咾"绝大多数有"因为"一类前置连词相配,因为这时"咾"不在分句间的中介位置,需要前置连词来占中介位置,如(14a—c);只有极少数溯

因句单用"咾",如(14d):

(14) a. 我看侬无啥毛病;但是侬近来身体勿强个的原因,实在因得侬勿运动咾。蒲课 p163

b. 船末么拉在海当中拨被浪打来打去,因为逆风咾。sm0031wr

c. 看个的人大家全笑杀者笑死了,为之因为伊他做来发噱做得好玩咾。tx0038wr

d. 圣人一一忍受,心里快活得极,能够趁此机会效法耶稣咾。sm0015wr

12.3.3 原因句连词"咾"构成的复合词

"咾"作为复句后置连词还能用来构成一些复合词,而"咾"在其中的作用也明显是表示原因,这进一步显示"咾"表原因句的作用已被固化。用"咾"构成的复合词包括关联词语和疑问代词中。"介咾"(现在说"葛咾"),相当于"因此",是个表示结果的前置连词;"哪能咾"、"为啥咾"则是问"为什么"的原因疑问代词,如:

(15) a. 阿哥搭之管伊拉个先生,贪适意咾寻闹热,介咾搭之圣人勿对。sm0004wr '哥哥和管他们的老师,贪图舒服和热闹,因此跟圣人不和'

b. 我勿赞成,葛咾勿参加。(见钱乃荣 1997:186)

c. 侬今朝哪能咾勿开心。

d. 侬是富贵人家出身,为啥咾信从第这个卑贱咾鄙陋个的教。sm0011wr

"介"表示"这样","介咾"相当于"因为这样",其虚化机制跟"因此"相同,本来都是由原因连词带谓语性指示代词构成的原因小句,因为经常依附在后面结果小句前而变成了前置的结果句连词。区别只在于:

"因"是前置词,所构成的"因此"仍是前置连词;而"咾"是后置连词,所构成的"介咾"成了前置连词。再看原因代词。普通话"为什么"来自前置词短语,而上海话"哪能咾"来自后置词短语("哪能"表示"怎么"),"为啥咾"则来自框式介词短语,"为"和"咾"分别是表示原因的前置词和后置词。这些带"咾"的关联词语显示在"咾"的种种连接作用中,原因关系的确已专门化。

12.3.4 用"咾"构成的框式介词

因为"咾"经常用于类似连动式的紧缩复句,所以当其前面的动宾结构虚化为前置词结构时,"咾"也就可能和虚化中的前置词一起构成框式介词,如:

(16) a. 准许伊他照圣母个的命咾做。sm0004wr

b. 侬……必要拉在主面前照侬你所立个的誓咾做。sm0021wr

c. 伊他是靠鬼王咾赶脱鬼个。sm0026wr

d. 话完毕之了,眼睛向之向着天咾死者了。sm0013wr

e. 自然而然望大船咾来。sm0012wr

"咾"和框式介词"用…来"等中的"来"一样,属于一级抽象度,因此在框式介词中范域大于前置词。如(16e)"望大船咾"的结构层次是"[Posp [PreP 望+ 大船] + 咾]"。

12.3.5 作为话题标记的后置连词"末"及其他

"末"是上海话较典型的话题标记(参阅徐、刘 1998:102—119,219—237)。它作为复句后置连词,其实就用在具有话题性的小句后,仍不失其话题标记的性质。条件小句具有话题的性质(参阅 Haiman 1978, Schiffrin 1988),"末"经常用于条件小句。时间小句也具有话题性质(参阅 Gasde 1998),这也是"末"经常出现的句子。这类小句传统上被看做复句中的分句,而"末"又是上海话中表达这些分句的主要手段,所以"末"兼属复句连词。"末"既能单独连接有话题性的小句,也常与前置连词等其他手段配合。

先看"末"用于条件句的例子:

(17) a. 一心一意恭敬末,无没没有一个勿得著得到伊个他的保佑。sm0012wr

b. 吃个的人少末,生意就退班者差了。tx0041wr

c. 倘然第这个人个的脾气是容易发火末,拉在夏天个辰光的时候,应该认耐=忍耐咾静坐。tx0037wr

d. 天气越热末,伊头个那儿的百姓愈加要出=赤身露体,伊拉他们想衣裳著穿得少末,终总会风凉点,那=哪里晓得愈著得薄末,日头愈加晒得进也。tx0037wr

e. 进去辰光时,超过分量末,喊侬你去托运。相反物事东西老很小末,就随身带辣海带着。iw0021av

f. 混凝土一造末,肯定笨重个。iw0007av

(17)各句,a,b 句单纯用"末"表示假设性条件,相当于"假如,只要"。c 句则加上前置连词变成框式连词"倘然…末"。d 句有三处条件关系。一是递变条件关系,用"越…末,…愈加"配合表示;二是普通的假设条件,单纯用"末"表示;三是又一个递变条件关系,用"愈…末,…愈加"配合表示。e,f 句为新派上海话口语。e 句谈论带物过海关的常规,两处都单用"末"表假设条件。f 句谈论建筑风格,用"一…末"表示强调性条件。这说明"末"作为条件句后置连词至今仍很活跃。大体上,普通的假设条件关系常只用"末"表示,也可以加进"倘然"一类前置连词。有特殊意义的条件句,则还需加入"一…就"、"越"、"愈加"等相关的关联词语,但"末"作为更基本的条件句标记仍常出现。

除了"末"以外,其他话题标记也可用于条件类小句(见徐、刘1998:243),但是只有"末"才是表示条件类小句的基本手段,并且是老上海话占绝对优势的手段。

时间句和条件句有很密切的关系。正像英语的 when 和近代汉语的"…时"一样,带"末"的句子在用于习惯性行为时条件和时间实际上是同一的。如(18)例:

(18) 我有空个_的工夫末,我终总要到伊个_他的店里去坐坐咾勃相相_{玩玩}。tx0039wr

其中带"末"的小句,既表示"我有空余时间时",也表示"假如/只要我有空余时间"。当"末"用于真正的事件句时,才会出现明显的时间小句,表示"…以后"。如:

(19) a. …老板接受之_了苏州来定扎个_的三拾四个焰火,限定三日天要做好咾送去个。答应之_了末,箇_这个老板日夜赶紧个_地做。tx0041wr

b. 王小毛啊,侬_你买仔_了药回来末,侬一定要到财务科去报销个_的噢!bc0003av

(19a)是老上海话,用于过去的行为,"答应之末"就是"答应了以后"。(19b)是当今上海话,用于将来的行为。

时间句中的"末"和顺承句中的"咾"看起来都能连接相连续的几个行为句,实际上作用大相径庭。"末"字小句都具有话题性,句子的信息重点在后续分句,"末"字时间句常常属已知信息,只是为了其话题功能而再出现一次。如(19a)中,上文已说老板"接受"了定货,紧接着又用"答应"带"末"作时间小句,内容重复,其实是为下文提供一个时间性话题。(19b)句"买药"也是上文刚决定的事。与之相反,带"咾"的句子通常携带重要新信息,常兼有解释原因的作用。"末"和"咾"的区别有时会造成真值条件的对立,比较:

(20) a. 老王走出去末,吾没看到。

b. 老王走出去咾,吾没看到。

"走出去"和"没有看到"是相继发生在老王身上的行为。(20a)用"末"连接,表示"走出去"是"没有看到"的时间背景,即老王走出去以后还是没有看到,意味着**所看的对象在外面**,要走出去以后才能看。(20b)用"咾"连接,除表示先起行为外还兼表原因,即因为走出去了,所以没看到,隐含**所看的对象在里边**。

有趣的是,"末"跟"咾"一样也用于组成前置连词。最常用的是"乃末"和"辫末"。"乃"是时间指示词,表示"现在,这下"。"辫"则表示"这/那"。带"末"后两者都用于承接上文或引出条件句后的结果句,仍保持了"末"的话题性,即以对上文的回指为后续分句提供一个时间或条件的话题。"乃末"义近于"于是、然后","辫末"近于"那么",如:

(21) a. 生姜买来了,乃末我好烧鱼了。

b. 先要看说明书,乃末再好才可以拆开来。

c. 小张要去个的,辫末倷去哦那么你去吗?

与之形成对比,"介咾/葛咾"用在原因句和结果句之间,"咾"没有话题性,见上文(15a)例。两个后置连词的意义对立在所构成的关联词中也得到了体现。

除了"末"外,上海话还有几个能用于分句式话题的提顿词,也多表示条件假设类关系,如"是、倒、也",但语义作用与"末"并不等同。对此,徐、刘(1998:234-237,243-247)有较详细的讨论,此处不赘。

讨论汉语复句的论著,往往重视前置连词和关联副词的作用,而忽略提顿词一类后置连词的作用,只看做停顿的标记,或称为语气助词,似乎最多有主观语气之别。上面的对比已显示,提顿词作为后置连词虽然用途广泛,但仍有自己特定的关系意义。后置连词的对立可以影响到句子的逻辑关系和真值条件,并不仅仅是个语气的问题。

上海话还有一些与普通话后置关联词语对应的后置连词或关联词语,如"…个闲话"相当于表条件的"的话","…(个)辰光"表示"…的时候"等,不必细述。

12.4 上海话连词类型小结

上海话的连词系统突出显示了上海话中后置词类型这一面的特性。"咾"成为最重要的并列后置连词,并与前置连词"搭/得/脱"分工配合有序。"咾"可以用来连接 NP 和 VP(含 AP),显示了更充分的连词功能。前置连词和后置连词的并存显示了语序和谐性的作用:前后置介词并存的语言同时存在前后置连词。此外,"咾"还是重要的复句连词,并能用于部分前置词短语后帮助构成框式介词,如"照…咾"等。"咾"的广泛用途显示它是一个一级抽象度联系项(连词兼介词)。但是"咾"连接因果句的用途却得到了专化,以至在溯因句中能突破句中小停顿处的局限,用在整句的末尾。在两个分句中间的"咾"不需要前置连词配合,而"咾"出现在整句末时通常需要在本分句句首用"因为"一类前置连词,再次体现了联系项居中原则的力量。话题标记"末"则成为另一个后置复句连词,专门用于有话题性的分句,主要是条件类分句和时间分句。有类似作用的后置连词还有"是、倒、也"等一批。后置连词虽用途广泛,但功能上有明显差异,甚至可以影响到句子的真值条件,可见它们确实已经是句法上的复句连词。最有意思的是,上海话仅有的少量土生土长的前置复句连词中,也有几个是由后置连词构成的,如"介咾、革末"等,这些前置连词实际上是紧缩的后置连词分句,因为固定词化而与后面分句融为一体,于是成为加在后面分句上的前置连词。这突出体现了上海话前后置连词并存的类型特征。

13. 绍兴话介词的类型分析

13.1 绍兴话中的小句结构语序

绍兴话属吴语太湖片临绍小片。句法上,绍兴话与普通话相差更大,更难用简单的 VO 和前置词类型来描写。笔者对绍兴话的语感不像对苏沪吴语那样直接,绍兴话也基本没有口语化的书面语料。下面只根据田野调查所得和已有论著择要分析。

比起苏沪吴语来,绍兴话在话题化引起的语序演变方面走得更远。有定的已知信息所充当的受事、否定句和中性疑问句的受事,照例都是充当话题的,包括主话题和次话题。假如让这些句子中的受事在动词后作宾语,不仅不常见,而且是难以接受的。如:

(1) a. 我_辫只_{这部}电影看过哉了。～_辫只电影我看过哉。
~ *?? 我看过辫只_{这部}电影哉。

b. 伊他执照唔有没有。

c. 侬你亨那把扇寻勿寻着㖏来找到了没有?～ *侬寻勿寻着亨那把扇㖏来?

更有甚者,高生命度的 NP 如人名和人称代词为受事时,在汉语中一般较难话题化,因为容易跟施事主语相混,但在绍兴话中只要属于已知信息,照样可以话题化,比如:

(2) a. 老王我已经碰过哉。'我已经碰到老王了'

b. 老王我勿碰㖏。～我老王勿碰㖏。'我没碰到老王'

    c. 诺你伊个人_{他这个人}要上班前后才至碰得着。'你只有在上班前后才碰得到他这个人'

从口语来看,不指人的受事在话题化时充当次话题为主,这是吴语区的共同特点。指人的受事充当主话题和次话题都较自由,如(2b, c)所示。在这种情况下,何为主语何为话题主要取决于生命度序列中的位置,位置高的优先作主语。(2a, b)"老王"的位置低于第一人称代词"我",所以不管"我"和"老王"谁先谁后,都优先理解为"我"作主语。(2c)第二人称"诺"高于第三人称"伊",所以"诺"是主语。像(2a, b)这种指人名词受事作话题的情况,在苏州上海方言中也较普通;而像(2c)那样以人称代词作次话题,在苏州上海方言中也不太寻常。

  像在其他吴方言中一样,分裂式话题结构也是绍兴话的常见句式,甚至是优势句式,而且分裂式话题总是占据次话题的位置。比如(3),我们调查所用的普通话范句是 VO 句,但当地人觉得用分裂式话题句表达最自然:

  (3) a. 伊信已经寄出特了三封哉了。'他已经寄走了三封信了'
    b. 鸡汤里诺盐再加些垌。'鸡汤里你再加些盐'

某些无定的成分也能自然地充当话题,主要是次话题,可见话题化已相当常规化,如:

  (4) a. 我钞票有埭,侬勿用拨我哉。'我有钱呢,你不用给我了'
    b. 伊帽戴特着寻帽。'他带着帽子找帽子'

受事话题化的发达还表现在"则"字句(相当于"把"字句)的少用。此类意思主要是直接让受事充当次话题。我们调查普通话"把"字句的对应表达时,得到的绍兴话句子绝大多数是次话题结构,如例(5)各句的普通话翻译其实就是调查用例:

  (5) a. 诺介绍信身边带垌。'你把介绍信带在身边'
    b. 我窗门揩清爽哉。'我把窗户擦干净了'

　　　　c. 伊酒呷特了一半。'他把酒喝掉了一半'

只有指人NP在动词前时前置词"则"才较常用,如:

　　(6)a. 则伊房间里关垌。'把他关在房间里'

　　　　b. 搿些事体则我忙煞哉。'这些事把我忙死了'

　　以上情况都显示,绍兴话受事的话题化已相当广泛,并且话题成分优先占据次话题这个更句法化的位置。这种局面的进一步发展可能导向语序类型由 SVO 经 STV 向真正的 SOV 演变,而绍兴话在这一轨道上走得比苏州上海等吴语更远一些,当然还没有到真正的 SOV 阶段,因为 SVO 句型在很多情况下仍是基本句型,如"明朝我去看电影"不会说"明朝我去电影看",说明受事的前置仍有某些限制。动词前的受事仍应看做话题。

　　绍兴话出现 SOV 类型的萌芽状态并非孤立现象。除了后置词的优势地位外(详 13.3),一些类似宾语的处所成分在绍兴话里也出现了前置于动词的倾向。如:

　　(7)a. 老王刚刚**大门里**走进垌。'老王刚刚走进大门里去'

　　　　b. 贼骨头**卫生间里**躲进垌。'小偷躲进了卫生间'

　　　　c. 搿阵头伊已经**上海市区**逃出哉。'现在他已经逃出上海市区了'

(7)中的黑体处所成分在普通话乃至苏沪吴语中都只适合放在趋向词后,而且这些方所成分属于句子的信息焦点,在(7a,b)中更是终点/方向题元,没有话题化的动因。然而在绍兴话中,它们却倾向位于动词前。"走进大门"虽也说,但还不及"大门里走进"常见。这显示绍兴话至少出现了小句结构向动词居末类型演变的萌芽。邻近的宁波话也表现出同样的倾向。

13.2 PPC 在绍兴话中的特殊表现

13.2.1 绍兴话 PPC 的组成成分

结构上与苏州话"勒里"等 PPC 相对应的成分在绍兴话中也存在,它们是"来埭[lɛ dɑ]近指、"来垌"[lɛ doŋ]无远近指、"来亨"[lɛ hã]远指。但是其句法表现却跟其他吴语的 PPC 很不相同。简单地说,绍兴话 PPC 的前字"来"基本没有虚化,句法功能又很受限制,基本上是个黏着的动词性语素,不能单独充当处所前置词;而其来自名源后置词的后字"埭、垌、亨",却发展出类似前置词的作用及其他更虚化的功能,出现了前、后置词的发生学联系,造成很特殊的类型学景观,值得深入讨论。

先讨论 PPC 的组成成分。"来"跟苏州话的"勒/来"同源,大致相当于普通话"在"。但是,绍兴话的"来"非但不能单独作谓语,而且不能单独带处所题元,必须带上"埭"等构成 PPC 才能作谓语,如:

(8) a. ——小张来勿来垌?——小张来埭。'——小张在吗?——小张在(这儿)'

b. 伊来亨图书馆里。'他在图书馆'

换句话说,动词"在"在绍兴话里必须强制性地带上"埭"等距离范畴标记。"来埭"表近指,相当于老苏州话"勒里";"来亨"表远指,相当于老苏州话"勒㕽";"来垌"不分远近,相当于老苏州话"勒浪"。"来垌"实际上经常用在不知道远近的时候,所以在疑问句中用得特别多,如(8a)问句用"来垌",答句就改用近指的"来埭"[1]。

苏州方言 PPC 的后字都是源于名词并且可以充当方所后置词的成分(见 11.3.1),PPC 由"Pre + NP + Pos"结构省略 NP 而来。绍兴话 PPC 中三个后字的语源都不难追溯到某种名词性方所类语素,但

13.2 PPC在绍兴话中的特殊表现

它们是否曾作过后置词却没有很明显的答案。

先说"来埭[da]"的"埭"。潘、陶(1999:45)指出吴语中"'埭'与'荡'之间的语源关系是显而易见的"。"荡"作为处所名词语素见于松江、余姚、宁波等地的"户荡"和温州等地的"屋荡",都表示"地方",而绍兴话表示"地方"的名词恰好是"埭户"。如"勿少埭户"就指不少地方。可见"埭"大致就是处所语素"荡"的语音变体(也可能"荡"是"埭"的儿化)。"荡"在老上海话中可以作后置词,如"张老师荡_{张老师那儿}",相当于苏州话"张老师搭",由此形成老上海话"拉荡"这个PPC,与苏州话"勒搭"对应。因此可以推知"来埭"中的"埭"也像它的上海话同源语素"荡"一样充当过后置词,有过"来张老师埭"一类说法,紧缩而成"来埭"。

下面再看"来亨"的"亨"。其最明显的同源成分是绍兴话中的远指代词"亨"[hā],而"来亨"也正是表远指的,比较:

(9) a. 大门口有个陌生人来亨_{在那儿}。

　　　b. 亨个_{那个}犯人昨伢[ŋa]日子_{昨天}逃得去哉_{逃走了}。

所以王福堂(1995:96)相信绍兴话"来亨"的"亨"是"由指示代词转来的"。这两个"亨"同源没有疑问,但有证据显示"来亨"并不直接来自"来+亨"。更可能的是,两种"亨"为同源异途,PPC后字"亨"没经历过指示词阶段,并非由指示词直接"转来"。

最重要的证据是指别词的句法属性。指别语素在吴语中是黏着语素。它不能像普通话"**这**是什么?买**这**干吗"那样充当论元,也不能像普通话"**这**房子、**这**人、**这**三件衣服"那样直接限制NP,而只能用在量词前或处所后缀/后置词前,再由如此构成的短语去充当句法成分。如苏州话"**辩个**是啥物事"、"**辩间**房子"、"**辩搭**"。连"这三件衣服"也要叠用两个量词说成"**辩个**三件衣裳",而不能说"辩三件衣裳"。因此,句法上不允许"来_在"加指别词"亨"的结构。钱乃荣(1999)指出,绍兴话的指示语素"亨"和上海话后置词"海头"中的"海"(老上海话"墟"[hɛ̃],与"亨"音近)、苏州上海"勒海"中的"海"、嘉兴"勒化"中的"化"等都是同源的,"亨"很可能像"墟"一样是"海"的儿化。它们都来自处所名词"场许"(读作"场化")中的"许"。这是绍兴话 PPC 后字"亨"的来源。处所语素"亨"(←许)的另一发展方向是指别语素,这也并非"许"所独有。潘、陶(1999)就注意到"荡"由处所语素发展成指别语素的情况。下面试将"荡、亨"的演变途径图示如下,括号中是实际例子:

(10) a. 荡:处所 → 指别(宁波"荡头",松江"荡堆",宜兴"荡家",均表"这儿")

　　　　　(宁波、松江"户荡")
　　　　　　↓
　　　　　后置词/后缀(上海"张老师荡")
　　　　　　↓
　　　　　PPC 后字(上海"拉荡",常州"勒荡")

b. 许(化/海/墟/亨/哼):处所→ 指别(南汇周浦"海头这儿",绍兴"亨里那儿")

　　　(苏州"场化")
　　　　↓
　　　后置词/后缀(上海"张老师海头",吴江同里"该海这儿",无锡"过亨[hā]那儿")
　　　　↓
　　　PPC 后字
　　　(上海"辣海",嘉兴"勒化",无锡"来哼[həŋ]",昆山"勒亨[hā]",绍兴"来亨[hā]")

一方面,吴语不允许动词/前置词与指别词直接组合,另一方面充当

PPC后字的处所语素在本方言或邻近方言中总是有充当处所后置词/后缀的作用,因此可以相信绍兴话的"来亨"也是由"V/Pre + NP + Pos"结构省略 NP 而来。其中的"亨"和指别词"亨"虽然同源,但它们是由处所语素"亨"分别朝不同方向虚化而成的,彼此不在同一条虚化链上。只是由于"亨"在目前的绍兴话有指别词和 PPC 后字用法,而失去了中间的环节,容易让人产生"来亨"来自"来"加指别词"亨"的错觉。

最后说一下"来垌"的"垌"[doŋ]。"来垌"在王福堂(1995)中写作"来东",因为"垌"本来念清声母[toŋ]。绍兴话很多虚语素因弱化而清音浊化,"来东"也因此变成"来垌"。其杭州话的对应词仍念"来东"(见游汝杰 1996)。"来东"当对应于苏州话的"勒哚"[toʔ]。鼻韵尾或鼻化是吴语区的儿化形式,"东"当为"哚"的儿化形式,就像"亨"是"许/海"的儿化形式[2]。因此"垌/东"也应该像"哚"一样由处所后置词/后缀成为 PPC 后字。

总之,绍兴的三个 PPC,"来埭、来亨、来垌",虽然其后字在今天的绍兴话中并没有后置词用法,但跨方言比较显示它们跟苏州等地吴方言的 PPC 后字一样,也是源于名词性处所语素,经后置词/后缀的用法而成为 PPC 的后字的。

13.2.2 绍兴话 PPC 的功能限制

13.2.1 指出,绍兴话 PPC 的前字"来"句法功能受限,不能离开后字而存在。实际上整个 PPC 的功能也很受限制,不像苏州、上海方言的 PPC 那么活跃。

首先,PPC 只能是动词,而不是真正的前置词。试拿上海话"辣海"和绍兴话"来亨"这对同源词作一比较:

(11) a.〈沪〉小张辣海在单位里吃饭。~ b.〈绍〉小张来亨单位里吃饭。

(12) a.〈沪〉小张辣海黑板高头上写字。~ b.〈绍〉*小张来亨黑板高头写字。

(13)〈绍〉小张黑板高头写字。

(11)中的 a 句可以解释为连动句,因为去掉后面的 VP 句子照样成立:"小张辣海在单位里"。相应的绍兴话 b 句成立。(12)只能理解为 PreP 修饰 VP"写字",不能分析为连动式,因为不能单说"小张辣海黑板高头"。相应的绍兴话句子(12b)不成立。同样的意思只能单独由后置词"高头"表示,即(13)。换言之,在绍兴话中,"PPC+NP"只能作谓语,包括用于连动句,表示主语的存在位置,不能用作真正的状语,不能纯粹表示动作发生的处所。作为与普通话"在+NP"相对应的成分,这样的限制在汉语方言中很少见。

其次,不管是"来"还是 PPC,都根本不能用在动词后。再比较上海话与绍兴话:

(14) a.〈沪〉小张坐辣床高头坐在床上。~ b.〈绍〉*小张坐来床高头。

(15) a.〈沪〉小张坐辣海床高头。~ b.〈绍〉*小张坐来亨床高头。

(16) a.〈沪〉小张坐辣海坐在那儿/坐着。~ b.〈绍〉*小张坐来亨。

因此,绍兴话的 PPC 只是与其他吴语中的 PPC 结构对应,但难以确切地称为 PPC——前后置复合词,因为其中的前字"来"完全是动词性的,而不是前置词。

不过,吴语 PPC 在动词前表示进行体的虚词性功能倒是绍兴话 PPC 所具备的,如:

(17) a. 舞台高头上学生来亨在表演话剧。

b. 妹妹心里刚刚来埭正在难过。

    c. 我来埭吃饭,伊来亨庠手。'我在(这儿)吃饭,他在(那
     儿)洗手'

在绍兴话中,PPC 的进行体作用似乎是"跳过"了 PP 阶段,直接由 VP 在连动式里虚化而成的。另一方面,正如(16b)显示的,吴语 PPC 普遍具有的在动词后作持续体标记的功能,绍兴话没有,因为即使 PPC 整体也从无机会用在动词后。

13.3 后置词在绍兴话中的优势性

  绍兴话"在"义动词虚化程度低,与绍兴话的语序类型有关。从语序和谐性看,绍兴话有更强的动词居末倾向,而前置词属于核心居前类型,在绍兴话中较不发达实属正常。从联系项居中原则看,由于绍兴方所题元更少后置于动词,因此前置词位于中介位置的机会更少,而后置词位于中介位置的机会更多,这也促使绍兴话更多地依赖后置词来介引方所题元。再从语法化的角度看,绍兴话中连相当于"在"的存在动词所带的方所题元也经常在动词前,使存在动词缺少带宾语的机会,也就缺少变为前置词的机会。

  汉语语法论著把"他在图书馆"中的"图书馆"分析为处所宾语。绍兴话与"在"相当的"来"不能单用,必须组成 PPC 才能这么用,如 13.2.1 的(8b)。而且,即使是与存在动词组合,方所题元也不必位于动词后,而且位于动词前还是绍兴话更"地道"的说法。所以,(8b)更自然更常见的表达是(18):

    (18) 伊图书馆里来亨。'他在图书馆'
(18)这样的结构带来了三个句法后果:1. 方所题元对于基本存在动词来说不再是直接题元,而占据动前状语的位置;2. 由于方所题元前置,居于中介位置的"里"一类后置词成为更加重要的题元标记;3. 存在动

词"来亨"难以在这种句法环境中虚化为前置词,因为其后没有处所宾语。这样的类型环境使绍兴话前置词的作用更显得不重要,而后置词的地位更显突出。这有一系列的表现。

普通话用"进、出、上、下"所介引的方所题元,在绍兴话中也主要位于动词之前,例如 13.1 已举过的如下例子:

  (19) a. 老王刚刚大门里走进垌。'老王刚刚走进大门里去'
    b. 贼骨头卫生间里躲进垌。'小偷躲进了卫生间'
    c. 搿阵头伊已经上海市区逃出哉。'现在他已经逃出上海市区了'

请注意,在方所题元前置的句子中,动词后常出现 PPC 的后字,如(19a,b)中的"垌"就是"来垌"的后字。其作用 13.4 会讨论。

在普通话和苏沪吴语中,表示方向终点或存在位置的题元按常规是由动词后的"在、到"类前置词介引的,在绍兴话中此类方所题元基本上只在动词前,如(20)中各句:

  (20) a. 伊个首饰都我里放埭。'她的首饰都放在我这儿'
    b. 伊两本书桌子高头摆亨。'他把两本书放在桌子上'
    c. 则伊房里关亨。'把他关在房间里'
    d. 小张个儿子啦,丈母[zɛ n]里放亨。'小张把这儿子啊,放在岳母那儿'
    e. 搿里条件蛮好,诺就搿里住埭好哉。'这儿条件挺好,你就住在这儿吧'

(20)中的句子有静态存在句,也有动作叙述句和祈使句。它们在结构上都有三个特点。1、都不使用前置词(事实上也没有方所前置词可用)。2、方所成分都带有后置词,它们正处在方所题元与其修饰的动词之间,主要是"里"和"高头"。"里"的虚化程度最高,分布最广。它可以用在普通名词后,如 c;可以用在人称代词后,如 a;也可以用在指人

13.3 后置词在绍兴话中的优势性

名词后,如 d;还能以处所指示词后缀的身份出现,其实仍有后置词性质,如 e。其句法分布远超过普通话任何方位后置词,相当于苏州、上海方言方位后置词和指人 NP 后的"搭"、"哚"的分布之和。3、动词后都有 PPC 的后字:近指的"埭"或远指的"亨"。它们在此主要起体的作用,本书不拟详论。

普通话中还有一些动词后的方所题元是表示位移性行为的场所的,如"走在路上"之类,它们在绍兴话中更是只用在动词前,如:

(21) 伊**大路**高头走**着**还来亨唱歌 '他走在大路上还在唱歌'

即使是普通话中位于动词前的方所题元,在绍兴话表达时也有自己的特点,即只用后置词而不用前置词。如:

(22) a. 诺你再啰唆个说话么的话,我**河港里**跳落埆咜[dzo]=哉+哦。'……我就往河里跳下去了'

b. 伢**仓库里**调来一批备用品。'我们从仓库调来一些备用品'

c. 我**诺里**学特勿少东西。'我从你这儿学到很多东西'

d. **诺老板里**要话些好话。'你在老板那儿要说些好话'

(22a)的方所题元表示方向而非静态处所,绍兴话可以加前置词说成"望河港里"。只是绍兴话方所题元已形成后置词占优势的模式,省略"望"更常见。(22b,c)"仓库里""诺里"都表示源点,地道的绍兴话不加任何前置词,新派受普通话影响可说成"从仓库里"。

陶寰(1996:313—314)提到一种有趣现象,动词前的处所成分有"NP+PPC"和"PPC+NP"两种形式,以前一种为常,如:

(23) a. 姆妈妈妈**门口头**来亨补衣裳,姊姊**灶头**来亨煮饭。

b. 姆妈来亨**门口头**补衣裳,姊姊来亨**灶头**煮饭。

初看起来,(23a)中的"来亨"的作用像是后置词。但是经过田野调查及与陶寰的当面讨论,结果发现"来亨"在(23)中并非同一成分。它在 a

中是体标记,在 b 中是动词。两者都不能看做介词。(23a)中的"来亨"表示进行体,非进行体行为不能这么用。比较:

(24) a. 老张单位里来亨吃饭。'他(正)在单位里吃饭'
b. 老张单位里(*来亨)吃饭。'他(通常)在单位里吃饭'

(24a)属于事件句(stage level),"来亨"表示该行为正在进行。(24b)属于属性句(individual level),表示惯常行为,这时就加不进"来亨"。况且,表示进行体的"来亨"根本不必用在处所成分之后。假如遇到连动句,处所状语和体标记"来亨"可以不相连接,如:

(25) 蒋歇冒这会儿伊他来亨在做啥? ——伊眠床里床上睏特睡着来亨在看书。'这会儿他在干什么? —— 他躺在床上看书呢'

至于(23b)中的"来亨",则是个存在动词,表示主语存在的位置,后面的 VP 可以删除。遇到方所题元只表示动作场所,而非主语存在之处,亦即后面的 VP 不能删除时,绍兴话就不能用"来亨",如:

(26) 张老师(*来亨)黑板高头上写字。

在非方所题元方面,绍兴话其他题元前置词与后置介词之间的分工与配合情况跟上海话类似。其中有些题元,如表示动机、对象等,还是靠前置词如"为、对"等表达。

13.4 PPC 后字在绍兴话中的特殊发展

绍兴话动词后的方所题元较少见,不过并非完全绝迹。既然绍兴话表示"在"的词既非前置词,也不能用在动词后,趋向词也缺少介词功能,那么绍兴话是靠什么来介引动词后的方所题元的呢?令人吃惊的是,绍兴话是用 PPC 的后字来充当前置词的,就是"来埭、来亨、来垌"中的"埭、亨、垌",而我们知道 PPC 的后字本是名源后置词。

王福堂(1995)初步分析了这种现象[3]。该文直接称这些 PPC 后

13.4 PPC后字在绍兴话中的特殊发展

字为"处所介词"(指前置词),并正确地指出它们来源上跟其他吴语"勒里"类复合词中的"里"同类,尽管其他吴语中的此类成分并无前置词作用。下面是王文所举的部分例子:

(27) a. 寻特了半日,钢笔安垾放在,近指书包里。

　　　b. 钢笔安亨放在,远指书包里,忘记驮拿来哉。

　　　c. 诺你住垌住在,无远近义鞋里哪里?

王文注意到,尽管"来/勒"在其他吴语中是存在动词兼介词,在绍兴话中"来"只是动词而非介词。所以他将绍兴话动词前的 PPC 加处所成分如(28a)中的"来亨屋里"和(27)中的"安亨书包里"这类结构作同样分析,都是动词带介词短语,(28b)是本书据此作的图解:

(28) a. 伊他来亨屋里头在家里看书,隔以唔有所以没有来。

　　　b. [VP 来 [PreP 亨屋里头]]/[VP 安 [PreP 亨书包里]]

下面试用苏州—绍兴比较来说明绍兴话的特点:

(29) a. 〈苏〉小明勒(海)屋里看书。

　　　b. 〈绍〉小明来*(亨)屋里头看书。

　　　c. 〈苏〉小明蹲勒屋里看书。

(30) a. 〈苏〉小明住勒(海)南门。

　　　b. 〈绍〉小明住亨南门。

(29a, b)形式完全相同,并且"勒—来"同源,"海—亨"同源。但苏州话"海"可以不说,而绍兴话"亨"不能省略。11.1.1 指出苏州话"勒"前还可以再用一个存在动词"蹲",如(29c)。"蹲勒屋里"相当于"呆在家里"或"在家里"。而绍兴话"来"从不用在动词后。(30a, b)相差更大。苏州话可以只用"勒",但不能只用"海",而绍兴话不能用"来",只能用"亨"。也就是说,苏州话 PPC 前字"勒"虚化成了前置词,PPC 整体也可以用成前置词。绍兴话"来"和 PPC 整体都没有虚化成前置词,倒是 PPC 后字在动词后虚化成前置词。

另一方面,王文指出,"绍兴方言中由'东'、'带'、'亨'组成的介词结构不能脱离动词单独使用,而必须置于动词之后,这样,它们作为介词的功能就是不完整的了。"王文的观察又引出了一个问题:绍兴话PPC后字在动词后是不是真正的介词(前置词)?

从联系项功能看,绍兴话PPC的后字在动词后确实起了介引方所题元的前置词作用,并且也正好位于中介位置。不过,进一步的句法测试可以揭示,它们并不是句法上真正的前置词,其句法地位跟普通话"走进大门、运到北京"和粤语"高过你"中的"进、到、过"有类似之处,属于核心标注的联系项。就是说,它们是加在动词核心上的,而不像真正的介词那样是加在方所题元上的。当然,普通话"放在桌子上"也能切分成"放在/桌子上",但这是入句后的重新分析,"在"本身还是能跟后面的"桌子上"构成一个PP的(参阅9.1.3)。而绍兴话PPC后字与后面的成分从不单独构成一个单位,证据有二。

第一,它们完全不能脱离动词而存在。真正的动后处所前置词虽然跟动词结合得很紧,但仍有一定的分离性,可以在一定程度上和前面动词核心隔开。如:

(31) a. 他放了一本书在桌子上。

b. 马上发一辆车往上海。

c. 他置自己的生命于危险之中。(书面语)

绍兴话PPC后字可以用在动词和方所题元之间,但两者之间绝不能再插入宾语,如(31a)的意思可以说成(32a),但没法说成与(31a)结构更一致的(32b):

(32) a. 伊一本书安亨桌子高头。

b. *伊安特放了一本书亨桌子高头。

第二,PPC后的方所题元都可以并且更常放在动词前。值得注意是,方所题元前置时,PPC后字仍在动词后,可见其结构上不能跟动词核

心分开,却能跟后面的处所题元分开,而汉语是不准介词悬空(stranding)的,不能说"我房间里住在"。比较:

(33) a. 伊来亨图书馆里。～ b. 伊图书馆里来亨。'他在图书馆'

(34) a. 伊个首饰摆埭我里。～ b. 伊个首饰我里摆埭。'她的首饰放在我这儿'

实际上 13.3(19,20) 中方所题元前置于动词的例子,动词后大都出现 PPC 后字,其中有些句子在口语中还不宜让方所题元出现在动词和 PPC 后字之后。这说明方所题元前置于动词而 PPC 后字后置于动词是表达方所题元的基本形式,其中的 PPC 后字不是真正的介词。

这样,PPC 后字在方所题元句中确切的句法作用就需要另外的定位。

首先,"埭、垌、亨"等 PPC 后字在方所题元前置或后置的句子中都出现,而且两类句子的语义结构完全相同,可见两类句子中的 PPC 后字是同一成分,是加在动词上的,不是加在方所题元上的介词。

其次,PPC 后字在动词后表示的主要是持续体或成续体。带方所题元和 PPC 的句子都表示主体或客体存在的处所或行为后存在的处所。其他吴语中动词后的 PPC 也由存在处所义发展出持续体和成续体用法,如苏州话的"V 勒海"或上海话的"V 辣辣"。绍兴话的特点就在于用 PPC 的后字表示了其他吴语中经常用整个 PPC 表示的体意义。

最后,肯定 PPC 后字是体标记,并不否认其在不同句式中的句法作用可以有所不同。当方所题元前置于动词时,其后置词如"里、高头"等位于方所题元和动词的中介位置,起着黏合剂的作用。当方所题元后置于动词时,PPC 后字成为中介位置仅有的虚词,这促使它发展出联系项的作用。这种情况与"到、近"等趋向动词十分接近。当我们说

"汽车开到了"、"他走近了"时,"到、近"只是趋向成分。当我们说"汽车开到广场"、"他走近车站"时,"到、近"便兼有联系项的作用,而它们原来的趋向意义仍然在起作用,就像绍兴话 PPC 后字在用作联系项时其存在体仍然在起作用。正是这种联系项的作用,使得人们把普通话的"到"、绍兴话的 PPC 后字分析为前置词,尽管它们句法上还不是真正的介词,而是动词的附加成分。

从语法化的角度看,动词的附加成分有可能最终重新分析为真正的介词。Bisang(1998)指出,一种句法结构体的关系意义会使该结构体内的特定位置成为语法化的吸引点,经常出现在该位置的词语会带上整个结构体的关系意义,语法化为该结构关系意义的标记。结合 Dik 的联系项居中原则,很容易看出,PP 和动词之间的位置是介词语法化的吸引点。当 PP 位于动词前时,位于中介位置的方位名词、联系词"而、来"等容易语法化为后置词。当 PP 位于动词后时,位于中介位置的趋向词、副词性体标记等容易语法化为前置词。印欧语语言的前置词主要来自动词后的副词(副词又常来自关系名词),这与副词经常出现在动词后、题元状语前的中介位置有关(C. Lehmann 1995:89—93)[4]。绍兴话中动词后的 PPC 后字"埭、垌、亨"的情况与印欧语前置词的情况类似,只是句法上还没有完成重新分析。

总之,绍兴话的 PPC 后字大体上具有其他吴语中 PPC 整体的各种句法作用。PPC 后字是如何获得这些功能的?一个最容易想到的答案是 PPC 后字来自 PPC 前字的脱落,所以具有其他吴语中 PPC 整体的功能。王福堂(1995)就是这样来解释的。14.3.2 将结合跨吴语比较进一步讨论这个问题。

13.5 绍兴话介词小结

在绍兴话中,话题化成为一种更加常规的句法现象,很多种受事类题元倾向于出现在话题位置,特别是在主语后动词前的次话题位置,相当于普通话"把"的前置词也很少用,使绍兴话呈现由次话题化引起的向 SOV 型语言演变的萌芽状态。绍兴话方所题元也更多地位于动词之前。其他方言中用在存在动词后和趋向词后的方所题元,在绍兴话中也以前置于动词为优势语序。绍兴话的介词类型格局当与这种小句语序呈和谐关系。

绍兴话与普通话"在"对应、与苏州上海的"勒/辣"同源的单位"来"是一个不成词的纯动词性语素,不能单独带方所成分,必须组成类似 PPC 的复合词"来埭、来垌、来亨"才能带方所题元。而 PPC 带方所题元的结构也限于作谓语(包括连动式中的谓语),既不能用作动词前真正的状语,也不能用在动词后。所以方所题元更常见的是在动词前由后置词介引的。后置词中用途最广泛、语法化程度最高的是"里"。它不但用于其他方言中方位后置词的位置,也能用在指人 NP 包括人称代词后,与"来"语法化程度之低恰好形成对照。

少数仍用在动词后的方所题元是靠 PPC 的后字来介引的。PPC 的后字在绍兴话中虽然没有明显的后置词用法,但通过方言比较可以推知它们像其他吴语中的 PPC 后字一样来自处所语素,经处所后置词或后缀的用法成为 PPC 的后字。绍兴话的独特之处在于这些名源后置词竟发展出类似前置词的用法。不过它们在动词后还不是真正的前置词,句法上是加在动词上的,有体标记的作用,而不是加在处所单位上的,所以即使把方所题元放在动词之前,这些 PPC 后字仍用在动词之后。不过当方所题元在动词后时,这些 PPC 后字确实有联系项的作用。从历时角度看,不排除它们可能经过重新分析进一步发展成真正的前置词。

[1] 王福堂(1995:96)比较绍兴话和苏州话的此类词语时把苏州话"勒浪"当远指,与"来亨"配,把"勒哚"当不分远近,与"来垌"配,不符合苏州话的情况。苏州话 PPC 的距离义参阅 11.3.1。

[2] 同一虚词有无鼻音的交替常见于不同的吴语之间甚至同一吴语内部。《海花》中表示"这样"说"实概[gɛ]"或"实梗",现苏州话只有后者,但常州话仍用没有鼻音的"实概",而吴江话也只用无鼻音的"实茄[gɔ]"。再如绍兴话说"一些[ɕie]",苏州话说"一星[sin]","星"即"些"的儿化形式。

[3] 王文此三字作"带*、亨*、东*",星号表示借用同音字。本书引王例时改用本书写法,以方便阅读。

[4] 试将 C. Lehmann 的例子换用熟悉的英语来说。开始时动词后 in, on, by 这类副词句法上都指向前面动词,后面有没有 NP 都可以。有 NP 时,NP 和副词是某种同位关系,题元标记是名词的格。经重新分析,这些副词跟后面的 NP 关系更密切,成为支配 NP 的前置词,格的衰落加强了前置词的重要性。演变为前置词的副词往往同时保留纯副词用法,如 come in, put on, pass by 等。

14. 介词的跨吴语比较

14.1 前置词的跨吴语比较

14.1.1 方所前置词的句法分布：动词前与动词后

本章将就介词类型的若干重要问题进行12个点的跨吴语比较，借以发现在个案研究中不易看清的现象，获得对整个吴语介词类型特点的总体认识，为全书的理论总结奠定更扎实的材料基础。在前置词方面，重点讨论两类。一是方所类前置词，另一类是不为句子增加题元的"非谓语性"前置词，即普通话"把、被、给"的对应词。先从方所类谈起。

汉语的方所前置词所带的PP有两种主要的句法分布：动词前和动词后。跨吴语的比较显示，两种位置对前置词词项的选择和所用前置词的虚化程度都表现出显著差别，以至可以分出"动前前置词"和"动后前置词"两个次类。这与英语in, on, at等方所前置词介引的PP可前可后的情况很不相同。这种差别的原因值得探讨。

先看与普通话"在"相当的前置词。在太湖片，"在"义前置词都是苏州上海"勒/辣"的同源词。其形式还有"来、拉"等。它们大多与普通话的"在"和苏州上海的"勒/辣"一样，兼存在动词和处所前置词双重词性，只有在绍兴话中，"来"只是存在动词，不兼真正的前置词，也不能用在动词后(见8.2.2)。在大部分太湖片吴语中，该词都是动词前后都能用，不过还是可以看出差异。

宁波话地理和语序特点同绍兴话很接近。该同源词"来"动词性较强,作动词时也倾向于让处所成分前置,像绍兴话一样把"在图书馆"说成"图书馆里来该"("来该"是 PPC)。此外,当处所题元在动词前作状语时,通常不用"在"义前置词,而只让后置词标记方所题元。不过,与绍兴话"来"绝不作前置词不同,宁波话尚能接受"来"或 PPC 作动前前置词,虽然这不是优势句式,如:

(1) a. 贼骨头小偷(来)屙坑间厕所里幽躲躲该。

　　 b. 老师(来该)黑板上写字。

这个前置词还能用在动词后,这时就能说成弱化的"勒"[lɐʔ],如:

(2) a. 其个他的首饰放来/勒我地方我这儿。

　　 b. 房子和总全都造勒苏州河北面。

类似情况也见于无锡话。无锡话中该成分作为存在动词及动前前置词有"来、来勒、勒勒、勒"等形式;作为动后前置词,则只有弱化的"勒"[ləʔ]一种形式。如:

(3) a. 我来/来勒/勒勒/勒图书馆里。

　　 b. 老师来/来勒/勒勒/勒黑板酿上写字。

　　 c. 贼骨头小偷叛躲勒卫生间里。

在太湖片之外,"勒/辣"的同源词还见于金华方言,其形式也为"来"。但是金华方言动前和动后的差异更加明显。在动词前,可以用存在动词"来",较新的说法则用表示站立的行为动词"隑"[kɛ^{535}]。在动词后,前置词的形式是来源不明的纯虚词"特"[dəʔ]。如:

(4) a. 老师来/隑黑板上写字。

　　 b. 渠个首饰都放特俺[a^{42}]苹里。(义=2a)

"特"在动词后除了作处所标记,还作接受者标记,如"送两朵花特渠",正像古汉语表处所的"于"同时是接受者标记。"特"跟动词前的"来"读音相差较大,是否同源不明。金华的三个处所前置词形成了下面这样

的由实到虚(但未必同源)的序列:

$$醯 > 来 > 特$$

"醯"作为前置词是较新派的说法,它首先是表示站立的行为动词,其次是存在动词,然后才是前置词,其动词用法如:

(5) a. 大门外醯勒站着一个生疏人陌生人。

b. 有个生疏人陌生人醯在房间里。

动后前置词比动前前置词更虚化的情况在温州话中表现得更加明显,不但表现在语音和语义上,而且表现在句法上。温州话"在"义前置词有四个:醯、宿、是、拉,其中前三个兼动词,"拉"是纯虚化前置词。它们各自的句法作用见(6):

(6) a. 老师宿/醯是黑板里写字眼。'老师在黑板上写字'

b. 小偷躲拉/是卫生间里。

c. 我是图书馆里。

d. 有个打生侬宿(是)/醯(是)房间底转[tɕy]。'有个陌生人在房间里'

"醯、宿"作前置词只能在动词前,如(6a),"是"在动词前后都可以,如(6a, b)。"是"作存在动词可以单独带方所题元,后面不能再带前置词,如(6c)。"醯、宿"作存在动词则可以再用"是"引出方所题元,如(6d),"宿是"或"醯是"像古汉语的"在于","醯、宿"如"在"作动词,"是"如"于"作前置词,显示能用在动词后的"是"比只能用在动词前的"醯、宿"更虚。前置词"拉"有"到"的意义,比以上三个词都虚化,不能作动词,并且只能在动词后。上面的(6b)就可以用"拉"取代"是"。再如"倒拉柜格里"倒到抽屉里。

丽水方言中的情况与温州相似。动词前用"醯、是",动词后用"啾"[dieʔ](与金华的动后前置词"特"音近,当同源),明显比"醯、是"虚化。当"醯"作动词时,可以带"啾"作前置词,如 10.2.1 例(13b)"醯啾大门外站在大门外"。

在太湖片以外的吴语中,只有台州片的存在动词兼前置词在动前动后没有差别,都用"在"[zə³³](椒江话)[1]或"是"[zʅ](大荆话),不过存在动词也用"宿",后面再用前置词,"宿"没有温州话"宿"的前置词用法。如(释义同(6),此略):

(7) a.〈椒〉我在图书馆。

b.〈荆〉我是图书馆里。

(8) a.〈椒〉老师在黑板特写字。

b.〈荆〉老师是黑板里写字。

(9) a.〈椒〉渠个首饰放在我垯[dɐʔ]。

b.〈荆〉渠个首饰囥是我堆[tɛ]。

除了"在"义和方向义前置词,其他方所类前置词基本上都只限于动词前的位置。像普通话的"开往长沙"、"走向前方"、"来自北京"等结构,在吴语中都不能用"V + PreP"表示。同样的意思要么把 PP 放在动词前,要么用"到"来代替其中的方向类前置词。

动词和方所成分之间的趋向词,如"进、出、上、下、过、近、回"等,在普通话中具有类似前置词的作用。然而,整个吴语都像苏沪吴语一样,基本上不用趋向词介引方所题元。只有"进、出"在少数情况下可以这样用,其他趋向词基本不具备这一功能。比如,下面两例,普通话由趋向词介引方所题元,对此吴语区的发音人无一使用趋向词,而大多使用表示"在/到"的前置词,并且在 NP 后加上了方位后置词,绍兴宁波则方所题元需要在动词前,更不用趋向词介引:

(10) a.〈普通话〉小偷躲进了卫生间。

太湖片 b.〈上海〉小偷呀躲辣卫生间里。

c.〈苏州〉贼骨头板躲勒卫生间里向。

d.〈无锡〉贼骨头板勒卫生间里。

　　　　e.〈常州〉小偷匿躲勒卫生间勒。

　　　　f.〈绍兴〉贼骨头卫生间里躲进垌。

　　　　g.〈宁波〉贼骨头屙坑间里幽该躲在那儿。

台州片h.〈椒江〉小偷钻在卫生间里。

　　　　i.〈大荆〉贼骨头砾[zā]钻卫生间去爻。

婺州片j.〈金华〉做贼躲到茅坑里。

　　　　k.〈东阳〉小偷幽躲登卫生间。

处衢片l.〈丽水〉小偷躲啾卫生间里头去罢了。

瓯江片m.〈温州〉小偷躲拉/是卫生间里。

(11) a.〈普通话〉有几个观众跳上了舞台。

太湖片b.＜上海＞有几个观众跳到舞台高头。

　　　　c.〈苏州〉有几个观众跳到(仔)戏台浪。

　　　　d.〈无锡〉有几个观众跳到舞台酿去唎。

　　　　e.〈常州〉有几个观众跳到舞台酿去。

　　　　f.〈绍兴〉有几个观众跳到舞台高头。

　　　　g.〈宁波〉有几个观众台上跳上去该唻。

台州片h.＜椒江＞有几个观众从舞台上跳上去。

　　　　i.〈大荆〉有几个观众跳到戏台里去爻。

婺州片j.＜金华＞有几个望[moŋ²⁴]个人跳到台上勒。

　　　　k.〈东阳〉有几个望侬跳咔台上。

处衢片l.〈丽水〉有几个观众跳到戏台上头去罢。

瓯江片m.〈温州〉有几个观众跳拉台上。

吴语和普通话的这一对比有力说明，"躲进卫生间"一类结构并非自然的动宾结构。只有在趋向词经语法化产生类似介词的联系项功能时，才能带上后面的方所成分。吴语的趋向词作为赋元动词是可以带方所题元的，如"进房间、出江苏省、上汽车、下船、回杭州"等，也是可以作趋向补语的,如"走进来、逃出去、跳出来、冲下去"等,但是它们普遍没有发展出类似介词的用法,所以无法在作趋向补语的同时为动词介引方所题元。

由此可见,在整个吴语中,方所类的动后前置词是一个极其封闭的类,"在"义前置词几乎是惟一真正的动后前置词。动后前置词的语法化程度在语音、语义和句法诸方面比同义的动前前置词(不管是否同源)更高。除了毫无动词性、语源不清、语音弱化这些明显的虚词特征外,高度语法化的另一表现就是使用的强制性。吴语动后前置词虽少,但在介引方所题元时很少能像普通话那样省略。整个吴语地区只有丽水和温州偶有前置词用不用两可的情况,还限于在少数放置类动词后,像普通话的"放(在)抽屉里"那样。如:

(12) a.〈丽水〉渠个首饰都囥(哦)我阿垯。
　　　b.〈温州〉渠个首饰沃囥(拉)我拉。

在大部分吴语中,这里的动后前置词都是很难省的。而即使在丽水和温州话中,也还是以前置词出现为常。

与动后前置词形成对比,动前方所类前置词大多有明显的实词(动词)词源,经常可以省略。方所前置词主要有存在处所或行为场所、方向或终点、源点、经由几类。表示终点的主要是"到",也有用"走、搭"的;表示方向的有"朝、望"等;表示源点的是"从";表示经由的前置词最多样,有的借用终点方向前置词"到、望"等,有的借用源点前置词"从",也有的用其他动源前置词,如"走"。下面比较一下它们的句法表现。

在动词前表示终点的"到"动词性较强,常能离开后面的 VP 而单独充任。假如看成前置词,那么它在不少吴方言中是可以省略的。多数发音人虽然对着带"到…"状语的普通话句子会说出相应的带"到"的方言句子,但其中有些发音人指出口语中经常不说出"到"。即把"今天我到广州去"说成"今日儿我广州去"(台州椒江)之类。

表示终点义,宁波话还能用"搭",温州话用"走"。"走"本义表示位移行为,虚化出"到"义很自然;"搭"在吴语中是伴随者介词兼并列连词,虚化成终点标记较为特别,如:

(13) a.〈温州〉居日今天你走狙宕去啊? '今天你上哪儿去?'
  b.〈宁波〉今末今天尔搭阿以哪儿去啦? '今天你上哪儿去?'

比"到"更倾向于不出现的是表示来源的"从"。虽然各地吴语普遍接受"从"为惟一的源点前置词,但是发音人往往感到带"从"的句子较新而偏于文雅正式。真正的口语,特别在更早时,很少有人用"从"。吴语的源点题元实际上或者靠方位后置词和动词词义的帮助来显示,或者用位置前置词如"勒"兼表来源。下面(14)中,"从"未加括号不表示必须用,只是调查时难以一一核实是否可省,空方括号则表示发音人未用前置词:

(14) a.〈普通话〉冬冬刚刚从学校回来。
  b.〈上海〉冬冬刚刚(从)学堂里向回来。
  c.〈苏州〉冬冬刚刚[ ]学堂里向转来。
  d.〈无锡〉冬冬刚刚勒勒学堂里转来。
  e.〈常州〉冬冬刚刚勒学堂里边家来哕。
  f.〈绍兴〉冬冬刚刚[ ]学堂里转来。
  g.〈宁波〉冬冬刚刚从学校里回来。
  h.〈椒江〉冬冬扣扣(从)学堂勒转来。
  i.〈大荆〉冬冬扣(从)学堂里走转。
  j.〈金华〉冬冬矮今草揭从学堂里回来。
  k.〈东阳〉冬冬刚刚从学堂里转来。
  l.〈丽水〉冬冬才从学堂归来/冬冬学堂[ ]才归得来。
  m.〈温州〉冬冬新居下儿(从)学堂里走来。

例(14)另有一个值得注意之处。此调查例句故意用未带后置词的"学校",这在普通话里是可以接受的,但各吴语发音人却都在没有提示的情况下于"学校"后加上了调查例句里未出现的"里"或其变体,只有丽水的发音人除外。与"从"的省略一对比,加上前面指出的动后前置词的使用强制性,清楚地显示在标记方所题元方面,不处在中介位置的动前前置词远没有处在中介位置的后置词和动后前置词重要。

最后看一下表示经由的方所前置词,这里呈现出更值得玩味的多样性:

(15) a.〈普通话〉你到上海可以从南京走,也可以从杭州走。
b.〈上海〉侬到上海可以从南京走,也可以从杭州走。
c.〈苏州〉倷到上海可以从南京走,也可以从杭州走。
d.〈无锡〉你到上海末可以勒勒南京走,也可以勒勒杭州走。
e.〈常州〉你到上海可以走/从南京走,也可以走/从杭州走。
f.〈绍兴〉诺到上海好望南京走,也好望杭州走。／诺到上海南京走也好走,杭州走也好走。(更自然)
g.〈宁波〉尔到上海好搭南京埭[kaʔ]走,也好搭杭州埭走。
h.〈椒江〉尔到上海可以从南京走,也可以从杭州走。
i.〈大荆〉尔到上海去可以经过南京,也可以经过杭州。
j.〈金华〉侬到上海可以从南京走,也可以从杭州走。
k.〈东阳〉尔到上海呢,可以从南京走呃,也可以从杭州走呃。
l.〈丽水〉你到上海去可以望南京走,也可以望杭州走。
m.〈温州〉你走上海可以走南京过,也可以走杭州过。

苏州、上海、椒江、金华、东阳等多数吴方言像普通话一样由源点标记"从"兼表。也有些方言如绍兴、丽水由方向前置词"望"兼表。"从"和"望"这对反义前置词竟成了跨方言的同义前置词。无锡话则还是用"在"义前置词"勒(勒)"兼表,形成处所、源点、经由标记的合一。有些方言用意义更实的"走"表示。这里还分两种情况。温州方言"走"就是方向标记,所以跟其他吴语用"望"是同一模式。常州方言"走"是专用的经由标记,形式上独立于源点题元和方向标记。宁波话用框式介词"搭…埭"表示,这个"搭…埭"也是方向标记。不过方向标记可以单用"搭",如:

(16) a. 尔现在好搭单位去勒哎。'你现在可以上单位里去了吧'
b. 尔搭我地方来走两步。'你往我这儿走几步'

而表经由时必须用框式介词。总之,经由标记在吴语中有四种模式:同场所标记(勒)、同源点标记(从)、同方向标记(望、搭…埭、〈温州〉走)、独立标记(〈常州〉走)。

从经由题元表达的多样性中,我们发现了方所前置词的一种按题元种类排列的基本性序列(basicness hierarchy)。等级高的题元,有以本题元为原型的专用介词,虚化程度往往较高,同时该词可以扩展至等级较低的题元。而等级低的题元,容易缺少自己的专用介词,或借高等级题元的标记兼表,或由虚化度较低的成分甚至实词来表示。序列表现如下:

(17) I 场所 ＞II 终点/方向＞ III 源点 ＞ IV 经由

等级 I 场所(location)是方所类(spatial)题元中最基本的题元,有专用的前置词"在、勒/辣/拉/来、是、隑",等等,都以存在位置或行为场所为原型义。同时这些前置词也可以引申指其他方所题元,如"勒"可以兼表终点、源点、经由。等级 II 表示终点/方向,所有方言都有此类前置词,即"到、朝、望、走、搭…埭"等。动词后的表终点的"到"有时可以换用等级 I 的场所前置词表示,如苏州话用"跳勒河里"表示"跳到河里"。反过来,表场所的"勒"不能换用"到",如苏州话"住勒在上海"不等于"住到上海"。另一方面,等级 II 的"望"、"搭…埭"等在绍兴、宁波、丽水等方言中可以用来表示等级 IV 的经由。等级 III 表源点的普遍用"从",但这个"从"较新,不少吴方言实际上原来没有表示来源的前置词,可以借用场所标记"勒"之类或仅靠方所后置词(也可归入场所标记)表示,如苏州话"我(勒)老王搭来"。不过,"从"一旦存在,就可以用来标记等级 IV 的经由题元。经由题元居末位,在许多方言中没有专用前置词,靠借用更高等级的题元标记表示。有的方言借用等级 II 的"望"或"走",有的方言借用等级Ⅲ的"从",甚至借用等级 I 的"勒"。有些方言如常州有专用的标记"走",但其虚化程度不高,在一些方言中,经由主要是靠动词表示的。在大荆话中,经由主要由动词"经过"表示;绍兴人虽然可以用"从",但觉得还是把经由直接表达成 VP"南京走、上海走"更自然[2]。

14.1.2 "非谓语性前置词"(把、被、给)及相关句型的跨吴语比较

14.1.2.1 被动句中的施事标记

Van Valin & LaPolla(1997:52—53)所说的非谓语性介词,是指不能为小句增加题元的介词。它们所引介的对象本来就是动词核心的必要论元。例如"把他打了"在论元结构方面和不用前置词的"打了他了"是等价的。从语序角度讲,非谓语性介词也许是更值得重视的介词,因为它们涉及的是小句中更核心的题元(thematic roles),即谓语的论元(arguments),其隐现往往直接影响句子的语序特点。比如英语接受者标记 to 的隐现就会导致受事和接受者的换位:John gave Susan a flower ~ John gave a flower to Susan。

14.1 前置词的跨吴语比较

普通话三个最重要的非谓语前置词分别是施事标记"被"、受事标记"把"和与事标记"给"。我们将比较这三个词的吴语对应词,着重关注它们与小句语序的关系及它们的语法化来源,从中将能得到一些在单一方言研究中不易得到的发现。现在先讨论施事标记。

被动句的施事标记在吴语中的句法表现很一致,不同于普通话"被"的有三点。

第一,除了婺州片的金华和东阳使用北京话也用的"让"以外,其他方言都使用给予动词兼接受者标记作施事标记,词汇来源也只有两大类。太湖片各点及台州片代表点椒江都使用"拨"(椒江片的发音人偶用"被",未核实是否系普通话例句的干扰),其余各点都使用一个舌根声母字,包括台州片大荆话的"搚"[$k^ha?$],丽水"克"[$k^hə?$],温州"赗"[ha],这三处的形式看来是同源词。这些词作为动词都相当于普通话"给"。下面是部分点"鱼被猫吃了"的对应句:

(18) a.〈常州〉鱼拨猫吃落个咧。

b.〈绍兴〉鱼拨猫吃过哉。

c.〈大荆〉鱼搚猫吃爻。

d.〈金华〉鱼让猫吃掉勒。

e.〈丽水〉鱼克猫吃特罢。

f.〈温州〉鱼赗猫儿吃爻。

第二,这一来源直接影响到被动句的另一项句法表现。在汉语前置词中,"被"的语法化途径是独特的。它本义是"披",不是经过连动式,而是经过单纯的动宾结构,先形成动词的被动标记,再成为前置词的。即先有动宾式"被杀",后发展出"被人杀",然后把"杀"的定语"人"重新分析为"被"的宾语,使"被"变成介词[3]。而无施动者的"被杀"结构也沿用至今。普通话最终选择"被"而非口语性的"让、叫、给"作为基本被动标记,可能就因为"被"后施事隐现自由,表达时更灵活,也更便于翻译外语中的被动式。在吴语中,来自给予义动词的被动标记仍然是个与施事而不是与后面的动词关系更密切的前置词,所以基本不存在"他被杀了"这种形式,施事是带标记的被动句中的必有成分。即使施事者不明,句法上也要求插入某种无定的对象作该前置词的宾语,要不索性去掉被动标记。如:

(19) a.〈普通话〉小张被开除了。

b.〈上海〉小张(拨单位里)开除脱勒。

c.〈苏州〉小张(拨俚笃他们)开除脱哉。

d.〈无锡〉小张拨佗里他们开除落咧。

e.〈常州〉小张拨他开除落个咧。

f.〈绍兴〉小张拨伊他开除哉。

g.〈宁波〉小张开除唻。

h.〈椒江〉小张被开除爻。

i.〈大荆〉小张被开除爻。/ 小张搭渠郎开除爻。

j.〈金华〉小张(让渠郎他们)开除掉勒。

k.〈东阳〉小张开除勒。

l.〈丽水〉小张克开除特罢。

m.〈温州〉小张䞍开除爻罢。

上海、无锡、宁波、金华等多数方言都无法直接将被动标记直接放在动词前,要么去掉被动标记变成意合被动句,要么加进虚指的施事。台州的椒江话和大荆话允许按普通话方式省去施事,但用的是本地少说的"被",只要用地道的方言词"拨"或"搭"就必须加进施事。除最南部的丽水和温州外,各地吴语都不能将本方言的被动标记直接放在动词前。此外也有说温州话的人认为省略施事的被动句难以接受。

最后,被动标记来自给予义动词也影响到与事标记的句法作用,详14.1.2.3。

14.1.2.2 受事间接格标记("把"的对应成分)

吴语各地普遍存在"把"的对应词,但"把"字句(下称处置式)的吴语对应句并不常用,甚至用途极其有限。这主要是因为吴语常采用次话题结构,受事直接放在动词之前。

"把"的对应成分在苏沪吴语区普遍用"拿",浙江吴语则来源各异,绍兴:则(词源不明)、拨(给予义动词兼接受者、施事标记);宁波:拨、搭(并列连词、伴随者、方向标记);台州椒江"拨"、大荆"搭"(给予义动词、接受者、受益者、施事标记);金华和丽水:帮;东阳:把;温州:逮。这些来源中,分布较广的有二类。"把、拿、逮"属"拿/抓"类。"拨、搭"属给予类。宁波的"搭"和金华、丽水的"帮"都是兼表多种题元的前置词,在吴语中分布颇广,只是作受事标记较少见。

以上来源最值得注意的就是给予类。这种受事标记不但跟与事及受益者标记同形,甚至还与施事标记同形,成为语义负荷极高的虚词。以大荆为例:

(20) a. 渠他**搭**我一支钢笔。(=给,给予动词)

　　 b. 姐缉勒打了两件毛线衫**搭**渠。(=给,接受者标记)

　　 c. 央侬求你**搭**我办件事干事情。(=为/给,受益者标记)

　　 d. 鱼**搭**猫吃了。(=被,施事标记)

　　 e. 尔你**搭**大门关来关上。(=把,受事标记)

以上由 a 到 e 的顺序,大致反映"搭"的派生顺序,只有 d、e 之间是平行关系。"搭"兼了施事和受事标记后,句法作用大于语义作用。题元类别要借助语境和知识来确定(通常"猫吃鱼"而非相反,"人关门"则更不容对换关系)。普通话的"把"基本上是个单义前置词。而吴语的受事标记常兼表多种题元,受事只是题元之一。这种情形使我们更看清一点:所谓"把"字句不是真正的 OV 句型,"把"连同所辖成分只是一个间接格[4]。

处置式在吴语中不如普通话"把"字句重要,这可从量和质两个方面看出。

从量上看,吴语区常用受事作次话题的 STV 句式表达普通话处置式的句义。对《海花》和普通话语料的初步统计显示苏州话"拿"字处置式出现频率不足普通话"把"字句的一半。在 SVO 倾向最弱的宁波绍兴一带方言,处置式更加少用。我们有一组调查用的普通话"把"字句,共 15 句,让发音人说出对应而自然的宁波话句子,结果只得到 3 例处置式,其余 12 例均为 TV 句。考虑到调查时普通话问卷中"把"字句的影响,可以设想在平时说话中处置式会更加难得。

从质上看,"把"字句在普通话中使用限制较少,而吴语区对处置式的限制要多一些。所以普通话中有些"把"字句在吴语中难以译成处置式,如:

(21) a. 先把橘子剥了皮。

b. 你出去这么多天,把你妈想死了。

(21a)句只有苏州、无锡、常州、金华四地采用跟普通话相同的处置式。绍兴、宁波用 STV 句。上海、椒江、大荆、东阳、丽水、温州虽用处置式,但都把整个"橘子皮"放在介词后动词前,如丽水"先帮橘个皮剥嗨"。(21b)句在普通话中优先理解为使动用法,即"你使你妈想死(你)了"。按此理解,上海、绍兴、宁波、椒江、丽水各点发音人都觉得难以照搬处置式,而须换用其他句式,如"(害得)你妈都想死你了"等。

14.1.2.3 与事(接受者)标记("给"的对应成分)

普通话"给"作为接受者(与事)标记主要用在两种位置,一是动词后,如"送给他笔"、"买给他书",一是表示客体的直接宾语后,如"送笔给他"、"买书给他"。"送"是双及物(三价)动词,与"送"配合的"给"没有增加句子论元,这时"给"是真正的非谓语性介词。"买"是普通及物(双价)动词,离开了"给"不能带与事,这时的"给"是谓语性介词。在两种位置中,动词后的"给"介词性不强,"V 给"也可以分析为复合动词。直接宾语后的位置介词性较强,特别是在"送书给他"中用作非谓语介词时,只能分析为前置词,因为不能把"送书"和"给他"分析为两个 VP 的连动,而"买书给他"尚可分析为连动(参阅 Her:1997)。我们就用上述句法框架来比较吴语的与事标记,把"送书给他"这种结构中的"给"看做与事前置词的最典型位置。

吴语的与事标记大多像普通话"给"那样来自给予义动词,但并非必然如此。11.1.3 已提到老的或郊区的苏州话由"在"义前置词"勒"兼与事标记,如"送一条鱼勒老张"。调查显示,金华、东阳、丽水三地的与事标记也与给予义动词不同。试比较:

  (22) a.〈普通话〉他给我一枝钢笔。～ 送两朵花给他。

    b.〈金华〉渠给俺一枝钢笔。～ 送两朵花特渠。

    c.〈东阳〉渠分我一枝钢笔。～ 送两朵花唎渠。

    d.〈丽水〉渠克我一枝钢笔。～ 送两朵花忒渠。

这三处方言的给予义动词分别是"给、分、克",而与事前置词分别是"特、唎、忒"。这三个标记都是语源不明、不兼动词的纯虚词。"特"在金华话中也是表示"在"的动后前置词,如(23a),像古汉语"于"和苏州话"勒"一样由方所标记引申为接受者标记;"唎"在东阳话中是专用的与事标记,除用在客体宾语后,也能放在动词后,如(23b),但不作动词;"忒"在丽水还用作伴随者标记,如(23c):

  (23) a.〈金华〉渠个的首饰都放特俺搿里我这里。

    b.〈东阳〉我送唎老张两瓶酒。

    c.〈丽水〉渠一直忒邻舍闹矛盾。

最有意思的是,当动词换成非双及物动词,东阳、丽水方言在客体宾语后就不用前置词"唎"和"忒",而是分别用给予义动词"分"和"克",比较:

(24) a.〈东阳〉阿姐儿缂勒两件毛线衣分渠。'姐姐打了两件毛衣给他'

b.〈丽水〉陀陀结两件毛线衣克渠。'姐姐打了两件毛衣给他'

这说明,Her(1997)把普通话"送花给她"的"给她"分析为前置词短语,把"买花给她"分析为连动式是有道理的,在东阳、丽水方言中两种结构是分别用前置词和动词来表示的。

"买给他花"这种与事标记用在动词和两个宾语之间的结构,在一些吴语中很少使用,甚至难以接受。相反,"买花给他"这种结构普遍存在于吴语中。先看普通话例句(25):

(25) a. 姐姐打给他两件毛衣。

b. 姐姐打了两件毛衣给他。

对(25a),发音人沿用这种结构的有苏州、无锡、大荆、金华、东阳、丽水诸方言,而常州、绍兴、宁波、椒江、温州的发音人都换用(25b)或"姐姐给他打了两件毛衣"这类结构的句子来作答。两位上海发音人则一人沿用,一人换用。而对例句(25b),所有各点的人都沿用结构。可见(25b)是优势结构。考虑到问卷句子对发音人的影响,实际上也许有更多方言会倾向于将(25a)换用其他结构。

从类型学看,这一不对称是很好解释的。"买花给她"让直接宾语靠近核心,让间接宾语离核心较远,符合关系距离的象似性原则(Bybee,见Croft1990:174)。而"买给他花"在"买"和直接宾语"花"之间插入一个短语"给她",使关系最接近的成分反而隔得最远,违背了象似性原则,因此不是优势句式。即使在允许(25a)式的语言方言中,其使用也受到限制,比如插进去的与事不能太长,尤其不能比客体宾语长。普通话就很难说"姐姐打给这个很要好的朋友毛衣"。(25b)式则无此限制,客体或与事题元都允许较长,如"姐姐打了毛衣给这个很要好的朋友"或"姐姐打了式样非常新潮的毛衣给朋友"。因此,(25b)式在吴语区的优势地位有其类型学的必然性[5]。

在普通话中,表示接受者的"给"还是动词前的受益者(benefactive)标记,如"给我开门"。因为与事可以被看做受益者的一种,所以与事也可出现在受益者的位置,"给她送花"可以表示"送花给她",也可以表示"为她送花(给另一人)"。吴语的情况与之不同。很多方言与事标记不兼受益者标记。11.1.3已提到苏州话给予动词兼接受者标记"拨"在动词前只能作被动句的施事标记,不能表示受益者。受益者标记要用并列连词兼伴随者标记"搭"(=普通话"跟"),如"送花**拨**小张"、"**搭**我开门",但不能说"**拨**我开门"。比较:

(26) a. 〈普通话〉姐姐打了两件毛衣给他。～姐姐给他打了两件毛线衣。

b. 〈上海〉阿姐打勒两件绒线衫拨伊。～阿姐搭/帮伊结勒两件绒线。

c. 〈无锡〉阿姐结着两件绒线衫拨勒佗。～阿姐搭佗结着两件绒线衫。

d. 〈常州〉阿姐织着两件头绳衫拨他。～阿姐搭他织着两件头绳衫。

e. 〈金华〉阿姐打勒两件毛线特渠。～姐姐帮俺打勒两件毛衣。

f. 〈丽水〉陀陀[do do]结两件毛线衣克渠。～陀陀帮渠结特两件毛线衣。

g. 〈温州〉阿姐缉两件绒衫附渠。～姐姐代渠缉爻两件绒衫。

(26)显示,普通话两句都用"给"作标记,而吴语区多数方言接受者用一个标记(多来自给予动词)、受益者用另一个标记,只有少量吴方言跟普通话一样用同一个标记表示动词后的与事和动词前的受益者,如绍兴和椒江的"拨"、大荆的"搭"、东阳的"分"。

14.2 后置词和框式介词的跨吴语比较

14.2.1 方所后置词的比较

吴语中的方所后置词主要包括两类。一类是**方位后置词**,其句法特点是只能用在非动物性名词短语后,如"台上、树上、*狗上、*小张上"。一类是主要用于指人名词后的后置词,如苏州话的"搭"、上海话的"拉"、"海头"等,暂时叫它们**处所后置词**。正在形成中的复合后置词"身浪、面浪"等因为也用在动物性名词后,也可归入此类。此外,还有一些专用在地名之后的后置词,如苏州话"山东地方"中的"地方",也可以归入处所后置词。

虚化程度最高的方位后置词是"上"和"里"。

北部吴语中,方位后置词"上"因语音弱化出现固定的变读,区别于"上"的规则读音[zã]。变读表现为苏州、上海的"浪"[lɑ̃]和无锡、常州的"酿"[ɲiã]。

方位后置词"里"也形成了固定的弱化变读,不同于规则读音[li],表现为常州的"勒"[ləʔ]和椒江的"勒"或"特"[dəʔ],不过椒江这个词读音不太稳定,也有时念[li]:

(27) a. 我在屋勒家里吃饭,渠他在单位特单位里吃饭。

b. 渠在鸡汤里拨把盐放进去。

丽水话的后置词"里"已经完全变成"特"[dəʔ],如(28a,b),但当使用双音节方位词时,便用"里[li]头",保留"里"的规则读音,可见双音方位词的虚化程度低,如(28c):

(28) a. 你再啰唆,我便要望河特跳罢了。

b. 明朝公司特要运一批货到杭州去。

c. 老王才走到大门里头去。

在语法化进程中,弱化变读现象很重要,它从语音上割断了后置词与实词词源的联系,使方位词完全以虚词身份出现,"浪/酿"、"勒/特"这些成分再也无法归入名词。

从组合范围看,"里"在部分吴语中的虚化程度比"上"更高,甚至进入"上"的语义域,如"黑板里、台桌里、山顶里、路里"(参阅 10.2.2)。由于"里"的意义逐渐中性化,一些方言通过语法化创新来使必要的方位意义更明晰。温州话的"里"已进入"上"的领域,如"黑板里、身里身上"。于是对真正"里面"的意义,温州话可以选用更加明确的"底转",如"房间里～房间底转"。"底转"相当于普通话的双音词"里面",虽然有后置词的用法,但还保留名词性,可以单作处所题元,如:

(29) 门开是搭,底转冇 [nau³⁵] 侬。'门开着,里面没有人'

另一方面,"里"的虚化用法如"黑板里"就不能说成"黑板底转"。

"里"在一些方言中还发展出处所后置词的用法,而"上"尚未见到这一用法。这一发展有的经过人称代词后缀的环节,有的未经这一环节,可分别以无锡话和绍兴话为例。

无锡话的"里"能作指人名词后的后置词,同其充当人称代词和指人名词的复数/群集后缀有关。无锡话的人称代词复数形式就是后加"里":我－我里,你－你里,佗 [dəu³⁵]－佗里。此外,凡指人名词都能加上"里"表示所在的群体或一家,如"小张里小张他们、小张一家、老师里老师他们、老师一家"。无论是复数人称代词,还是指人 NP 带"里",都可以用作方所题元,表示某人的家里。这时的"里"已经由**方位后置词**经复数后缀发展成**处所后置词**,如:

(30) a. 老张来我里字相。'老张在我家玩儿'

b. 物事摆勒王老师里。'东西放在王老师家'

绍兴话的"里"没有经过代词后缀这一环节。绍兴话三身代词复数的构成是与"里"无关的元音屈折,把元音变成[a]:我[ŋo] ~ 伢 [ŋa],诺 [noʔ] ~ 那 [na],伊 [i] ~ 呀 [ia]。这个[a]可能是由某个[a]韵复数后缀(=上海的"拉"?)并入前一音节形成的,由后加法演变成元音屈折法。但绍兴话"里"也可以加在指人 NP 后表示某人所在的处所,但不一定指家里,是比无锡话"里"更宽泛的方所后置词,相当于苏州话上海话的"搭"。如:

(31) a. 伊个首饰都我里_{我这儿}放埭。

b. 小明里_{小明那儿}有一台电脑。

由于"里"在无锡话、绍兴话中兼有方位和处所两类后置词的功能,因此成为搭配最全、句法上也最虚化的方所后置词。如无锡话可以说"罗里(哪儿)、房间里、我里(我家里)、小张里(小张家里)";绍兴话可以说"辩里/亨里(这儿/那儿)、房间里、我里(我这儿)、小张里(小张那儿)"。普通话中尚未见到组合面如此广的方所后置词。

"里、上"作为后置词虚化程度特别深,还体现为它们几乎是仅有的单音节方位后置词。吴语中普遍不存在"下、中、外、间"这些单音节后置词,而都用双音词形式,如"纸片飘在半空中"的"半空中",吴语要么改用双音词说成"半空当中"(上海、苏州、无锡、常州、宁波),要么换用更虚化的"里、上",如"天上"(椒江)、"天空里"(大荆)、"半天里"(绍兴)[6]。这一局面源于汉语名词的双音化过程。方位词来自名词,多少保留了名词的特性。由于在虚化为后置词之前就已经遇到双音化的历史进程,所以也受到双音化的影响。而"里、上"的语法化当早于双音化,由于早已接近真正的虚词,所以不再受双音化的影响,并且出现进一步的语音弱化。

主要加在指人 NP 后的处所后置词,从意义和形成机制上区分,有两个小类。一个小类是泛指某人所在的处所(当然也包括其家里)。此类通常由表示处所的名词语素而来。属于此小类的有苏州的"搭"、上海的"搭、海头(墙头)、荡"、绍兴话"里"等。另一小类是专指某人家里或住处的,通常与表示复数/群集的后缀同形,有苏州的"嗨"、上海的"拉"、无锡的"里"等。不过,有些方言处所后置词能用于所有指人NP,而有些方言似乎主要限于三身代词后,在指人名词后则需要用完整的指示词。

先看泛指处所的。比较:

(32) a.〈普通话〉我那儿 ～ 小明那儿

b.〈上海〉我搭/我海头 ～小明搿搭/小明海头

c.〈苏州〉我搭 ～小明搭

d.〈宁波〉我地方 ～小明地方

e.〈绍兴〉我里 ～小明里

f.〈椒江〉我垯～小明介地[ka di]("介地"意为那儿)

g.〈大荆〉我堆 ～小明芒堆[mō tɛ]("芒堆"意为那儿)

h.〈丽水〉我垯[da]～ 小明垯

i.〈温州〉我搭/我拉～ 小明搭/小明拉

在上海("海头")、苏州、宁波、丽水、温州方言中,处所后置词既能加在人称代词后,也能加在指人NP后。在上海("搭")、椒江、大荆方言中,处所后置词只能加在人称代词后,在指人NP后,则必须像普通话一样使用完整的处所指示词。没有一个处所后置词只能加在指人NP后却不能加在人称代词后。少数方言的处所后置词还扩展到物体NP后,如:

(33) a.〈上海〉所以侬挈=拿礼物到祭坛墙头。sm0022wr

b.〈丽水〉妹妹心哒难过死哎。

在以上方言中,宁波话的"地方"显得较像实词,实际上当它用在NP后标记处所标记时,句法上也开始虚化,最明显的就是"地方"前不用定语标记"个"。普通话很难按此结构说成"**放在我地方**"。

另一小类的处所后置词是专指家里的,通常由复数/群集后缀表示,如上海话"老王拉"指老王他们、老王一家及老王家里。假如要用更加明确的词汇形式,则加上"屋里"说成"老王拉屋里"。"拉"这种表示家里的处所后置词在吴语的面上分布有多广,目前还不十分清楚。由于普通话没有相应的虚词,我们只能用"老王家里"这样的问卷例句,使被调查者即使有"拉"这样的后置词也很容易用"老王屋里"模式来对应。据初步调查,除苏沪吴语外,至少宁波话、绍兴话存在此类后置词,看(34):

(34) a. 〈宁波〉我已搭老王拉去坐过唻。

b. 〈绍兴〉我到老王拉里坐一歇。

宁波话的"拉"跟上海话的"拉"完全相同。绍兴的"里"是泛指处所的后置词,所以"老王拉里"也可以说"老王里",相当于用"老王那儿",特指"老王家里"。而加了"拉"后,"拉里"形成了一个表家里的复合后置词,但"拉"本身并没有发展出上海、宁波"拉"的后置词用法,不能说"到老王拉去坐"。

方所后置词在吴语中的重要性,不仅表现在有一批虚化程度高的方位及处所后置词,而且后置词具有更大的句法强制性。我们的问卷特意在普通话后置词可加可不加的时候设计成不加的,而发音人普遍加上适当的后置词,不受问卷影响,可见这时后置词基本上是强制性的。下面只举一例:

(35) a. 〈普通话〉小红在健身房锻炼。

b. 〈上海〉小红辣健身房里锻炼。

c. 〈苏州〉小红勒健身房里锻炼。

d. 〈无锡〉小红来勒健身房里锻炼。

e. 〈常州〉小红勒健身房勒锻炼。

f. 〈绍兴〉小红健身房里来亨锻炼。

g. 〈宁波〉小红健身房里来该锻炼。

h. 〈椒江〉小红在健身房勒练功。

i. 〈大荆〉小红是健身房里锻炼。

j. 〈金华〉小红来健身房里锻炼。

k. 〈东阳〉小红是登健身房里锻炼。

l. 〈丽水〉小红隉健身房锻炼。

m. 〈温州〉小红宿健身房里锻炼。

在所有 12 个点中,只有丽水此句未用"里"(其他同类例句该发音人仍用"里")。大体上吴语处所成分作状语时,后置词是句法上强制要求的虚词,而前置词却可以不加,如宁波、绍兴的例子。

14.2.2 框式介词的比较

从上文已经可以看出吴语在两个方面比普通话更常使用框式介词。14.2.1 的(35)反映吴语表达方所题元时,句法上更需要由前置词加后置词组成的框式介词。14.1.1 例(11—12)则反映吴语趋向词的虚化程度低,普通话类似前置词的趋向词用法,在吴语中通常要换用"勒在"、"到"这种更虚化的方所题元标记并在后面加上方位后置词,形成框式介词,跟普通话单由趋向词发挥前置词作用形成对比。下面再简略比较吴语中其他框式介词的情况。

工具题元由前置词加"来"组成框式介词的情况相当普遍。问卷例句个别用"来",多数不用"来"。调查结果是,带"来"的问卷句肯定引出带"来"的吴语句子,没有例外,例如(36),而不用"来"的问卷句也有很多人加进"来/去",反映加"来/去"的情况显然是优势,特别是工具语较长时。下面举出是否加"来/去"的跨方言统计情况,可以与苏州话上海话的单一方言内的有关统计(表11-4,11-5)互相印证。

（36）他们用造假账的办法来蒙骗上级。[12处全部加"来"]

（37）强强能用筷子[　]吃饭了。[全部不加"来/去"。]

（38）你用/拿这个盆[　]洗脸。[上海、苏州、常州、丽水加"来"，椒江、大荆加"去"]

（39）他们用钱[　]引诱他。[上海、苏州、常州、金华、东阳、丽水用"来"]

等比/比喻格式的基准标记除了用"像"，也常与伴随者标记共享一个前置词。差别在于后置词，即"跟…一起"表伴随者，"跟…一样"表等比/比喻。当基准题元在动词前时，普通话和吴语各方言基本上都是强制性地使用后置词，形成"跟/像…似的"一类框式介词。在动词后则后置词通常是可选性的。一些吴方言使用的后置词不如"似的"那样虚，较接近"一样、这样/那样"，有形容词性。不过丽水可用名源的"样子"：

（40）a. 渠好像宝拾咧样子快活得勿得了。'他像捡了宝贝似的高兴得不得了'

b. 张主任好像骂儿样子大骂特渠一通。'张主任跟训儿子似的训了他一顿'

可见在这个句法位置，名词和形容词的差别已经被中和，都只是起后置词的作用。此外，丽水还使用更虚的等比/喻体后置词"则"。"则"是方式/程度指示词"伊则这样/阿则那样"中的后缀。"伊则/阿则"和"则"都可以充当后置词，"则"成为最虚化的后置词。比较：

（41）a. 我便喜欢脱你伊则聪明个侬。'我就喜欢跟你这么聪明的人'

b. 渠个心好像菩萨阿则善良。'他的心真像菩萨一样善良'

c. 阿壋[doŋ]那座楼屋大概有国际饭店则高。

14.3 PPC 的比较

其他完全虚化的等比/喻体后置词除了老上海话的"能"、丽水的"则"外还有金华的"生[saŋ]/亨[hɑŋ]"、东阳的"海"[hɛ]等,它们都同时为方式-程度指示代词后缀。如:

(42) a.〈金华〉么那幢楼大概有国际饭店亨高。

b.〈金华〉侬覅你不要像老爷生坐得末里在这儿,一点儿都弗不做。(曹志耘 1996:179 例)

c.〈东阳〉革个家伙像条蛇海狠。

d.〈东阳〉渠像泥鳅海一记便溜勒。'他泥鳅似的一下就溜了'

差比句的基准题元吴语普遍用前置词"比"作标记,有时后面加副词形成"比…要/来得"等框式介词,情况无异于苏州话上海话[7]。

14.3 PPC 的比较

14.3.1 PPC 构成的比较

吴语普遍存在与苏州话"勒里"等对应的 PPC 前后置词复合词,并且这种词都兼有表处所和表体范畴多种功能。下面先列表显示各地 PPC 的词形,再略作说明。

表 14-1 吴语各点 PPC 词项表

地点/距离	近指	远指	其他
上海			辣海、辣辣、辣该、辣浪
苏州	勒里	勒哚	勒海、勒浪、勒搭
无锡	勒里		勒哼、勒酿
常州	勒荡	勒头	勒海
绍兴	来埭	来亨	来垌

地点/距离	近指	远指	其他
宁波	来当、来东	来该	来的
椒江			在垯
大荆	是堆	是芒[mɔ̃]	
金华	来里		
东阳			是登、来登
丽水			是垯、隑哒
温州			是够[kau]、是搭、是拉、宿拉

下面对上表所反映的 PPC 构成情况作点说明和分析。

一、PPC 的前字来源较为单纯，都是"在"在方言中的语义对应词，大体上是北"来"南"是"。太湖片各处（从上海至宁波）及婺州片的金华都是"来"及其语音变体"辣、勒"。与金华同属一片的东阳是"是、来"并用，体现南北交汇。处衢片的丽水、瓯江片的温州都以"是"为主，也用虚化程度稍低的"隑"[gɛ]（原义为站）或"宿"[ɕyu]。台州片的大荆也用"是"，椒江则用"在"[zə]，但不排除为"是"之弱读。

二、PPC 的后字来源比较复杂。苏州、绍兴的情况已分析过，大体上都是能作处所后置词的语素。无锡的"里"、"哼"[həŋ]、"酿"[ɲiã]分别与苏州的"里"、"海"、"浪"同源，常州话除与苏州等同源的"海"外，"荡"、"头"也与老上海话的成分同源，都是能作处所后置词或处所指示词后缀的语素。

宁波话"的"[tiʔ]和"该"[ke]的词源尚不清楚，因为它们既没有实词用法，也不见后置词用法。除了用在 PPC 中外，它们还能用作体标记，同时带远近指意义。《宁波方言词典》（汤珍珠等 1997）据此把"的、该"都解释为表示持续、同时有远近指意义的"助词"，并认为"来的、来该"由动词兼介词"来"加"助词"构成。实际上，吴语中所有方言都用 PPC 或其后字作体标记（详下）。可见"的、该"的体标记用法及远近指意义来自 PPC,而不是 PPC 后字来自体标记。"来的、来该"有时完全没有体的意义,却总是有处所距离指示意义,所以体意义是由空间义派生的,而非相反。不排除"该"来自指示词"该"[kiɪʔ]这、那。不过两者虽然习惯写法相同,实际读音并不相同,指示代词的来源仅为推测。"的"大概跟南边的大荆话和北边的吴江话的后置词兼 PPC 后字"堆"[tɛ]同源。大荆 PPC"是堆"已见上表,其后置词用法如"渠个他的首饰囥是我堆放在我这儿"。吴江 PPC 有"勒堆",与宁波"来的"更接近。吴江"堆"的后置词用法如"我到小张堆孛相我到小张那儿玩"。因此,从跨吴语比较看,可以相信宁波的 PPC 后字"的、该"都有过处所后置词的用法。至于其 PPC 后字的另两个形式"当"和"东",分别跟老上海话"拉荡"的"荡"和杭州话"来东"的"东"同源(=绍兴话"来垌"之"垌"),都可追溯到后置词背景。

　　椒江的"跶[daʔ]"来自后置词,其后置词用法如"渠个首饰放在我跶"。这个"跶"与苏州话"搭",仅声母清浊有别。大荆的"芒"是远指指示词。金华的"里"是方位后置词。东阳的"登"[nʌŋ]读阴平调,并不宜记作阳平的"能"。该方言鼻韵母前的[t]声母按规则念[n],所以"登"念[nʌŋ]是规则读音。"登"跟邻近的杭州话 PPC 后字"东"和绍兴话"垌"当属同源词。其作后置词用例如"我一口气爬叫山头登"。这也反过来帮助证明绍兴话"垌"确实与后置词有关。丽水的"跶"[daʔ]也跟苏州话"搭"、椒江话"跶"同源。其作后置词用例如"小明跶有一台电脑"。温州的"搭、拉"与上述"搭、跶"都同源。潘悟云(1999)指出温州话"拉"就是"搭"的变体。事实上它们作为后置词用时也是互相可以替换的变体,如"小明搭/拉有一台电脑"。至于"够"[kau]则是指示语素——"够荡"(也作"够宕",表示"这儿")的构成成分。不过从游汝杰、杨乾明(1998)和潘悟云(1999)看,"够"作为指示成分已是化石语素,只用于此词,其他词语都用"居"[ki][8],如"居个、居里、居日、居侬这些、居下儿"等。

从以上分析看,吴语的 PPC 后字绝大多数来自处所后置词,少数来自指示词。来自后置词的机制在个案分析中已经作了描述,即表示处所的框式介词短语省去中间的 NP、由动源前置词和名源后置词直接组合而成。如:

(43) a. 〈苏州〉勒房间里_{在房间里} → 勒里

b. 〈温州〉是小张搭_{在小张那儿} → 是搭

来自指示代词的 PPC 后字也与后置词有关。11.2.1 指出,指别词在吴语中都是黏着语素,不能单独充当句法成分,包括不能受前置词支配。另一方面,处所指示词本身是在各方言中都能用作后置词的,如普通话的"在小张那里",温州话的"是小张够荡"。既然吴语中大部分 PPC 都来自框式介词中名词短语的省略,那么后字为指示语素的 PPC 也应当经历了类似的派生过程,只是省略时将指示语素后的处所语素也省略了。值得注意的是,两类 PPC 可以存在于同一方言,内部结构相同,功能也相同,如大荆的"是堆"和"是芒",甚至完全同义,如温州的(43b)中的"是搭"和"是够"("够"是指示语素)。其派生机制可表示如下:

(44)〈温州〉是小张够荡 → 是够荡 → 是够

因此,所有的 PPC 实际上都源于框式介词结构中 NP 的省略。

三、PPC 的距离范畴,各方言并不完全对等。苏州话(主要是老派)、常州话和绍兴话有比较整齐的远、近、中性(neutral)对立的 PPC,其他方言并不都这样整齐。上表中的"其他"栏指不分远近的中性义,而非介于远近之间的"中指"。其中有一些词有其他指称义。例如苏州话、常州话、上海话"勒海/辣海"、无锡话"勒哼[hən]"除泛指处所外还有一个专门表示范围的"在内"义,如上海"㑚辣海_{都在内,一共三十斤}"。绍兴话是远近和中性俱全,但据陶寰介绍其中性词更多用于疑问和证实的场合,少用于一般的叙述。金华的情况需要特别说明。从表上看,只有一个近指的 PPC,按理一个词项构不成对立,无法称为近指。事实是金华近指用 PPC"来里",远指则用"来么里"。"么里"表"那里",是表示完整的远指处所指示词,所以"在么里"不能算 PPC,而是短语。

14.3.2　PPC 句法功能的比较

14.3.2.1　PPC 整体带处所题元问题

各地吴语 PPC 的句法作用大体一致。普通话"在那儿"这种短语所具备的功能,PPC 都具备,如用作紧缩式存在动词短语,作为紧缩式 PP 用在动词前或动词后。此外,各地吴语的 PPC 也都具有在动词前表进行体、在动词后表持续体/成续体的作用。这些都可以参阅 11.3 对苏州话 PPC 的有关描写。另一方面,各地吴语的 PPC 也存在一些句法差异。主要表现在这几个方面:1、PPC 整体能否再带处所题元? 2、PPC 的后字,即名源后置词,能否用作前置词再带处所题元? 3、PPC 在充当体标记时或更虚的语气词时,能否省略为一个音节? 剩下的是 PPC 中的哪个字? 以下几小节就围绕这几点作一些比较。

苏州、上海方言的 PPC 整体都能带处所题元,如苏州"住**勒海**北京"、上海"**辣辣**黑板高头写字"。这种用法突破了 PPC 的原结构性质,因为 PPC 本是紧缩的 VP 或 PP 结构,再带处所题元使得 PPC 的后字完全丢失其名源后置词属性,使 PPC 特别是其后字进一步语法化。PPC 整体带方所题元的用法至少还分布在宁波、绍兴、东阳,当然,表现不尽相同。

绍兴话中,"PPC+方所题元"成立,但限于出现在谓语位置或动词前的状语位置。即使在这时候,更自然的语序仍是"方所题元+PPC",因为绍兴话有强烈的处所成分前置于存在动词的倾向。下面的小于号"<"表示后者是优势表达:

(48) a. 我来亨图书馆里。< b. 我图书馆里来亨。

(49) a. 小明来亨操场里打球。< b. 小明操场里来亨打球。

(48a)由作为存在动词的PPC带处所题元,但不如(48b)结构常见。至于(49a)句,13.4已指出,绍兴话"来"和PPC都没有发展出纯前置词用法。在(49a)中PPC仍是动词,在(49b)中"来亨"是进行体标记,都不是介词。所以绍兴话PPC并不能作为前置词再带处所题元。

宁波话PPC作为动词也能带处所题元,但也是以(48b)这种语序更常见。宁波话不同于绍兴话的是PPC在动词前可以有真正的前置词用法,如:

(50) 老师来该黑板上写字。

不过还是没有发现PPC在动词后用作前置词的例子。

东阳的PPC"是登"中的"登"虚化程度较高,所以PPC整体跟老苏州话"来里"等相似,后面可带处所题元,如:

(51) a. 我是登图书馆里。'我在图书馆里'

b. 老师是登黑板上写字。'老师在黑板上写字'

14.3.2.2 PPC的后字作前置词问题

PPC后字是名源后置词,如苏州话"勒里"之"里"是方位后置词。但在部分吴语中竟很不寻常地发展出前置词的用法。此现象的分布很有限,只发现绍兴和东阳出现这种情况。绍兴的情况13.4已分析过,这里再讨论一下东阳话的情况。东阳话像绍兴话一样,在动词前可由PPC带处所题元,如前面(51b),而在动词后则由PPC的后字作前置词,如下面(52a, b),而且"登"和绍兴话的"垌"(=杭州话的"东")读音也接近。更重要的,绍兴话PPC的后字今已见不到后置词用法,而东阳话的PPC后字"登"仍保留后置词用法,从旁证明绍兴的"东"本是后置词。这样,"登"在东阳话这同一方言中可分别作后置词和前置词,比较(52) a, b两句和c, d两句,特别是b句和c句:

(52) a. 有个陌生侬隑登大门口。'有个陌生人站在大门口'

b. 渠爬登山浪去勒。'他爬到山上去了'

c. 我一口气爬叫山头登。

d. 小纸飘来半空登。

以上情况中有两点特别值得注意。第一,PPC带处所题元和PPC后字作前置词有一种单向相关性:PPC后字能作处所前置词的方言(绍兴、东阳)其PPC整体也能带处所题元,但PPC整体能带处所题元的方言却不一定让其PPC后字作处所前置词。可见PPC整体带方所题元是PPC后字作前置词的必要条件,但不是充分条件。后者是由PPC整体作前置词发展来的。第二,PPC整体和PPC后字都能带方所题元的方言均为PPC在动词前,PPC后字在动词后。我们知道在汉语中动后前置词通常在韵律上比动前前置词弱,如北京话"到"和"在"在动词后可说成弱化的de,如"坐de椅子上",但在动词前却不能这样弱化。动词前用PPC整体而动词后用PPC后字符合这一弱化规律。这又一次引向一个结论:动词后带方所题元的PPC后字是从PPC整体的用法而来,是后者的弱化和简化。

14.3.2.3 PPC或其一部分充当体标记问题

所有被调查的吴语都用PPC在动词前表示进行体。这也是进行体的惟一专用手段。比较:

(53) a.〈普通话〉她哭着呢,什么也不吃。

b.〈上海〉伊辣海/辣辣哭,啥物事也勿肯吃。

c.〈苏州〉俚勒海哭,随便啥物事侪覅吃。

d.〈无锡〉佗勒酿哭㖞,啥物事也勿吃。

e.〈常州〉他勒头哭,嗲佬也勿吃。

f.〈绍兴〉伊冷=来亨哭,东西些些都勿吃。

g.〈宁波〉其该晌来该哭,随便啥西和总覅吃。

h.〈椒江〉渠在垯哭,茹姆[ga m]都勿吃。

i.〈大荆〉渠扣是里哭,管嘎姆[ka m]都勿吃。

j.〈金华〉渠来么里哭,随便啥都勿要吃。

k.〈东阳〉渠是登分哭,□啥事[gən^{22} tɕia^{55} ɕi^{21}]也勿乐[ŋɔ]食。

l.〈丽水〉渠膅哒咾哭唻,随便是啥也勿吃。

m.〈温州〉渠是搭哭,随样也勿吃。

各处以 PPC 表进行体时也存在一些差别。上海可以单用"辣",似乎像"辣辣"的前字或后字。苏州可单用"浪",似乎像"勒浪"的后字。比较绍兴话,它用"冷"[laŋ]表进行,也可以用 PPC 整体"来亨"[lɛ haŋ],"冷"明显是 PPC"来亨"的合音。"辣辣"、"勒浪"的合音也正好分别是其一部分"辣"、"浪"。假如用合音来解释,则三地的形式可以做统一处理。另一方面,绍兴话"来亨"作为存在动词及带处所题元时不发生合音,如"来亨图书馆看书"。这些情况显示 PPC 表进行时比表处所时更虚化,所以发生合音现象。金华"来么里"不是严格的 PPC,"么里"即"那儿",说话人用了远指式。假如用近指式,就是"来里",是真正的 PPC,如"**俺来里**逃我在跑,也勿觉得冷"。

PPC 在各地方言中用法相近,都能用作存在动词、紧缩式介词短语、前置词、动词前的进行体标记和动词后或整个 VP 后的持续体标记,其中不少方言可用 PPC 后字作体标记,如大荆 PPC 是"是堆"(在这儿),表示"坐着"是"坐堆"而不是"坐是堆"。

[1] 椒江的"在"[zə^{33}]语源较难确定,它与"在、是、着"这三者的规则读音都相近而不等同,可以分析为其中任一字的弱读。本书暂时作"在"。

[2] 方所前置词的基本性等级也许反映了人类对方所范畴认知上的等级系列,所以不仅在汉语普通话或吴语中有效,还可能具有较大的跨语言的即语言共

14.3 PPC 的比较

性的价值。

[3] 其重新分析过程的形式化表示为:[$_{VP}$[$_V$ 被][$_{NP}$[$_{NP}$ 人][$_{NP}$ 杀]]]→[$_{VP}$ [$_{PP}$[$_{Pre}$ 被][$_{NP}$ 人]][$_{VP}$ 杀]],"被杀"也经历了重新分析,即:[$_{VP}$[$_V$ 被][$_{NP}$ 杀]]→[$_{VP}$ [$_{AdvP}$ 被][$_V$ 杀]]。

[4] 李讷等(Li & Thompson 1978:231)称普通话"把"是宾语标记(object marker)。这个标签赋予"把"以特殊的地位,似乎其后的 NP 是动词的直接宾语,而不像其他前置词所介引的间接格状语。但是放到吴语中来,受事标记(而非宾语标记!)的介词性质很明显,因为这种标记,如大荆的"㩧",还标记受事以外的多种题元,包括被动句的施事题元。人们无法说,它带的受事是宾语,它带的其他题元就只是状语。假如认为受事有特殊语义理由看做宾语,那就得把它所带的施事看做主语,(20d)就属 OSV 语序。这显然是行不通的。

[5] 汉语实际上比英语之类语言更难容忍"打给他毛衣"这种结构。在英语中,V−PP−O 虽非优势结构,但句法上还是允许的,如 I put on the table a book I just borrowed from the library。而汉语除"给 X"外不允许 PP 插在动宾之间。"V 给 $O_1 O_2$"能存在,是因为"给"已经跟前面的动词紧密结合成复合式双及物动词,不再像普通的前置词。

[6] 普通话的"下、中、外、间"等也是常用的单音节后置词。但不可忽视,这些词多少带有书面语色彩,在口语中常被后起的双音词更新,如"桌子下"不如"桌子底下"常用,"心中"不如"心里头"通俗,"大门外"和"大门外头"、"两人间"和"两个人当中/之间"都有这种关系。所以普通话口语中真正的单音节方位后置词其实也主要是"上、里",只是由于其非同质性,情况不像吴语那么明显。

[7] 在调查的点中,差比基准题元都位于形容词前,没发现粤语式的"我高过你"这种基准在后与 VO 类型和谐的结构。据潘悟云介绍,瓯江片的瑞安话老派有"我高似你"的结构,可能也反映温州话旧时的情况,现在也基本是"比"字式一统天下。此外,包括上海话在内的一些吴语有"一日高一日"的说法。这是固定格式,其中的"一日"是无指的,此式其实表示递增关系而非差比关系,不能用于普通的 NP。

[8] "居"字据潘书;游、杨书作"该"。

15. 结语:事实与理论

15.1 有关汉语及吴语介词的基本事实

15.1.1 语言共性背景下的汉语介词

本章对全书进行事实描写的概括和理论上的探讨总结。首先归纳在语言共性背景下观察到的汉语(包括吴方言)中与介词类型(前置词、后置词)有关的语言事实,然后讨论汉语介词研究对语言学理论的意义。

以往汉语介词的研究,局限于前置词的研究,后置词的观念基本不存在。这与汉语语法学主要以少数欧洲印欧语言为背景有关,而这些语言基本上都是前置词语言。这种单一参照的角度带来模仿的痕迹,部分地掩盖或扭曲了汉语的事实,尤其是掩盖了汉语后置词的存在和它们在各方言句法系统中不可缺少的作用。

语言共性和类型学研究显示:人类语言的介词不仅有前置词,还有后置词,甚至框式介词;不仅有来自动词的介词,也有来自名词、副词等的介词。以此为背景,就可看出,汉语其实是一种前后置词并存的语言,而介词的源头既有动词,也有名词乃至其他词类。后置词在汉语中,尤其是其吴方言中,起着极其活跃而重要的句法作用。下面就总结一下本书在类型学背景下所观察到的汉语、特别是吴语的介词是怎样的一幅图景。

15.1.2 介词类型与语序类型

介词的类型(即采用前置词还是后置词)和介词短语 PP 的语序,是两个互相关联但不等同的重要类型参项,它们都常以蕴涵性命题的前件或后件出现在语序共性中。在 Greenberg(1966)、Hawkins(1983)等语序类型学模型中,介词类型是出现率最高的参项。例如 Greeberg 共性 4"以绝对大于偶然性的频率,以 SOV 为正常语序的语言是后置词语言"。再如 Hawkins 的共性 III"如果一种语言有前置词语序,并且形容词定语后置于名词,那么领属定语也后置于名词"。在 Dryer(1992)的以 V 和 O 的语序为核心参项的类型学模型中,PP 的位置是与 V 和 O 的位置最相关的语序,VO 语言的介词短语几乎都在动词后,OV 语言的介词短语几乎都在动词前。当然,研究语序类型学最好是以语序特征为单位,而不是以语种为单位。这样,即使一种语言兼有多种类型特征,如同时存在前置词和后置词,我们仍能观察到它们各自与其他结构的语序相关性。而以语种为单位,就难以处理这种现象。这一点对于兼有前后置词的汉语来说尤其重要。

汉语前后置词的并存与汉语"生与俱来"的语序类型特征有关,也与汉语方言语序类型的发展演变有关。

上古汉语小句结构以 SVO 为优势语序。与此相应,上古汉语的 PP 主要位于动词之后,使用的是前置词,以多功能的动源介词"于(於)"、"以"为代表。另一方面,上古汉语中也残存着有条件的 SOV 语序,并非单纯和典型的 SVO 语言。与此相应,上古汉语也存在 PPV 的语序。更值得注意的是,在呈 PPV 语序时,前置词可能用作后置词,如"室于谋"、"夜以继日"等。前置词用作后置词的情况从不出现在 VPP 中。

另一方面,汉语的 NP 从一开始就把所有种类的定语放在核心名词前,这跟大部分 VO 类语言不同,而与"后置词－OV"类语言接近。与此相应,古代汉语有介引定语的后置词,即"之",形成定语介词和状语介词语序类型的区别。而在许多语言中,定语介词与状语介词属相同类型,甚至没有明确界限,如英语的 of 和其他介词一样都是前置词,日语的の[no]和其他介词一样都是后置词。"之"在现代普通话中的对应成分是"的",它作为虚化了的定语介词,还发展出许多难以归入真正介词的后置标记用法。南方汉语的相应标记大多是一个[k-]声母字,如吴语的"个"或粤语的"嘅"。

秦汉以后的汉语中,原有的有条件 SOV 句型基本消失。但这并没有使汉语变成更典型的 SVO 语言。中古以来,由"把/将"在动词前介引受事论元的"处置式"逐渐发展。处置式将受事变成用前置词标记的间接格状语。它没有真正取消动词后的宾语位置,但是在处置式广泛应用的同时,汉语动词后的宾语位置也确实出现了萎缩,动词在很多情况下(如有带"得"状态补语等)不能再带宾语。这使汉语依然无法成为十足的 SVO 语言。

汉代以后汉语语序的一大变化是介词短语由动词后为主变成以动词前为主(VPP→PPV)。虽然此时汉语出现大量由动词虚化来的新生前置词,但汉语介词系统还是对 PP 的语序变化做出了适应性调整:以方位关系名词为代表的一批具备虚化条件的词语逐渐虚化为后置词,保持了介词居中的位置,维持了 PPV 与后置词的类型和谐。这种发展一直延续到现代汉语,形成汉语前后置词长期并存的类型格局。

汉语话题优先的类型特点,在吴语中得到了进一步的发展。吴语中出现了句法化程度较高的主语后动词前的次话题位置——在许多情况下受事论元会话题化,并且主要是充当次话题,与北京话受事话题主要位于句首的情况不同。次话题结构在指称特点、信息结构和句法表现等方面明显不同于古汉语的那些 SOV 结构,并非古汉语 SOV 结构的继承。在浙江的吴语中,尤其是绍兴、宁波一带的吴语中,次话题位置容纳的受事成分更加广泛,包括话题性很弱的成分,出现了次话题位置的宾语化,形成 SOV 类型的萌芽,处所类成分前置于动词的情况也更加普遍。与此相应,吴语中,尤其是在 SOV 萌芽比较明显的方言中,后置词的作用也更加活跃,而前置词的作用相对于普通话来说更小。此外,在连词方面也出现了后置连词占优势的局面。

总之,汉语及吴语跟其他语言一样,介词的语序类型不是孤立现象,而是跟所在语言方言的其他语序特征密切相关的。

15.1.3 前置词的句法类别与句法限制

前置词是汉语中题元种类更全的介词类型,几乎所有题元种类都有可用的前置词,同时确实有几种题元只有前置词、没有后置词,如普通话中表示对象的"对"、表示目的的"以便"、表示服务对象的"为"、表示与事的"给"等等。不过,前置词尽管是介引题元的主要手段,但在汉语中的作用却也受到严格限制。

语言学著作通常按题元和义类划分前置词。本书的研究显示,对汉语句法来说,最基本的分类角度是前置词所构成的 PP 用在动词前还是动词后。这样,前置词有三个基本类别:**动前前置词**、(动前动后)**双位前置词**和**动后前置词**。

大多数前置词属于动前前置词,它们所构成的 PreP 只能用在动词前。如"对、把、被、用、沿着、通过"等等。吴语更是由动前前置词占前置词的绝对优势。

双位前置词在普通话里有一小批,即"在、向、往、给"以及带有书面语色彩的"于、以、自"等。"到"能用在动词后标注方向题元,但它句法上是动词的修饰成分,属核心标注现象,其性质可以从可能式"走得到走不到上海"看出。普通话的趋向词如"进、出、上、下、入"等有类似

"到"的方所标记的作用,也属于核心标注现象。

纯粹的动后前置词极少。普通话表示"在、到"义的轻声"de"可以算一个。

吴语中双位前置词更少。多数方言只有跟普通话"在、给"对应的成分有此用法,有些方言连这两个成分也不是双位前置词,而只是动后前置词。

部分吴方言同样表示"在"的意义,在动前动后使用不同的前置词,不能互换,分属动前和动后前置词。如金华的"来～特"、丽水的"隑～咻"。这时,总是动后前置词表现出更高的虚化程度。即使是动前动后双位的"在"义前置词,也总是在动词后表现得更为虚化。如无锡动词前为"来、来勒、勒勒",在动词后只是弱化的"勒"。宁波动词前是"来",动词后是弱化的"来"或"勒"。

表示"给"的与事前置词,在多数吴语中也由给予义动词充当,不过它们跟普通话"给"不同,通常不能用在动词前作为受益者标记。在动词前,吴语的与事标记通常只能是被动句的施事标记。施事标记跟给予标记难以算作同一成分。所以多数吴语(绍兴、椒江除外)中作为与事标记的前置词只是动后前置词,而不是双位前置词。还有些方言有不同于给予动词的虚化与事标记,如东阳的"唎"(给予动词"分")、丽水的"忒"(给予动词"克")。这些专用的与事前置词完全没有动词性,仅用于动词或动词短语后,是纯粹的动后前置词。也有的方言用相当于"在"的处所前置词表示与事,如老苏州话的"勒"和金华的"特"。

吴语的另一特点是趋向词的语法化程度低,基本上不具备在动词后介引方所题元的作用,不能说"跳下河"、"爬上山顶"等。

动前动后两类前置词的分工与分化,特别是吴语中同一题元在两种位置用不同的标记的情况,从一个角度反映了前置词在汉语中的特殊地位和句法限制。在真正的前置词语言见不到这种限制。在 PreP

语序比较灵活的语言中，PreP 的常规位置通常是在动词之后，但在需要时 PreP 也可以放在动词前，尤其是句首。动词前后用的是同一批前置词。英、德、法、俄等前置词语言都是如此。在 PreP 语序较固定的语言中（VSO 语言多属此类，如复活节岛语、佤语，分别见 Chapin 1978 和颜、周 1995），PreP 总是位于动词后，也不存在只能用于动词前的前置词。汉语大部分 PreP 只能用在动词前，有些能用在动词后的前置词又不能用在动词前，这跟前置词语言的上面两种情况都不相同。

前置词的另一大句法限制是一些基本前置词不能单独支配 NP，不管语义上是否需要都必须与后置词（如方位词、"…似的"等）配合才能组成句法上自足的 PP，可见前置词的不自足是句法性的。这一点也在吴语中表现得尤其突出。对于普通话所允许的"在图书馆看书"这样的结构，吴语需要在"图书馆"后加上后置词"里"才能说。而"在桌子写字"在普通话中也绝不成立。典型的前置词语言不会出现这种情况。

这些句法限制显示，前置词在汉语中无法构成句法系统中一个自足的介词系统。

15.1.4 后置词的句法类别与句法限制

汉语后置词的题元种类不如前置词多，因为不少题元没有相应的后置词表示，还有些后置词只有黏合剂作用，不能作题元标记。如古汉语"以…而"中的"而"，现代"用…来/去"中的"来/去"。从句法上看，汉语后置词可以分成下面几类。

一、**题元后置词**。它们能与前置词配合使用，也能独立介引题元。

根据语言处所主义，空间关系是题元关系的基础。表示空间关系的方所后置词占了题元后置词的大部分[1]。方所后置词又可以分为方位后置词和处所后置词两小类。普通话基本上只有方位后置词一类，即由方位名词虚化而来的后置词，特别包括单音节方位词和"之上、以外"等带"之一、以一"的复合方位词。用在指人 NP 后的"这儿/那儿"等处所代词开始向处所后置词虚化。书面语中的"处"前面可带各种性质的单位构成处所题元,而且不带"的"(在张先生(*的)处),也接近处所后置词。吴语中两类后置词俱全。有些方位后置词如"上"的变体"浪/酿","里"的变体"勒/特"等比普通话方位词更加虚化。吴语普遍存在完全虚化的处所后置词,以苏州话"搭"为代表。方所后置词不但能表示空间,而且能表示时间、数量范围等。吴语经常省略"从、到"类前置词,因此吴语方所后置词实际上还涵盖了源点和终点。有些复合方所后置词,还能扩展到方所以外的题元,如苏州话的"面浪"能表示行为的对象,相当于"对";"头浪"可表示时间,相当于"…当口";"淘里"能表示人际范围,相当于"…之间"。

非名源的题元后置词有表示起点的"起、来、以来"、表示终点的"为止"、表示比较和比喻的"…似的/一样"等。它们在吴语中也有对应的后置词。

二、**辅助性后置词**。它们本身有一定意义,但不能独立用作题元标记,而必须跟前面的前置词组成框式介词。如"跟…一起"、"比…来得/要"、"把…给"、"为了…起见"、"对…来说"等框式介词中的后面部分。这一类后置词大多本是后面动词的修饰成分,虚化后经重新分析变成框式介词的一部分(跟…|一起 V → 跟…一起|V),也可能尚未完成这一重新分析。有些吴方言还存在比上述成分更虚化的辅助后置词,如苏州话"搭…淘"中的"淘"已不能单独修饰动词,是专用的后置词。第一类"题元后置词"有些也能参与组成框式介词,但由于它们本身有赋予题元的作用,所以不同于辅助性后置词。

三、**连接性后置词**。它们基本没有词汇意义,只是在前置词短语和动词核心之间起连接作用,和前置词构成临时性框式介词。如古汉语"以…以"、"因…以"、"以…而"、"及…而"、"由…而"等框式介词中的后

一部分,即"以"或"而",普通话及吴语中"用…来"、"通过…去"中的"来/去"。这些后置词句法上本来也更靠拢后面的动词,由于经常用在 PreP 之后,经过重新分析才成为后置词(用…|来 V → 用…来|V)。

四、**定语后置词**。专用定语标记就是古代的"之"、普通话"的"、吴语"个"。当然,只有其前为 NP 时才可分析为后置词。在吴语中,一些方所后置词也发展出了定语后置词的作用,达到题元标记与定语标记的统一,更像英语中的前置词。

后置词在某些方面有比前置词更加重要的句法作用,尤其是在吴语中。

对方所性 PP 来说,后置词的句法强制性大于前置词。前置词经常可省,而后置词在很多情况下完全不能省略。在吴语中,方所类状语在动词前时,不但表示场所的"在"义词能省去,而且表示终点和源点的"到、从"也经常能省去。而方位后置词即使语义上没有必要也不能省略。表示平比/比喻的"跟/像…似的/一样"等也有省前不省后的情况。

至于介引定语的介词,汉语一贯依靠后置词。即使是前置词短语作定语,仍需要在 PreP 后加上"之/的/个"这类被称为结构助词的后置词。吴语中有些方所后置词可以用作定语标记,就因为它们与结构助词同属后置词,句法位置相同,都位于定中之间。

现代汉语及吴方言中的后置词也无法形成一个自足的介词系统。除了题元种类不完整外,后置词也有自己的句法限制(在吴语中这类限制相对小一些)。有些后置词的分布选择性大于前置词。如普通话的方位后置词不能加在指人 NP 后和专有地名后。这与真正的后置词语言不相同。部分吴方言的此类后置词发展出更加广泛的用法,呈现更深程度的语法化。比如绍兴话的"里"既可以像其他方位后置词一样用在非指人 NP 后,也可以用在人称代词及一切指人 NP 后。宁波的"埭"可以用在专有地名之后。在有些吴语中,靠几个后置词的互补可以让所有 NP 后都有合适的方所后置词可加。如苏州话指人 NP 后加"搭"(老张搭),非指人通名后加方位词(邮局里),专有地名后加虚化的"场化/地方"(山东地方)。但是就后置词个体来说,仍有一定的选择限制。此外,那些只能充当框式介词一部分的后置词,不能离开前置词而独立介引一个题元,这也限制了后置词的作用。

15.1.5 框式介词

框式介词在汉语中主要是一种句法概念,而不是词类概念,通常由前置词和后置词临时配合构成,多半不属固定词项。但框式介词现象是汉语介词类型学中最突出的特征,因为前置词和后置词各受句法限制,组成框式介词后就在句法上自足、不再受限。

框式介词按句法特点可分为下面几类:

一、**双重赋元框式介词**。其前后两个标记都有赋予题元的作用,造成语义冗余,其中至少一端在一定句法条件下可以省略成为单纯的 PreP 或 PosP。这类框式介词因前后置词交叉搭配而数量庞大,其中包括:方所类前置词和方所类后置词的结合,如普通话"在…上",苏州话"到…搭"等;表示起讫的"从…起"、"到…为止"等;表示比较或比喻的"跟/像…似的/一样"和老上海话的"像…能"等;表示动机的"为…起见"。这类框式介词大多是前置词的范域大于后置词,即前置词支配一个 PosP。

二、**词汇性框式介词**。这类框式介词可看做固定的词项,因为其后置词部分有固定的题元意义但不能单独介引题元。虽然其前置词部分可能单用,但意义不同于框式介词整体。如"对…来说(≠对)、就…而言(≠就)"、宁波话"从…埭"(表示途径,≠起点标记"从")。在共时平面,这类词较难分出前后置词的范域。

三、**强化式框式介词**。由前置词短语带一个副词成分构成。前置词是题元标记。后置词本是副词性的，本身不能标记题元，只是修饰后面动词用来强化有关题元的意义，有时可以省略而不影响题元意义。由于这类副词性单位意义上跟前面的 PreP 的题元有关，并兼有 PP 和 V 之间的黏合剂作用，所以重新分析为框式介词中的后置词。如"比…来得/要/更/为…所、跟…一起"，苏州话的"搭…淘"等。以"来得"为例，它不能独立介引比较基准，但意义跟比较有关，所以在"比…"后组成了框式介词。这类框式介词的层次结构与第一类相反，是 PreP 再加上后置词，所以后置词的范域更大。

四、**连接式框式介词**。这类是最松散的临时性框式介词。由前置词短语带一个连接性成分构成。如古汉语及现代书面语中的"以…以"、"因…而"、"以…而"、"及…而"、"由…而"、"为…而"，普通话及吴语中的"用…来"、"拿…来"（除表工具外吴语中也用于处置式）、"通过…去"等。这类介词中的后置词部分只连接、不标示题元，句法上基本都能省去，但在话语中的出现频率可以很高，特别是在吴语中。这类框式介词的层次结构同第三类。

15.1.6　前后置复合词 PPC

由前置词和后置词复合而成的 PPC，本身虽然不一定是介词，却突出反映了汉语前后置词并存和框式介词有重要作用的类型特点，有些方言中的 PPC 更发展出了介词的用法。

普通话不存在 PPC。汉语史上和一些现代方言存在过"在里"这种 PPC。吴语普遍具备 PPC，由方所性框式介词短语"Pre ＋ NP ＋ Pos"省略 NP 而构成，其中 Pre 是"在"义动词兼前置词，吴语中表现为"勒、隑、是"等，Pos 是方所后置词（常兼方所代词后缀），如"里、浪上"，或处所后置词，如"搭"。只有使用框式介词的语言才可能发展出这种特殊的复合词。PPC 来源上是一个表方所的紧缩式 VP 或 PP，作为

PP能起一个方所题元的作用,同时它们已发展出很多虚化的用法,包括体标记、语气词等。PPC整体在苏州、宁波等方言中还发展出前置词的用法,后面可以再带一个方所题元,使PPC中的后置词完全失去起后置词的地位。这时,由于PPC还带着远近指示义,其后字实际上演化为前置词的距离范畴标记。

普通话中的"用来、用以"可以看做另一类PPC,不过形成机制和句法作用与吴语的方所性PPC迥异。它们是由关系化移位把"用…以/来"这种PP中的NP移出后形成的介词悬空(adposition stranding),如"用来盛饭的碗"是由"用碗来盛饭"将工具题元"碗"关系化而形成的。汉语的前置词和后置词都不允许悬着,只有这两个框式介词可以这样。

15.2 汉语介词研究与语序类型学理论

15.2.1 制约介词类型和介词短语语序的多种原则

介词的语序类型学研究涉及两个问题:一是介词的类型(前置词对后置词),即介词与其所支配成分的相对位置。二是介词短语的类型,即介词短语PP与支配它的核心成分的相对位置。像其他语序现象一样,与介词有关的这两类语序,既存在明显的语言间差异,又在表面的差异下遵循着共同的语序原则。问题的复杂性在于决定或影响语序的原则不止一条,不同的原则有时导向一致的结果,也有时彼此存在矛盾[2]。下面将总结汉语及吴语的介词语序体现了哪些语言共性,不同语序原则在介词问题上如何互动,作用力大小有无区别。由于汉语介词类型的多样性和介词短语句法表现的一些特殊性,希望这些探讨能对一般的语序类型学研究有所贡献。

根据语序类型学的研究成果和上文对汉语及吴语相关语序类型的考察,可以发现下面四条原则对语序安排具有作用:一、联系项居中原则;二、语序和谐性原则;三、时间顺序象似性原则;四、信息结构原则。下面逐一讨论。

15.2.2 介词、连词类型与联系项原则

介词及连词都属于句法中的联系项(relator)。Dik(1997:406)提出的联系项置位原则是对介词及连词的语序影响最直接的普遍原则。这也是诸原则中惟一的体现介词类型和介词短语 PP 语序这两个参项之间相关性的原则。

联系项原则要求联系项位于其所联系的两个肢之间。据此,就介词而言,在 VPP 语言中,宜使用前置词;在 PPV 语言中,宜使用后置词。Dik 指出联系项居中原则作用很强。这也得到我们考察的证实,在我们查检的几十种语言中几无例外。

当然,该原则要面对 PP 在某些语言中的语序灵活性。学者们发现人类语言有一个特性:语序自由度随着组合层级的升高而递升(Jacobson 1956,转引自 C. Lehmann 1995:165—166)。例如,词内各语素的语序比短语内各词的语序固定,句内各短语的语序则比短语内各词的语序自由。所以在人类语言中,介词短语相对于核心的语序总是比介词相对于其所辖 NP 的语序自由,因为前者的组合层次更高。此外,PP 修饰动词时的语序也比 PP 修饰名词时的语序更自由,因为小句中状—谓结构的组合层次高于定—名结构的组合层次[3]。所以,英语使用前置词,英语 PP 定语位于名词后,这都是固定的,而 PP 状语以后置于动词为主的同时却有一定弹性,可以有条件地前置。在英语这类 PP 的语序不固定的语言中,PP 总是以遵守联系项居中原则的语序为常规位置,而不会相反。假如 PP 的语序是完全固定的,则会更严格

地遵守联系项原则,如日语使用后置词,PP一律在动词前。

下面总结一下联系项原则如何制约汉语、特别是吴方言的介词类型及PP的位置。

先秦汉语主要使用前置词,PP的优势位置是在动词后,介词位于中介位置。

先秦汉语的前置词可以在一定条件下用作后置词。这种情况只发生于动词前的PP,所以,临时用作后置词的介词只会在中介位置。

当前置词短语用在动词前并且前置词没有用作后置词时,先秦汉语经常在PP后加一个连接性的后置词,即"而"或"以",使PP和动词之间的中介位置仍有联系项存在。这种策略一直沿用至今,如"为工作而牺牲休息"。

定语自古以来一直位于核心前,介引定语的一直是后置词,从"之"到"的"。

汉代以后,PP逐渐移到动词前。与此同时,处在PP和动词核心之间的以方位名词为代表的一批词语加速虚化,逐渐成为半虚化的方位名词或全虚化的后置词,在PP和动词核心之间起联系项作用。先秦时主要基于语义需要使用的方位名词变成了句法上强制使用的虚词或半虚词,其句法强制性还超过不在中介位置的"在"等前置词。逐渐虚化为后置词的还有一些非名词来源的成分,如"(自)…来/起、(至)…为止、(跟/像)…似的、(为/被)…所"等,它们也部分弥补了PP和V间联系项的空缺。

吴语中,方所性的PP在动词前经常不用前置词,但在动词后通常不能省略前置词,更明显地体现了中介位置对联系项的需求。

吴语中能位于动词后的方所题元少于普通话,尤其是在宁波、绍兴方言中。这种语序格局中更常由后置词位于中介位置。与此相关,吴语方位后置词的句法强制性超过普通话。在宁波、绍兴方言中,一方面后置词更加重要,另一方面方所前置词的使用则更加少见。

在工具题元方面,吴语后置词的使用也更加常见。在苏州话、上海话中,工具题元后的连接性后置词"来/去"虽然不是句法上强制性的,但语料统计显示大部分工具性 PP 后有"来/去"出现。跨吴语的比较也显示这种倾向为吴语各方言共有。"来/去"也经常用于其他一些题元的 PP 后,作用与古汉语沿用下来的 PP 后的"而"相似。

联系项居中原则对连词的语序也有强有力的制约作用。

短语内的并列让连词位于并列项的中间是至今所见的一切语言包括汉语所遵守的规则。

语序比较灵活的复句在很大程度上也遵循联系项原则。汉语除了完全不用连接成分的意合句外,基本上使用下面几种策略连接复句。一是只在后一分句上使用前置连词,如"他去,**但是**你别去";二是前后都用前置词性连词,如"**虽然**他去,**但是**你别去";三是在前分句上使用后置连词或框式连词,如"**(假如)**他去**的话**,你别去"。这几种策略保证有一个联系项存在于两个分句的中介位置。

汉语比较排斥只在前分句用前置连词,如"**虽然**他去,*(但是)你别去"。尤其排斥只在后分句用后置连词,如"你别去,*(假如)他去的话"。这都是为了避免中介位置反而没有连词。

在受普通话强烈影响之前的老派吴语如老上海话中,位于中介位置的后置词在短语和句子的连接中作用非常活跃,甚至可能比前置连词更重要。

总之,联系项居中原则对汉语介词类型的制约是非常明显的,有时表现为强制性句法规则,有时表现为话语中的优势频率,有时表现为历时演变的动因。

15.2.3　介词、连词类型与语序和谐原则

语序的和谐性,是指不同结构的语序之间跨语言的相关性,例如 WX 总是跟 YZ 共存于一种语言,XW 则总是与 ZY 共存于一种语言。3.1 已指出,和谐性只是一种倾向。绝对的和谐基于结构间的双向蕴涵,而大部分语序共性因为优势语序的存在而只表现为单向蕴涵。解释和谐基础的有 Vennemann 等的核心论(核心语都在同一侧,从属语都在另一侧)和 Dryer 的分支论(词汇性单位在同一侧,句法性单位在另一侧)。两种理论所覆盖的结构大部交叉而有少量不同。

无论是核心论还是分支论,都包括介词类型和动宾关系的和谐。实际材料也显示介词类型和动宾结构之间的和谐性强于其他众多结构间的和谐性,表现为前置词与 VO 和谐,后置词与 OV 和谐。Dryer 还注意到 PP 位置与动宾关系的和谐,发现比介词类型与动宾结构的对应还要强有力,例外绝无仅有。据我们观察,介词类型和 PP 位置的和谐性也同样强烈甚至更为强烈。和谐性的成因可能是多元的。语法化来源(LaPolla 2002)、经济性(Sgall,见 Shibatani & Bynon 1995:8)等都可能是某些和谐的成因。联系项居中原则等也能解释一部分和谐。

在汉语中,动宾结构以 VO 为主,PP 以前置词为主,因此很符合这一和谐性。

先秦汉语有 SOV 语序的残留,也有前置词用作后置词的现象,两者也存在和谐。

先秦汉语占优势的 V−PP 结构与占优势的前置词和谐。后来以 PP−V 语序占优势,与大量后起的后置词也和谐。这一和谐是与联系项居中原则一致的,可能主要是后者的作用。

吴语次话题发达,有些方言甚至初显 SOV 的萌芽,总体上是更不典型的 SVO 类型,PP 在前的倾向也比普通话还强烈。吴语更多使用

后置词及后置连词,更少依赖前置词及前置连词,这些正好跟 SVO 的衰落和 PP 在前的强势都和谐。不过后置词发达与 PP 在前的和谐实际上也符合联系项居中原则,所以更可能是联系项原则的作用。

语序和谐性在连词类型上得到最显著体现。连词居中是联系项原则决定的,但是在居中位置,仍有前置与后置的类型差别,分别同语言中的前置介词和后置介词和谐。前置词语言如英语主要使用后一词首或句首的连词,本书称前置连词,后置词语言如日语则主要使用前一词末或句末的连词,即后置连词。两种情况下连词都在中介位置,其区别只能归因于和谐现象。汉语整体上以前置词和前置连词为主,同时存在后置词和少量后置连词。吴语后置词更加发达和重要,相应的后置连词也更加发达而重要,甚至短语内并列项也有前置连词和后置连词两套,如上海话"脱"和"咾",并且以后者为主。这些事实说明介词和连词的类型是最紧密也最纯粹的和谐配对。

无论是根据核心论还是分支论,汉语都存在不和谐语序,突出表现在核心居首型的 VO 语序和核心居末型的名词短语之间。其中关系从句前置基本上是 VO 语言中的惟一例外。在与介词有关的方面,现代汉语 PP 在前,与 VO 语序不和谐。差比句与动宾句是强和谐参项,VO 语言绝大多数采用"形容词+标记+基准"的形式,而普通话及吴语的"比+基准+形容词"的语序,不但与 VO 不和谐,而且违背了联系项居中原则。不过汉语尤其是吴语常用"比…要/来得"这类框式标记介引基准,对此有所弥补。

15.2.4　介词短语语序与时间顺序象似原则

象似原则指语言的结构优先选择与它所表示的对象有直观相似性的安排方法。象似性是一条大的语言功能——认知原则,表现为多种子原则,例如时间顺序象似性、关系紧密度象似性、单位尺寸象似性等。

联系项原则也可以看做一条象似原则,因为在现实世界中黏合剂位于所连接的双方之间是最自然的位置,语言中的联系项模仿了这一位置。象似性跟句法化程度有一种反比关系。句法化程度越低(即越少依赖特定语言的句法手段),越倾向于象似性;反之则越容易偏离象似性。汉语句法形式手段较少,属句法化程度偏低的语言,因此象似性原则的作用就比较明显。时间顺序象似性便是一条对介词语序起作用的象似原则。

像和谐原则一样,象似原则也只是表现为倾向,但两种原则间存在对立。和谐原则体现不同结构之间的相关性,象似原则体现结构本身固有的普遍倾向。和谐原则体现参项下的**平等选择**,一种语言可以选择 PP 在核心前或后,两者无优劣之分,但受制于同一语言的其他结构。象似原则体现参项下的**优势选择**,如条件分句的位置并非可前可后,它不管在什么语序类型中都以前置为优势语序,因为由条件到结果的顺序符合现实世界的时间顺序。

对于介词类型来说,前置词和后置词并无象似性方面的差异,在跨语言比较中没有明显的优劣分布。PP 整体相对于动词核心的位置在前还是在后也无象似性方面的差异,但 PP 内的不同题元的意义却对 PP 语序可能有影响。当然,在 PP 和 V 的语序保持一致的语言里,如日语、佤语,象似性原则难起作用。日语所有 PP 都在动词前,佤语所有 PP 都在动词后(参阅颜、周 1995)。这反映日语、佤语 PP 位置的句法化程度较高,压倒了象似性(但不同题元的 PP 之间的语序仍可有象似性,例如日语源点和终点同在动词前,也倾向于先源点后终点)。在 PP 和 V 的语序不固定的语言里,象似性就起作用。例如在武鸣壮语中,大部分 PP 都在动词后,但表示起点、来源的 PP 却前置于动词(例见梁、张 1996:868)。

普通话 PP 总体上是在动词前,只有少量前置词所带的 PP 可以在动词后。而这少量的前置词主要是两类。一类是表示方向终点类的，如"向、往"和带有前置词性质的"到"及"上、下、进、出"等趋向词，一类是与事标记"给"。其实"给"所介引的题元也是一种终点，在有的题元理论中就跟终点方向题元合称为 goal。日语、英语都用同一介词表示终点和接受者，分别是日语后置词 ni 和英语前置词 to，同类的有古汉语"于/於"和老苏州话处所兼与事标记"勒"。在时间轴上，位移行为总是先起点后终点，交接行为也总是一物先属予者后属受者。可见，方向终点和接收者题元背离大部分 PP 的正常位置放在动词后，时序象似性作用昭然。不见有其他题元在动词后、惟独终点方向和接受者在动词前的语种，也不见有其他题元在动词前、惟独源点题元在动词后的语种[4]。

吴语在 PP 的位置方面比普通话更合时序象似性。吴语 PP 在后的情况比普通话更少。源点题元完全不能在动词后。许多在普通话中可以在动词后的由"在"介引的处所题元在吴语中必须位于动词前。另一方面，表示终点和接受者的 PP 仍在动词后。即使在 PP 前置倾向最强烈的绍兴、宁波话中，终点和接受者 PP 仍倾向在动词后。此外，虽然吴语中趋向词很难像普通话那样用来介引方向题元，但该类意义还是用"到"等介引放在动词后。象似性原则在吴语的这种语序格局中的作用是十分明显的。

15.2.5 介词短语语序与信息结构原则

在汉语介词短语语序中起作用的信息结构原则主要是由旧到新原则，包括由有定到无定，由已知信息到新信息，由话题到焦点等。大体上就是布拉格学派的"主位—述位"原则。由旧到新原则也可以看做时序原则在信息结构方面的特定体现，因为旧信息比新信息先存在或先激活。这一原则在汉语小句结构中的作用已有不少文献论及，那么这一原则对 PP 的位置有怎样的影响？

在普通话及吴语中，PP 的常规句法位置是动词前，能用在动词后的前置词极少，而且后置的 PP 主要受时序象似原则支配，信息结构原则没有用武之地。即使是无定新信息充当间接题元，也以充当动前状语为常，大部分 PP 在句法上根本无法放在动词后。主要体现信息结构原则的是处置式，即已知的、有定的受事成分强烈倾向于由前置词"把"（或吴语中的对应虚词）在动词前引出。不过这一选择不是真正的 PP 两种位置的选择，而是动词后的直接宾语和动词前的间接格状语的对立。此外，同为动词前，PP 在主语前还是在主语和动词之间，还是受信息结构的影响，承接上文、有主位作用的 PP 倾向于在主语前，例如"她 15 岁就进了师范大学，**在那儿**，她成了班上的小妹妹"。这方面论者不少，本书不再细论。

由此可见，在汉语、尤其是吴语小句结构语序中起重要作用的信息结构原则，在 PP 语序类型方面作用不大，这是因为 PP 在动词前已是句法化程度很高的固定位置，没有多少选择的余地，只在 PP 选择主语之前还是之后方面有一定作用。古汉语有些 PP 在动前动后较灵活，信息结构的作用可能更大一些，这方面尚待深入研究。

15.2.6　语序原则在介词参项上的互动

汉语及其吴语的介词语序受以上多项原则制约，呈现出较为复杂的情况。下面简要讨论一下不同原则之间的互动及其结果。

从跨语言的角度看，联系项居中原则是最普遍、最有力的原则。然而，中介位置这个观念从没有出现在汉语介词研究的文献中。这可能出于两个原因。一是只认前置词为介词，二是前置词短语在中古以后的汉语中以动词前为主要位置，前置词不常在中介位置。两个原因相加使人注意不到中介位置对介词语序的重要性。从语言比较看，中古以后的汉语的确是人类语言中少见的较偏离这一原则的语言。但是不能因此忽略联系项原则在汉语中的强大力量。15.2.2已经从共时历时两方面总结了联系项居中原则在汉语及吴方言中对介词、连词类型和PP位置的明显作用。只要我们建立较为全面的介词观而不把眼光局限于前置词,就不难看到联系项原则在汉语中的力量。

和谐性原则的力量本来是远小于联系项原则的。跨语言研究显示各结构完全和谐的"理想"语言其实并不多。但是,在介词方面,和谐性的力量却很突出。"VO,Pre,VPP"为和谐性的一方,"OV,Pos,PPV"为另一方。两大类型已覆盖了绝大部分语言。所以,在语序类型学中,介词类型成为核心参项,比其他参项更有预测力(如在Hawkins1983中);而PP的位置成为与动宾语序最和谐的几无例外的对应项(见Dryer 1992)。为什么介词和PP会成为语序类型学的强指标?这与和谐性和联系项的合力作用有关。动宾结构和介词类型的和谐或动宾结构与PP位置的和谐同联系项没有直接关系。假如某语言取VO语序,却使用后置词,只要PP在动词前,仍然遵守联系项原则。介词类型和PP位置之间的和谐则同联系项原则直接有关。只有前置词和VPP相配,或后置词和PPV相配,才能保证介词在中介位置。介词类型和PP位置又同时与动宾结构有和谐关系(无论是根据核心论还是分支论),所以三个参项的和谐性由于联系项原则的参与而得到了强化。不过,和谐性仍是一种独立于联系项原则的原则。绍兴话宁波话由于次话题化的普遍性而浮现SOV类型的萌芽,相应地PP在动词前的情况也更普遍,这只是和谐性的力量,跟联系项原则没有直接关系。此外,并列连词的类型也与联系项原则无关,在符合联系项原则的情况下,其前置与后置的选择完全取决于跟介词类型的和谐。无论如何,联系项原则与和谐原则不会出现冲突的情况。

时序象似性是一条独立于联系项原则及和谐原则的原则,它有时会与后两者相冲突,造成对后两者的违背。时序原则要求 PP 按题元的种类出现在动词的两端。这必然造成 PP 位置的不统一,其中至少有一种位置跟其他相关结构的语序是不和谐的。比如在 VO 语言中,动词前的 PP 就跟 VO 不和谐。其次,PP 如果在不同位置用相应的不同介词类型,则仍能维持联系项原则,比如在动词后用前置词,在动词前用后置词;假如介词类型不调整,比如在动词前仍用前置词,那么时序原则就会带来对联系项原则的背离。

在先秦汉语中,基本格局是 SVO,Pre,VPP,这是和谐且符合联系项原则的。有部分 PP 可以在动词前,其中有工具题元、表示行为场所或主体存在位置的 PP,但绝没有表示终点的 PP(张赪 2002:31—32 页各例)。动前 PP 对终点题元的排斥显示时间顺序原则对 PP 的前置有一定作用。PP 在动词前时虽然与 VO 语序不和谐,但先秦汉语本身也有 OV 句式,就特征对特征而言,动词前 PPV 与 OV 是和谐的。就联系项原则来说,先秦汉语的前置词用作后置词现象全部发生在 PPV 结构中,可见这是联系项原则对 PPV 语序的调适,也是与时序原则的正面互动,抵消了时序原则对联系项原则的冲击。不过,并非所有动词前的 PP 都由 PreP 变成了 PosP,所以事实上时序原则仍造成了对联系项原则的部分背离。

在东汉以后,汉语发生 PP 由动词后向动词前的历史性转移。有些前移难以用时序原则解释,比如工具、对象等题元的前移。在方所题元方面,表示起点、行为处所的题元移到了动词前,表示终点的题元仍然留在动词后,直到今天。可见,时序原则的作用虽然未必是这一历史性移位的动因,但的确在制约这一移位的过程和结果。移位的结果是 PPV 占了主导地位,VO 和 VPP 的和谐由此基本打破。不过,部分吴语出现了新的 SOV 的萌芽,似乎在趋向 SOV 和 PPV 的新的和谐。这种新趋势甚至冲击了时序原则一直起作用的领域,有时终点题元出现前置,如绍兴话的"大门里走进"之类。至于联系项原则,对时序原则的调适力仍大于和谐原则。通过后置词的大量出现,中古以后的汉语就部分地补偿了时序原则对联系项原则的冲击。这一点在吴语中表现得比普通话更明显。框式介词在一定程度上也是联系项原则对时序原则补偿的产物。

信息结构原则对吴语中新的 SOV 萌芽的形成有直接的作用,因为它是由次话题的句法化逐渐造成的。这一原则除了"把"字句外,对介词和 PP 直接影响不大,不过还是有可能通过其他原则间接影响介词的格局。因为,在次话题发达导致 SOV 萌芽的方言中,和谐原则使得 PP 前置更常见,联系项原则使得前置的 PP 更倾向使用后置词。

通过以上分析可以总结原则之间的等级和互动关系:一、联系项原则是人类语言中对介词的类型和 PP 的位置作用最大的原则,也是新介词类型产生的重要动因。二、和谐原则作为各种结构间的总原则并没有很强的力量,但在与介词有关的参项上则是一条有较强作用的原则。和谐原则与联系项原则在介词参项上大致是一种合力,有互相强化的作用。三、时序原则不是普遍原则,它只在语序灵活性允许的前提下发挥作用。时序原则与介词类型无关,只与 PP 的位置有关。假如 PP 的位置完全由句法固定在动词的一侧,时序原则便无效。假如 PP 位置在句法上有一定灵活性,则时序原则一定会起作用,并且造成对联系项原则及和谐性的偏离,但联系项原则也可能通过介词类型的调节补偿这种偏离。四、信息结构原则也不是普遍性原则,只在部分语言中存在。信息结构原则对介词和 PP 在动词前后的位置没有明显影响,但对 PP 在主语前后的位置有一定影响,也可能通过和谐原则等间接影响介词位置类型和 PP 的位置。

由于多原则的互动,汉语(特别是普通话)的介词语序呈现较为复杂的格局,的确存在违背某一原则的局部现象,但总体格局和演变趋向都是尽可能符合更多原则。同时违背多条原则的语序配置,或全面违背某一重要原则的语序配置从未存在。试设想一种违背多条原则的语序配置:1. VO优势;2. 终点PP在动词前(违背和谐原则),起点PP在动词后(违背时序原则);3. PP在前时使用前置词,PP在后时使用后置词(违背联系项原则)。不仅这种极端劣势的格局不见于汉语的任何时代、任何方言,就是仅违背较少原则的第2种配置或第3种配置也从未存在过。可见这些原则确实都是可以证伪(falsifiable)的有效原则。

15.2.7 对语序类型学理论的几点新认识

汉语是一种语序类型颇不单纯的语言,汉语的介词就存在于这种复杂的语序环境中,表现出相当复杂的情形,在某些方面和某种程度上给语序类型学提出了挑战。本书在研究汉语及其方言的介词时所获得的发现,可以为语序类型学理论带来一些新的认识。

一、联系项居中原则是介词和PP位置在语序类型中的重要性的主要原因。

当代语序类型学从一开始就注意到介词类型作为类型参项的特殊重要性,后来更注意到PP位置的重要性。无论是在蕴涵性共性还是和谐性中,介词类型及PP的位置都扮演重要的甚至首要的角色。但是,从Greenberg(1966)到Dryer(1992),主流的类型学家都没有解释为什么介词类型和PP位置比别的参项更有预测力,也没有将介词问题同功能语法学家Dik所立的联系项居中原则联系起来,以至大规模的类型对比中至今缺少介词类型和PP位置之间相关性的统计数字,而这是最直接反映联系项原则的。本书的研究显示,联系项居中原则是制约介词类型和PP位置最强有力的因素。即使是在介词类型和PP位置都多样化的汉语中,联系项居中原则仍起重要作用,还强烈影响语序类型的历史演变。这一点在吴语中表现得尤其明显。值得注意的是,联系项原则正好符合涉及介词的蕴涵共性与和谐性。这就提示我们,使介词和 PP 成为语序类型学中首要参项的主因正是联系项居中原则。

二、语序共性难以用单一原则解释。

由上一认识还可以进一步扩展:反映蕴涵关系或和谐关系的语序共性只是描写,而不是解释,不同的蕴涵关系或和谐关系背后的原因可以不同。跟介词、连词有关的语序共性与联系项原则有关;而不涉及联系项的共性,如动宾结构与领属结构的和谐,就无法用联系项原则解释。即使是介词、连词类共性,也不仅是联系项原则的作用。动源介词来自动词,介词类型必然与动宾语序相关,这就与联系项原则无关,而且可能违背联系项原则,如汉语动词前的前置词短语。而并列连词同样位于中介位置,仍有前置后置之别,并与介词类型和谐,这也不是联系项原则的作用。因此,难以相信用单一的 Vennemann 式的核心论或 Dryer 式的分支论就能解释全部或大部分和谐现象。

三、连词是语序类型学的重要参项。

语序类型学的几个主要模型(如 Greenberg 1966,Lehmann 1978,Hawkins 1983,Dryer 1992),都没有把连词当作类型参项。生成语法学者几年前开始注意到连词的类型差异(如 Zoerner 1995)。本书的考察显示,连词可以充当重要的类型参项。它们是在位置上跟介词最和谐的成分。它们同样遵循联系项原则,并且比介词更严格。正像介词问题可以分解为介词类型(Pre/Pos)和 PP 位置(VPP/PPV)两个相关的参项一样,连词问题也可以分解为两个相关的参项。第一是连词类型(前置/后置)。即使是最遵守联系项居中原则的并列连词,仍可根据停顿分出前置和后置两个类型,与介词类型和谐。第二是连词所在一肢(短语或小句)的位置。这个参项主要体现联系项原则。前置连词所在一肢倾向于充当后肢,例如"他去,**那么**我也去",后置连词所在的一肢倾向于充当前肢,例如"他去**的话**,我也去",以保证连词的中介位置。分句位置偏离这一格局时常会用框式连词来补救,如"假如他去,*(那么)我也去",或"我也去,*(假如)他去的话"。这些情况都与介词极其相似。因此,类型学的调查应把连词的两个参项也列入其中,特别要调查"张三和李四"这种结构中"和"的性质,因为通常的语法描写不会注意"和"是前置的还是后置的。

四、框式虚词是语序类型学研究的重要课题。

汉语及吴语以大量框式介词为显著的类型特点。框式介词与语序演变有密切关系,其存在的主要动因之一就是联系项原则在前置词不再位于中介位置时的调适和补偿,因此应当引起语序类型学的注意。框式介词也是吴语普遍存在的 PPC 的直接源头。框式介词在汉语中并非孤立现象。汉语及吴语中还存在框式连词,如"假如…的话"、上海话的"因为…咾"等,存在的原因与框式介词类似。由语义相近、但语序不同构成的框式虚词结构还不限于介词、连词这些联系项。在粤语、徽语等许多南方方言中,普遍存在下例所示的三种同义结构:"再吃一碗、吃一碗添、再吃一碗添",分别使用动前状语、动后状语和框式状语。时体标记也存在类似现象,如"正在唱歌、唱着歌、正在唱着歌"、"曾经当官、当过官、曾经当过官"。这些框式虚词结构跟联系项原则无关,但显然跟汉语语序类型较不单纯有关,很值得语序类型学关注。

构成汉语特色的框式连词,其实也远非汉语独有,只是汉语中比较丰富常用而已。这种情况在英语中就存在,而且其使用与联系项原则有关。当前置连词所在的分句在后时,连词在中介位置,不能用框式连词,如"I will go *if* he goes"。当连词在前时,后面分句就可能再加前置连词以填补中介位置联系项的空缺,如"*If* he goes, ***then*** I will go"。

由此可见,研究虚词的语序类型时,除了前置、后置两种情形外,框式虚词结构也是值得今后大加注意的课题。

15.3 汉语介词研究与语法化理论

15.3.1 语法化的基本原则与倾向

作为一种历时机制的语法化,是人类语言的普遍属性,是虚词和虚语素的根本来源。制约介词语法化过程的,既有各种语法化过程共同遵守的普遍原则,也有对介词这种特定词类有效的特殊原则和倾向。下面对这些原则和倾向作一简要归纳(有关文献参阅5.2)。

基本原则:一、**单向性原则**:语义上由实(具体)到虚(抽象),语音上由强到弱甚至到零,句法上由可选到强制,对词汇义和句法环境的选择限制由严到松,语用功能由显著到淡化。二、**渐进性原则**:由实到虚的几个阶段可以并存,其间界限模糊,不同阶段可以通过句法测试划分,但仍有具体单位允许做多种分析,令共时句法分析难以清楚利落。三、**叠加性原则**:一个成分虚化到一定程度时,可能会有新的实词成分沿类似的途径语法化,呈现功能相近而语法化程度不同的几个成分的叠加,语义上可能有强化作用,同时也令共时句法分析难以清楚利落。

与介词有关的特殊原则或倾向:一、**左右不对称原则**。在语法化过程中,即使是表示同样功能的虚词,前置者往往比后置者更容易保持其句法独立性。因此,在前置词语言中,前置词通常被看做独立的虚词,后置词则被看做依附性成分,称为助词或后缀。二、**语序自由度随语法化程度增加而递降原则**。对联系项来说,涉及的语序有两类。首先是介词与介词所辖NP的语序,其次是联系项所在的单位与所联系的另一肢的关系,即介词短语相对于动词或名词核心的语序。语法化开始后,首先是第一种语序趋向固定,随着语法化程度的加深,后一种语序也可能变得固定。三、**介词的主要来源是动词、名词、副词**,特别是语义上能够赋予各种间接题元的动词、本身带有某种题元义(能自我赋元)的关系名词和经常与间接题元连用的副词。

下面,我们就参照这些原则,总结汉语及吴方言的介词在语法化方面的表现。

15.3.2　介词语法化的来源与途径

汉语前置词基本上都来自动词,汉语的后置词大都来自名词。在 VO 与 NG 和谐的语言中,如一些壮侗语言,虽然同时存在动源介词和名源介词,但最后形成的仍都是前置词。反之,在 OV 与 GN 和谐的语言中,动源名源介词都会是后置词,如一些藏缅语。汉语动源介词和名源介词成为不同的介词类型,与 VO 和 GN 这种不和谐的语序配置有关。动源介词源于动宾结构,因为汉语动宾为 VO,动词变成介词后自然是前置词。名源介词源于以关系名词为核心的领属结构,汉语领属结构为 GN,由核心名词变来的介词自然会是后置词。

动源名源介词位置的不同,为框式介词的形成准备了条件。在德语之类语言中有不同介词连用的现象,类似情况在汉语里常由框式介词表示。框式介词的一个句法好处是不管在动词前还是动词后都能有一个联系项位于中介位置。但是当前后置词语义雷同时,难免造成冗余信息,所以其中一方常被省略,如吴语中不在中介位置的方所前置词。

框式介词又为吴语中极有特色的 PPC 的形成准备了条件,PPC 其实是处所框式介词的进一步语法化,即由动源前置词和名源后置词直接组合,省去中间的 NP。PPC 作为一个紧缩 PP 使用并不很特殊,特殊的是 PPC 本身的进一步语法化。

PPC进一步语法化的结果之一是PPC整体后面再带处所题元,使PPC整体成为一种存在动词或处所前置词,彻底消除了PPC后字的后置词性质,成为构词成分。

PPC进一步语法化的一个更特殊的结果是PPC后字(即其中的后置词)在绍兴话、东阳话中成为前置词,这是由PPC后字起了PPC整体的前置词作用。

从以上复杂的情况可知,语序类型的复杂不但造成共时句法方面的特殊情况,也造成语法化途径的特殊情况,因为语法化途径是跟所在语言的语序类型有密切关系的。

15.3.3 介词语法化的渐进性

汉语是介词语法化的渐进性的很好标本。跟英语、日语等语言有一批纯虚化的介词不同,汉语的几乎全部前置词和大部分后置词都清楚地显示着实词的词源,其中绝大部分前置词的动词用法至今犹存,而名词(特别是方位名词)和真正的后置词之间还有大量的虚化中的词难以简单地划入名词还是后置词。无须考释,只凭当代语言中实词到虚词的各种共时用法,就能清楚显示介词由实词到虚词语法化的一步步历程。

最能体现渐进性的,是同一个词一些难定虚实的用例,如"他在图书馆看书"中的"在"。同样不可忽视的是,被划为介词的词项,事实上都存在确实不能分析为实词的用法。有很多句法及形态指标可以拿来作这种测试,但动源前置词和名源后置词各有一项指标最具备区别性。对动源前置词来说,就看该词项加所支配的NP能否单独作谓语(包括加上适当的形态手段如体标记等再作谓语)。比如"在"至今仍有大量动词用法,但当人们说"他在报纸上登广告"时,绝对不能抽出前一个部分说成"他在报纸上"。即使是被认为基本上还属动词的题元标记,如

"用",也能找到其无法作动词分析的用例,如"他用天天送花(来)表达爱意",不能说成"他用天天送花"。对名源后置词来说,就看前面能否加定语标记"的"(或吴语"个"、古汉语"之"),因为以名词为核心的领属结构都能用"的/个/之"。据此,能后置的单音节方位词和部分双音节方位词都是后置词,如"桌子上"不能说成"桌子的上","五月之前"也不能说"五月的前"。但单用能力已很弱的单音节方位词在普通话中还是能有条件地用作状语,像独立的方位名词,如"上有父母,下有儿女"。不能单独后置的单音方位词不是后置词,如"左、右、东、南"等。

虽然总体上汉语的介词虚化程度不高,不过对吴语的考察使我们注意到吴语中有相当一批完全虚化的动后前置词和后置词,它们不经考释难知其源。如金华话处所兼与事前置词"特"、丽水话处所前置词"呦"、苏州话的处所后置词"搭"等。

以上情况显示,虽然汉语及其吴方言的介词总体上语法化程度不高,但都有只能分析为介词的用法,也确实存在完全语法化为虚词的介词。单用"副动词"或"方位词"这类代表虚实中间状态的名称无法概括这些情况,所以本书还是沿用"介词"的名称。

15.3.4 介词语法化的前后不对称性

既然人类语言存在核心居前和核心居后两种倾向,那么理论上两类语言分别使用的前置和后置的虚词的句法地位也应当对称。事实却并非如此。虚词在黏附性方面的左右不对称已经广为类型学家们注意。陆丙甫(Lu 1998)引述过一系列著述(Hawkins 1988a, b, Hawkins and Cutler 1988, Bybee et al. 1990, Tsunoda 等 1995),这些研究都注意到后附的功能词更加倾向于成为黏着成分,人类语言有更优先使用后缀的倾向,造成的相关后果之一是前置词语言远比后置词语言更允许介词悬空状态:在 Tsunoda 等(1995)检查的 130 种语言中,前置词有 8—10% 明显允许介词悬空,后置词语言只有 2% 似乎允许介词悬空。B. Comrie 教授(私人通信)也指出,不管用什么理论来解释,事实就是人类语言的语言成分更容易紧附于其前而非其后的成分。

　　人类语言的这种倾向在汉语及吴语中表现得尤其显著。普通话的轻声只发生在后附成分或双音实词的后字上,轻读也主要发生在后附音节上;另一方面,即使是称为前缀的成分也都保持独立调类,如"阿—、老—"。更有意思的是,吴语的连读变调有前字主导(北部)和后字主导(南部)两类,但虚词后附的倾向在南北吴语中并无二致。

　　前后不对称性对介词的语法化产生深刻影响。

　　前置词在韵律上有独立性,所以在汉语文献中通常被称为介词。后置词在韵律上依附于其前的音节,所以,要么在尚未到达虚词阶段时仍被归入实词(称"方位词"等),要么真正虚化到无法看做实词时就被看做助词、后缀或附缀(clitic),如苏州话的处所后置词"搭"。根据 C. Lehmann(1995:76—87),名源虚词的常见语法化途径是"关系名词→介词→格标记词缀"。汉语的方位词从语义看并未到达格标记的阶段,却似乎跳过了介词这一级而直达词缀这一级,这主要是因为其韵律上的依附性。从句法上看,它们还应当是后置词。

　　前后不对称性对前置词语法化的影响尤其深远,因为不仅涉及反映虚化程度的依附性问题,更影响到句法性质问题。后置词不管在什么位置,只会依附其前的 NP,因此不会改变其后置词的性质。而前置词非但不一定依附其后的 NP,而且还可能向其前的成分依附,而该成分并非其直接成分,造成违背句法组合的附缀化(cliticization)。这样的情况出现在 VPP 语序中,比较"在路上走"和"走在路上",后一结构的韵律结构明显是"走在/路上"。问题是这一切不仅反映韵律性质,而且影响到句法层次,例如"走在了路上"。现代汉语使用者确实有把古汉语遗留的"勇于、善于、敢于"甚至"来自、源于、给以"等结构看做复合词的语感,而按来源讲"于、自、以"应当与后面的 NP 构成 PP。前置词在动词后向前依附的倾向会进一步引起前置词语音的弱化及音变,而动前 PP 的前置词并无此类弱化。因此,前置词的语法化会产生一系列不见于后置词的特殊后果。

第一,同一来源的前置词出现分化,动前动后呈现不同的词形,动后的前置词出现弱化乃至音变。所以"走在路上"在口语中会说成"走 de 路上",学界都相信 de 肯定是某个前置词的弱化,但究竟是"在、到、着"中的哪一个已难确定。吴语中这样的例子很多,如无锡、宁波动前用"来"、动后用弱化的"勒"。

第二,动结式和动介式两类结构在语法化过程中逐渐趋同。由动词的趋向补语虚化来的成分也可以作为方所题元的标记,作用类似前置词,如"走进屋子"。但趋向词在句法上首先是受前面动词管辖的,跟前置词首先管辖后面 NP 的情况不同。但是由于动后前置词在语法化过程中越来越向前依附,以至跟来自动趋式的结构趋同,特别是带轻声 de 的情况,如"走 de 路上"很难再分析为"走+de 路上",而已成为核心标注。前置词后插进时体标记的情况也凸显了从属语标注向核心标注的转化。语法学界因此对如何分析动介式出现分歧。本书依靠一个测试方式来判定其性质:能用可能式的标记属核心标注,不是真的前置词。比较"走不到上海～*住不在上海"。

第三,同一题元的前置词在动前和动后出现词汇性分化,根本就用不同源的成分,其中动后的前置词因语音弱化,更难找出语源,如表示前置词"在"的意义,动前动后金华分别用"来"和"特",丽水分别用"隑"和"啾"。中古汉语"着"作为前置词也只用在动词后,直到当代闽语中才形成动前的用法。

虽然左右不对称是人类语言的共同倾向,但像汉语特别是吴语那样同一题元在动前动后形成不同的前置词似乎还不多见,显示左右不对称在汉语介词语法化过程中的作用特别明显。在欧洲语言中,前后不对称性对冠词的依附起了作用。冠词本应跟后面的 NP 组合。但在部分前置词后,冠词向前靠拢乃至与前置词合音,跟直接相关的 NP 却反而松散,如德语 in dem Kino'在这影院' → im Kino。

15.3.5　介词语法化与语序自由度

C. Lehmann(1992,1995)把语序自由度看做介词语法化程度的一个重要指标。他管介词与其支配的 NP 之间的关系叫首层关系(primary relation),管介词与 PP 修饰的核心(也即介词作为联系项所连接的另一肢)的关系叫次层关系(secondary relation)。他注意到随着语法化程度的加深,介词的首层关系的语序会首先趋向固定(进到格缀阶段时更是绝对固定),而次层关系的语序(即本书所说的 PP 与核心的语序)还会相对自由,但进一步的语法化会导致次层关系的语序也趋向固定。不过 C. Lehmann(1995:169)同时也指出,语法化过程的不同方面有时并不同步,甲指标已冲到前面,乙指标还落在后面,因此不同语言间无法单靠某一指标来精确比较各自的语法化程度。汉语及其方言的情况可以参考其指标来分析,但确实很难简单地套用。

先看介词首层关系的语序。直到春秋时期,当时最常用最虚化的两个前置词"于(於)、以"还有后置词用法,其中后者的后置词用法颇为常见,而且还延续到后代,如"何以"等。而现代汉语普通话和方言的前置词都绝无后置词用法。换言之,"于、以"首层关系的语序还很自由,按 C. Lehmann 的标准,此时的"于、以"语法化程度应该偏低,不如现代的"在"等前置词。然而从其他标准看,"在"的动词性比"于、以"高得多。春秋时"于、以"的动词用法已经极其少见了,而"在"至今仍是个基本的存在动词,作谓语极其自由。即使是只能分析为介词的场合,还保留一些动词的形态特性,如用"V 不 V"式提问(他在不在信上签字?)。

不过,在同一方言的同一时期,这一指标还是有一定价值。吴语以次话题优先为特点,动词的受事论元经常充当次话题,动词后可以有"空语类",但前置词的宾语无法在前面充当话题,无法造成介词悬空。可见前置词的确比动词有更高的语法化程度。至于后置词,从名词阶段开始就从来没有语序自由度,也谈不到用它来反映语法化程度。因此语序自由度无法拿来比较古今汉语后置词的语法化程度。

再看 PP 的语序自由度。用这个标准比较先秦汉语的"于(於)"和"以"还有点意思。统计表明"以"带的 PP 语序较自由,而"于"带的 PP 绝大多数在动词后。与此相关,"以"允许介词悬空,而"于"不允许。可以认为"于"的语序更固定,更虚化。但放到历史中,就出现问题。"于"字短语到汉代以后不是越来越固定,而是越来越自由,在动词前后的比例变得不相上下。这明显违背 C. Lehmann 预测的语法化方向。再比较古今的工具标记"以"和"用","以"字短语语序在先秦很自由,却很少能作谓语,而"用"字短语只能用在主要动词前,但"用"能否算介词还有很大争议。再看中古时一度重要的前置词"着(著)"。"着"短语作为 PP 从一出现其语序就是固定的,只能用在动词后。而进一步的发展却是反而变得自由,证据是今天闽语中"着"短语在动词前后都可以。这又是与 C. Lehmann 预测的 PP 由自由到固定的语法化方向背道而驰的。

由此可见,在汉语的同一种方言之同一阶段中,由动词到前置词的语法化过程确实会伴随语序的固定化,但决定前置词语序自由度的还有其他重要因素。汉语 PP 的语序自由度与语法化程度之间则完全看不出类似的关系,甚至还有相反的情形出现,即随着语法化程度加深,语序反而变得更自由。

影响介词和 PP 语序自由度的,除了语法化程度外,更重要的是下面几个因素:

一、介词源头词类的语序自由度。先秦汉语以 VO 为主之外还有部分 OV 语序,所以一些由动词来的前置词也有一定的语序自由度。汉语领属结构一直是 GN,所以名源后置词从来没有语序自由度。

二、整个句法系统的语序类型格局。"于"字短语由固定到自由的情况就发生在整个汉语出现 VPP 为主到 PPV 为主的历史演变过程中。更多的前置词是在这一演变已经出现时语法化的,所以有关的 PP 生来就是固定的,只能占据动前的位置。

三、虚词的前后不对称性。它造成汉语动前和动后前置词的分工。即使现代汉语及吴方言都有 PPV 和 VPP 两种语序,但具体的前置词项大多只能在动前或动后一种位置,使所带的 PP 没有语序自由。也有个别前置词在动前或动后一个位置上语法化为前置词,随着出现频率变高,句法重要性增强,反而突破原来的局限而变成双位前置词,造成 PP 由固定到自由的"逆向"发展现象。

15.3.6　介词语法化的语音方面

走上语法化之路的词项通常会表现出语音上的逐步弱化直到完全消失为止。江蓝生(1999b)通过跨方言的比较,清楚地揭示了中古前置词"着"一步步弱化直到变零的过程。汉语及吴语介词语法化的语音弱化,深受前后不对称性的影响,动前前置词、动后前置词、后置词、前后置复合词 PPC,表现各异。

普通话的动前前置词事实上很少发生弱化现象。介词历史有一两千年的"在、被、把"等至今仍念其规则读音,其他前置词也基本如此,通过文言沿用下来的"于、以、自"等老牌前置词更是如此。正因为这样,动前前置词很少有语源不明的[5]。

动后前置词就不一样,北京话口语中动词后的 de 就念轻声,语源不清。其他如金华的"特"[dəʔ](处所兼接受者标记)、丽水的"呣"

[die?]（处所标记）等，都念短促的入声（语流中未必有喉塞音，音标？只表示短促调）。即使是与动前前置词同源的动后前置词，在吴语中也通常以更弱化、更简短的形式出现。这些弱化都与其动词后的位置有关，实际上已由于前后不对称性而被整合进动词所在的韵律词充当后附音节。

后置词本来就位于后附位置，更容易弱化并引起不规则音变，从而导致有些词的语源不清或至少是难以被直觉所感知。如"上"弱化为苏沪吴语的"浪/酿"，"里"弱化为常州的"勒"和椒江"勒/特"。在西北地区的部分方言中，"上"弱化为"行"，"下"弱化为"合、哈"等也属此类。

在虚化链中，介词不处在最后输出的位置，其后还可以进一步语法化为体标记等词缀形式。所以在介词阶段不容易一下子出现到零的过程。北京话中"搁桌上、放这儿"等可以看做动词后弱化的 de 进一步脱落为零。

吴语的 PPC 本身是一种简略形式（框式 PP 省去中间的 NP），其进一步语法化的结果主要是变成体标记和语气助词，这时 PPC 在语音上往往也相应出现脱落或合音等弱化现象，成为一个单音节。可见语音上的紧缩是伴随功能上的语法化而发生的。

15.3.7 介词语法化中的新旧交替和叠加现象

与语法化中的语义虚化和语音弱化相关联，语言中不断会有新的词项又走上类似的语法化道路，补偿深度语法化成分的语义或语音"损耗"。近义、同义甚至同源而处在不同语法化程度的成分有可能新旧交替，也可能连用，形成叠加形式。

温州话表示"他在温州做生意"可以说"渠**宿**温州做生意"、"渠**是**温州做生意"、"渠**宿是**温州做生意"，"宿"和"是"可以交替，可以叠加，但不能说"渠**是宿**温州做生意"，可见"是"更早语法化，处在前置词的位置,而"是"前的"宿"可以分析为连动式中的前一个动词。苏州话"拨勒"字面上是"给予",试比较老苏州话"拨一本书勒小张"。后来"拨勒"不仅可用作表给予的复合动词,还能作接受者和施事标记,成为叠加式前置词,其中"勒"变得可有可无。如"拨一本书拨(勒)小张"、"鱼拨(勒)猫吃脱哉"(鱼被猫吃了)。"拨…拨(勒)"式中出现了同源成分和不同源成分的双重叠加。

这些例子充分显示,语法化是语言中生生不息、波波相叠的永恒机制,也是造成汉语及其方言介词系统复杂性和非匀质性的重要原因。

15.4 值得进一步探索的一个问题

本书以语序类型学和语法化理论为背景,以汉语史、普通话、吴语为材料,为汉语介词研究提出了一个兼顾共时状态、历时演变和方言差异的理论框架,涉及前置词、后置词、框式介词及前后置复合词 PPC,在发掘方言事实的基础上对有关现象提出了初步的理论分析,说明汉语包括吴方言的介词系统在语言类型方面确实存在许多值得注意的特殊现象,但这些特性的背后其实仍是人类语言的一些共同规律在起作用,只是不同原则互动时力量大小和优先程度有所不同。希望本书的探索能为汉语介词历史、现状和方言类型的进一步研究打开一条更加广阔的道路,使汉语介词研究能更加紧密地融入人类语言句法理论研究的主流。

在汉语介词的类型学探索中,仍有一个重要的理论问题需要回答。本书暂时无法圆满为它解答,愿意在此提出来供学界进一步探讨。

总体上,比起后来的局面来,先秦汉语的介词系统及其句法位置与当时汉语的整体格局之间是更加相配的:SVO 类型为主,前置词为主,VPP 为主,介词的典型位置在中介位置。汉语介词的相对不和谐是从

PP由动词后到动词前的历史性移位开始的,这一移位不但使汉语出现世所罕见的 VO/PPV 语序配置,而且使介词主体前置词的基本位置不在中介位置。后来通过不同的语法化途径而形成了一批后置词,部分弥补了联系项位置的空缺。但是,还是有很多前置词短语不依靠后置词直接用在动词前。说汉语的人对这种背离人类语言大势的语序似乎很觉自然,以致在百年来的汉语介词研究中从未有人想到把中介位置作为介词理论的一个考虑因素,这也助长了对后置词存在的长期忽视。

需要问的问题是:导致这一背离和谐性和联系项原则的历史性移位怎么会发生?根本动因何在?为什么在绝大部分语言中都很起作用的原则没能有力阻挡这一移位,而只是用后置词的产生部分地抵消这一移位对重要原则的背离?

这一移位实际上已经引起学者们的关注,孙朝奋称之为汉语史上惟一的重要语序类型变迁,已经有不少学者提出各种假说来解释这一移位(对部分假说的最新讨论见张赪 2002)。Li 和 Thompson 从语法化方面解释:因为介词都来自连动式的第一个动词,所以在主要动词前。可是我们知道,"于、以"等老资格前置词也来自连动式中的动词,为什么更早时孕育前置词的动词位置并不限于连动式的第一个动词?连动式中的动词是许多语言里介词的来源,为什么绝大部分语言仍然保持 PP 位置与 VO 的和谐性和前置词的中介位置?语法化的解释并未回答这个问题。黄宣范(1982)等一批研究者主要从词汇兴替方面解释,认为"在、向、对、从"介词本来就位于动词前,它们逐渐地取代了多功能的主要用于动词后的"於",同时动词后的"於"从汉代开始有大量省略的现象,两股力量共同作用导致了以 PPV 为主的词序新格局。张赪指出介词兴替论忽视了一个重要事实:在介词兴替大量进行和完成以前,介词词组便开始大量前移,包括部分带"於"的 PP。换句话说,前移倾向出现在前,新介词兴起在后。不过她同意这一历史移位最终是通过词汇兴替完成的。黎天睦(1979)、吴可颖(1988)(均转引自张赪)等则从语义关系来解释,注意处所 PP 的位置按时间顺序原则移动,表示终点的留在后面,起点、行为场所等 PP 移到了前面。张赪同意时序原则的作用,但指出这一原则不适合非处所类 PP,而且他们也无法解释为什么这一原则直到约魏晋时才开始生效。她也认为这个疑问还有待研究。

从语序类型学的角度讲,以上假说都无法解释为什么 PP 在汉代以后会前移到一个不适合介词的、造成前置词不在中介位置、与 VO 语序不和谐的位置?为什么汉代以后时序原则才起作用?为什么早期连动式并不限于第一个动词虚化为前置词、虚化出来的前置词仍符合和谐性和联系项原则,后来却主要由第一个动词才能这样虚化了?"第一个动词"的位置不是因,而是果。是当时已经开始前移的 PP 位置促使新兴前置词只能在连动式中前面的动词位置上产生。

希望研究语序类型学和研究汉语语法史的学者共同努力来回答这个问题。正是汉语这一历史移位造成 Dryer(1992)中 VO/VPP 和谐性的惟一例外。其最终动因的破解应可为语序类型学直接做出重要贡献。

[1] 吉尼斯世界纪录 1997 版称名词格最多的语言是高加索的 Tabsaaran 语,有 48 个格。Comrie & Polinsky(1998)经调查研究发现其实该语言的名词非处所格只有 4、5 个,其余的格都是处所性的,是几种处所后缀的组合才形成数量庞大的格形态(含多个形态成分的复合"格"),按此计算有些方言还超过 48 个格。可见处所范畴即使在格范畴系统中也可以占较大的数量比例,方位介词数量大些更属正常。

[2] 比如,布拉格学派力倡的主位居先原则和 Givón(1988)强调的重要信息/不可预测信息居先原则都能得到许多语言的证明,但两者本身是明显矛盾的。

在汉语中。"客人来了"和"来了客人"之对立体现的是前一条原则;而"你快走呀"和"快走呀,你"之对立体现的是后一条原则。矛盾原则的存在不等于原则本身不合理。在汉语中,主位居先原则主要影响句法层面,而重要信息居先原则主要影响话语层面,造成的往往是非常规的错位(dislocation)句式。两条原则的作用仍是明显存在的。

〔3〕 在句子中,状语可以直接与谓语核心本身发生关系,而定语只能跟谓语核心所支配的论元内的核心发生关系。

〔4〕 除了这两类题元,的确还有一些其他题元的PP在普通话中也可用于动词后。一是表存在的用"在"介引的PP,如"走在大路上"("在"PP的更常规的位置仍是动词前),二是表源点的用文言性的"自"介引的PP(换用口语性的"从"则只能在动词前)。这是因为古代汉语以PP在动词后为常规的(句法化的)位置,这些PP是古汉语模式的化石,都是可以移到动词前并且以在动词前为主的。

〔5〕 吴语的"在"义动词兼前置词"来/拉/辣/勒"语源不明,可能是"在"或"着"的不规则音变,但它作为动词用也这么念,跟语法化无关。

常 用 代 号

P　介词(adposition，包括前置词、后置词及框式介词)

PP　介词短语(adposition phrase，因为文献中 AP 指形容词短语，所以取已通用的 PP)

Pre　前置词

Pos　后置词

PreP　前置词短语

PosP　后置词短语

PPC (pre-postpositional compound)　由前、后置词组成的复合词(如近代汉语的"在里")

V　动词(在汉语中可包括形容词，相当于"谓词")

VP　动词短语(在汉语中可包括形容词短语)

N　名词

NP　名词短语

S　主语

O　宾语

SVO　"主语+动词+宾语"的语序

SOV、VSO、VO、OV……参照 SVO 条类推

G　领属定语

GN/NG　"领属定语+核心名词"的语序/"核心名词+领属定语"的语序

PPV/VPP　"介词短语+动词"的语序/"动词+介词短语"的语序

Rel　关系从句

*　星号［加在语言单位左上角表示该语言单位不成立、不合语法，如"*坐在椅子"表示该短语不成立。星号加在括号内表示语言单位若加上括号内的成分便不成立，如"坐(*了)在椅子上"表示"坐在椅子上"成立，"坐了在椅子上"不成立。星号加在括号外表示语言单位若去掉括号内的成分便不成立，如"坐在椅子*(上)"表示"坐在椅子上"成立，"坐在椅子"不成立］

(本表未列的代号已随文解释)

引 用 语 料

1. 古代汉语电子语料库:《左传》、《论语》、《孟子》,上海师大语言研究所提供。
2. 汉语史(中古至近代)电子语料库,汪维辉教授提供。
3. 普通话电子语料库,潘海华教授提供。
4. 上海话电子语料库,徐烈炯教授提供。
5. 清末苏白小说《海上花列传》电子版(文中简称《海花》),石汝杰教授提供。
6. 老上海话书面语料一种,钱乃荣教授提供:*LeÇons sur le Dialect de Changhai*(上海话课本),Albert Bourgeois, S. J.(蒲君南)编著(文中简称"蒲课"),上海:Cours Moyen, 1939。
7. 清代苏州话书面语料一种,钱乃荣教授提供:《三笑》,[清]吴信天著,竺少华1986年点校,岳麓书社出版。
8. 本人的吴语区田野调查,受香港城市大学人文学院研究基金资助。
   发音人及校订人名单如下(年龄按调查时的1999年计):
   上海 A　张进达,男,42岁,上海师范大学职员。
   上海 B　方家骅,女,56岁,上海师范大学职员。
   苏州　　陈榴竞,女,50岁,苏州市燃料公司职员。
   　　　　校订:石汝杰教授,男,苏州人,方言学专家。
   无锡　　姚汝明,男,55岁,无锡自行车厂职员。
   常州　　宋岳林,男,65岁,常州市翠竹新村居委会干部。

绍兴　马立基,男,77 岁,绍兴工商银行退休职员。
　　　　校订,陶寰博士,男,绍兴人,方言学专家。
宁波　钱元明,男,54 岁,宁波天一阁职员。
　　　　校订:胡方,男,宁波人,语音学博士生。
台州(椒江)　徐春云,女,36 岁,台州市椒江一中教师。
乐清大荆　蒋坚禄,男,29 岁,乐清大荆中学教师。
金华　李金根,男,77 岁,金华市政退休职工。
　　　　校订,徐赳赳,男,金华人,语言学副研究员。
东阳　王凤年,女,66 岁,东阳人,金华医院退休医生。
丽水　王知真,女,70 岁,丽水梅山中学退休教师。
温州　林为民,男,55 岁,温州师范学院中文系教授。
　　　　校订:傅永平,女,56 岁,温州中亚集团公司职员。

谨向以上的项目资助者、语料提供者、发音人、校订人表示深切感谢。

参考文献

艾皓德　1991　近代汉语以"时"煞尾的从句,《中国语文》第 6 期。
蔡国璐　1995　《丹阳方言词典》,李荣主编《现代汉语方言大词典》分卷本,江苏教育出版社。
曹志耘　1996a　《金华方言词典》,李荣主编《现代汉语方言大词典》分卷本,江苏教育出版社。
——　1996b　金华汤溪方言的体,载张双庆(主编)1996。
——　1997　金华汤溪方言的动词谓语句,载李如龙、张双庆(主编)1997。
——　2002　东南方言里动词的后置成分,载潘悟云主编《东方语言与文化》,上海:东方出版公司。
巢宗祺　1986　苏州方言中"勒笃"等的构成,《方言》第 4 期。
陈克炯　1997　试论先秦汉语补语与动词的类——兼谈"动补句"的句法句型特点,《语言研究》第 2 期。
陈泽平　1996　福州方言的体和貌,载张双庆(主编)1996。
——　1997　福州方言的动词谓语句,载李如龙、张双庆(主编)1997。
——　1998　《福州方言研究》,福建人民出版社。
陈忠敏、潘悟云　1999　论吴语的人称代词,载李如龙、张双庆(主编)1999。
储泽祥　1997a　现代汉语的命名性处所词,《中国语文》第 5 期。
——　1997b　《现代汉语方所系统研究》,华中师范大学出版社。

戴浩一(叶蜚声译) 1994 以认知为基础的汉语功能语法刍议,载戴浩一、薛凤生主编《功能主义与汉语语法》,北京语言学院出版社。

戴庆厦 1990 《藏缅语族研究》,云南民族出版社。

—— 1998 景颇语方位词"里""处"的虚实两重性,载戴庆厦《藏缅语族语言研究(二)》,云南民族出版社。

丁邦新 2000 论汉语中"中心语—修饰语"的反常词序问题,《方言》第3期。

丁椿寿 1993 《彝语通论》,贵州民族出版社。

丁声树等 1961 《现代汉语语法讲话》,商务印书馆,原载《中国语文》1952—1953。

范继淹 1963 动词和趋向性后置成分的结构分析,《中国语文》第2期。

范 晓 1998 动介式组合体的配价问题,载袁毓林、郭锐主编《现代汉语配价语法研究》,北京大学出版社。

方 梅 1997 现代北京话的语法特征(提要及摘要),北京:第30届国际汉藏语会议。

冯春田 1992 唐五代某些语法现象浅析,载程湘清主编《隋唐五代汉语研究》,山东教育出版社。

冯胜利 1997 《汉语的韵律、词法与句法》,北京大学出版社。

高名凯 1948 《汉语语法论》,开明书店。

管燮初 1994 《左传句法研究》,安徽教育出版社。

郭锡良 1997 介词"于"的起源和发展,《中国语文》第2期。

—— 1998 介词"以"的起源和发展,《古汉语研究》第1期。

何金松 1994 《虚词历时词典》,武汉:湖北人民出版社。

何乐士 1992a 《史记》语法特点研究,载程湘清主编《两汉汉语研究》,山东教育出版社。

——— 1992b 敦煌变文与《世说新语》若干语法特点的比较,载程湘清主编《隋唐五代汉语研究》,山东教育出版社。

胡裕树(主编) 1981 《现代汉语》,上海教育出版社。

黄伯荣(主编) 1996 《汉语方言语法资料汇编》,青岛大学出版社。

江蓝生 1992 助词"似的"的语法意义及其来源,《中国语文》第 6 期。

——— 1998 后置词"行"考辨,《语文研究》第 1 期。

——— 1999a 处所词的领格用法与结构助词"底"的由来,《中国语文》第 2 期。

——— 1999b 语法化程度的语音表现,载石锋、潘悟云编《中国语言学的新拓展——庆祝王士元教授六十五岁华诞》,香港城市大学出版社。

金昌吉 1996 《汉语介词与介词短语》,南开大学出版社。

金 鹏(主编) 1983 《藏语简志》,民族出版社。

科姆里(沈家煊译) 1989 《语言共性和语言类型》,华夏出版社,据原文第一版 1981 译出。该书第二版见 Comrie 1989。

李如龙、张双庆(主编) 1997 《动词谓语句》(中国东南部方言比较研究丛书第三辑),暨南大学出版社。

李如龙、张双庆(主编) 1999 《代词》(中国东南部方言比较研究丛书第四辑),暨南大学出版社。

李小凡 1998 《苏州方言语法研究》,北京大学出版社。

黎锦熙 1933 《新著国语文法》,商务印书馆。初版 1924。

梁敏、张均如 1996 《侗台语概论》,中国社会科学出版社。

林 焘 1962 现代汉语轻音和句法结构的关系。《中国语文》7 月号。

刘丹青 1986 苏州方言定中关系的表示方式,《苏州大学学报》第 2 期,又载中国人民大学复印资料《语言文字学》同年第 6 期。

―――― 1987 形名同现及形容词的"向",《南京师大学报》第 3 期。

―――― 1991 试论"可数文化"与"不可数文化"——"文化"概念与文化学科研究对象新探,《东南文化》第 5 期,又载中国人民大学复印资料《文化研究》1992 年第 1 期。

―――― 1995a 无锡方言的体助词"则"(仔)和"着",《中国语言学报》第 6 期,商务印书馆。

―――― 1995b 《南京方言词典》,李荣主编《现代汉语方言大词典》分卷本,江苏教育出版社。

―――― 1996a 东南方言的体貌标记,载张双庆(主编)1996。

―――― 1996b 苏州方言的体范畴系统与半虚化体标记,载胡明扬主编《汉语方言体貌论文集》,江苏教育出版社。

―――― 1997 苏州方言的动词谓语句,载李如龙、张双庆(主编)1997。

―――― 1999a 吴江方言的代词系统及内部差异,载李如龙、张双庆(主编)1999。

―――― 1999b 语序共性与歧义结构——汉语歧义的类型学解释,载石锋、潘悟云编《中国语言学的新拓展——庆祝王士元教授六十五岁华诞》,香港城市大学出版社。

―――― 2001a 论元分裂式话题结构,载《语言研究再认识——庆贺张斌先生从教五十周年暨八十华诞》,上海教育出版社。

―――― 2001b 汉语方言语序类型的比较,日本《现代中国语研究》创刊第 2 期,又载史有为主编《从语义理解到类型比较》,北京语言文化大学出版社。

―――― 2001c 汉语给予类双及物结构的类型学考察,《中国语文》第 5 期。

柳士镇 1992 《魏晋南北朝历史语法》,南京大学出版社。

陆丙甫　1986a　语句理解的同步组块过程及其数量描述,《中国语文》第 2 期。

——　1986b　组块理论的完善化及其在自然语言理解中的应用,《思维科学》第 2 期。

陆俭明　1985a　析"像……似的",载陆俭明、马真《现代汉语虚词散论》,北京大学出版社。

——　1985b　汉语中表示主从关系的连词,同上书。

——　1990　汉语句法成分特有的套叠现象,《中国语文》第 2 期。

吕叔湘　1948　把字用法的研究,《金陵、齐鲁、华西大学中国文化汇刊》第 8 卷,又载吕叔湘 1984。

——　1965a　方位词使用情况的初步考察,《中国语文》第 3 期,又载吕叔湘 1984。

——　1965b　被字句、把字句动词带宾语,《中国语文》第 4 期,又载吕叔湘 1984。

——　1982　《中国文法要略》,商务印书馆。

——　1984　释《景德传灯录》中在、著二助词,载吕叔湘 1984。原刊于 1941 年。

——　1984　《汉语语法论文集》,商务印书馆。

吕叔湘(主编)　1980　《现代汉语八百词》,商务印书馆。

马建忠　1983　《马氏文通》,商务印书馆。初版 1898。

梅祖麟　1988　汉语方言里虚词"著"字三种用法的来源,《中国语言学报》第 3 期。

——　1995　本字研究的两种方法,载《吴语和闽语的比较研究》,上海教育出版社。

潘悟云　1996　温州方言的体和貌,载张双庆(主编)1996。

——　1997　温州方言的动词谓语句,载李如龙、张双庆(主编)

———　1997。

———　1998　《温州方言音档》，侯精一主编"现代汉语方言音库"分册，上海教育出版社。

潘悟云、陶寰　1999　吴语的指代词，载李如龙、张双庆（主编）1999。

平田昌司（主编）　1998　《徽州方言研究》，东京：好文出版。

平悦铃　1997　上海话中"辣～"格式的语法功能，《语文研究》第3期。

钱乃荣　1997　《上海话语法》，上海人民出版社。

———　1999　北部吴语的代词系统，载李如龙、张双庆（主编）1999。

钱乃荣（主编）1990　《现代汉语》，高等教育出版社。

钱曾怡　1994　《博山方言研究》，社会科学文献出版社。

桥本万太郎（余志鸿译）　1985　《语言地理类型学》，北京大学出版社。

萨丕尔（Sapir, Edward）（陆卓元译）　1962　《语言论》，商务印书馆。原版1921。

石汝杰　1996a　《吴语读本——明清吴语和现代苏州话》，日本《中国语学研究·开篇》单刊No.8，东京：好文出版。

———　1996b　苏州方言的体，载张双庆（主编）1996。

———　1999　苏州方言的代词系统，载李如龙、张双庆（主编）1999。

史有为　1999　处所宾语初步调查，南加州大学中文组网页汉语语言学句法部分，www.usc.edu/dept/LAS/ealc/chinling/。

孙朝奋　1994　《虚化论》评介，《国外语言学》第4期。

太田辰夫（蒋绍愚、徐昌华译）　1987　《中国语历史文法》，北京大学出版社。

汤珍珠、陈忠敏、吴新贤　1997　《宁波方言词典》，李荣主编《现代汉语方言大词典》分卷本，江苏教育出版社。

陶　寰　1996　绍兴方言的体，载张双庆（主编）1996。

王福堂　1995　绍兴方言中的处所介词"东*"、"带*"、"亨*"，载徐云扬编《吴语研究》,香港中文大学新亚书院出版。

王　力　1980　《汉语史稿》(中册),中华书局。

——　1985　《中国现代语法》,商务印书馆。原分上下册,分别于1943、1944年出版。

王志敬　1994　《藏语拉萨口语语法》,中央民族大学出版社。

汪维辉　2000　《东汉—隋常用词演变研究》,南京大学出版社。

伍云姬　1995　谈雌雄动物名称的演变,载石锋编《汉语研究在海外》,北京语言学院出版社。

项梦冰　1998　连城方言的话题句,《语言研究》第1期。

谢信一(叶蜚声译)　1994　汉语中的时间和意象,载戴浩一、薛凤生主编《功能主义与汉语语法》,北京语言学院出版社。

谢自立、刘丹青、石汝杰、汪平、张家茂　1989　苏州方言里的语缀(上)(下),《方言》第2、3期。

徐烈炯、刘丹青　1998　《话题的结构与功能》,上海教育出版社。

徐烈炯、邵敬敏　1998　《上海方言语法研究》,华东师范大学出版社。

许宝华、汤珍珠(主编)　1988　《上海市区方言志》,上海教育出版社。

雅柯布森(Jakobson, Roman)　2001　类型学研究及其对历史比较语言学的贡献,载《雅柯布森文集》,钱军编辑,钱军、王力译注,湖南教育出版社。初版1958。

颜其香、周植志　1995　《中国孟高棉语族语言与南亚语系》,中央民族大学出版社。

杨树达　1984　《高等国文法》,商务印书馆。初版1930。

伊原大策(柴世森译)　1986　表示进行时态的"在",《河北大学学报》第3期。

游汝杰　1996　杭州方言动词体的表达法,载张双庆(主编)1996。

游汝杰、杨乾明　1998　《温州方言词典》,李荣主编《现代汉语方言大词典》分卷本,江苏教育出版社。

于根元　1981　上海话的"勒勒"和普通话的"在、着",《语文研究》第 1 期。

余志鸿　1986　汉语前后置词混用的实质,载浙江省语言学会编《语言学年刊》。

俞　樾〔清代〕　《古书疑义举例》,中华书局 1956 版。

张　赪　2002　《汉语介词词组词序的历史演变》,北京语言文化大学出版社。

张成材　1994　《西宁方言词典》,李荣主编《现代汉语方言大词典》分卷本,江苏教育出版社。

张双庆(主编)　1996　《动词的体》(中国东南部方言比较研究丛书第二辑),香港中文大学中国文化研究所吴多泰中国语文研究中心。

张旺熹　1991　"把字结构"的语义及其语用分析,《语言教学与研究》第 3 期。

章培智　1990　《斯瓦希里语语法》,外语教学与研究出版社。

赵金铭　1995　现代汉语补语位置上的"在"和"到"及其弱化形式 de,《中国语言学报》第 7 期,语文出版社。

朱德熙　1982　《语法讲义》,商务印书馆。

Ansaldo, Umberto 1999. *Comparative Constructions in Sinitic: Areal Typology and Patterns of Grammaticalization*. PhD. Dissertation, Stockholm University.

Arnold, Jennifer E & Thomas Wasow 2000. Heaviness vs. newness: the effects of structural complexity and discourse status on constituent ordering. *Language* 76—1.

Bisang, Walter. 1998. Grammaticalization and language contact, constructions and positions. In Anna Giacalone & Paul J. Hopper (eds) *The Limits of Grammaticalization*. Amsterdam: John Benjamins.

Chapin, Paul G. 1978. Easter Island: A Characteristic VSO Language. In W. Lehmann, (ed.)1978.

Comrie, Bernard 1988. Topics, grammaticalized topics, and subjects. *Berkeley Linguistics Society* 14.

—— 1989. *Language Universals and Linguistic Typology*. Chicago: Chicago University Press. Second Edition. 1981 第一版有沈家煊的中译本,华夏出版社 1989。

Comrie, Bernard & Maria Polinsky 1998. The great Daghestaanian hoax. In Anna Siewierska & Jae Jung Song (eds.) *Case, Typology and Grammar: In Honor of Barry J. Blake*. Amsterdam: John Benjamins.

Connolly, John H. 1991. *Constituent Order in Functional Grammar: Synchronic and Diachronic Perspectives*. Berlin: Foris.

Croft, William 1990. *Typology and Universals*. Cambridge: Cambridge University Press.

DeLancey, Scott 1997. Grammaticalization and the gradience of categories: relator nouns and postpositions in Tibetan and Burmese. In Joan Bybee et al (eds.) *Essays of Language Function and language type: dedicated to T. Givón*. Amsterdam: John Benjamins.

Dik, Simon C. 1997. *The Theory of Functional Grammar*. Part 1: The Structure of the Clause. ed. By Kees Hengeveld, Second, revised version. Berlin & New York: Mouton de Gruyter.

Downing, Pamela 1995. Word order in discourse: By way of introduction. In Downing & Noonan(eds.).

Downing, Pamela & Micharl Noonan (eds.) 1995. *Word Order in Discourse*. Amsterdam & Philadelphia: John Benjamins Publishing Company.

Dryer, Matthew S. 1992. The Greenbergian word order correlations. *Language*. Vol. 68, Num. 1:43—80.

―――― 1999. Word order in Sino-Tibetan Languages from a typological and geographical perspective (Draft).

Edkins, J. 1868. *A Grammar of Colloquial Chinese as Exhibited in the Shanghai Dialect*. Shanghai: Presbyterian Mission Press. Second Edition.

Ernst, Thomas 1988. Chinese postpositions? — again. *Journal of Chinese Linguistics*: 16—2.

Fukui, Naoki 1995. The Principles-and-Parameters approach: a comparative syntax of English and Japanese. In Shibatani & Bynon (eds.)1995.

Gasde, Horst-Dieter 1998. Topics, focus and sentence structure in Mandarin Chinese. *Sprachtypol. Univ. Forsch*. Berlin (51), 43—94.

Genetti, Carol 1991. From postpositions to subordinators in Newari. In Traugott & Heine (eds.) 1991.

Givón, Talmy. 1976. Topic, pronoun and grammatical agreement. In Charles Li (ed.)*Subject and Topic*. Amsterdam: John Benjamins.

―――― 1978. Definiteness and referentiality. In Joseph H. Greenberg (ed.)1978.

―――― 1984. *Syntax: A Functional-Typological Introduction*. Volume I. Amsterdam: John Benjamins.

―――― 1988. The pragmatics of word-order: predictability, importance and attention. In Hammond et al (ed).

Greenberg, Joseph H. 1966 [1963]. Some universals of grammar with particular reference to the order of meaningful elements. In Greenberg, Joseph H. (ed.) 1966 [1963].

―――― 1980. Circumfixes and typological change. In Elizabeth C. Traugott et al (eds.) Papers from the International Conference on Historical Linguistics. Amsterdam: John Benjamins.

―――― 1995. The diachronic typological approach to language. In Shibatani & Bynon (eds.) 1995.

Greenberg, Joseph H. (ed.) 1966. *Universals of Language*. Mass Cambridge: M.I.T. Press. First Edition, 1963.

―――― (ed.) 1978. *Universals of Human Language*. Vol. 4: Syntax. Stanford: Stanford University Press.

Haiman, John 1978. Conditionals are topics. *Language*. 54(3).

Haiman, John (ed.) 1983. Iconicity in Syntax: Proceedings of a Symposium on Iconicity in Syntax, Stanford, 1983.

Hale, Ken 1992. Basic word order in two "free word order" languages. In Payne (ed.) 1992.

Hammond, Michael, Edith Moraviesik & Jessica Wirth (eds.) 1988. *Studies in Syntactic Typology*. Amsterdam: John Benjamins.

Hawkins, John, A. 1983. *Word Order Universals*. New York: Academic Press.

―――― 1994. *A Performance theory of Order and Constituency*.

Cambridge: Cambridge University Press.

Hawkins & Cutler 1988. Psycholinguistic factors in morphological asymmetry. In John A. Hawkins (ed.) *Explaining Language Universals*. Oxford: Blackwell.

Heine, Bernd, Ulrike Claudi & Friederike Hünnemeyer 1991. *Grammaticalization: A Conceptual Framework*. University of Chicago Press.

Her, One-Soon 1997. *Interaction and Variation in the Chinese VO Construction*. Taipei: Crane.

Hopper, Paul J. and Elizabeth Closs Traugott 1993. *Grammaticalization*. Cambridge: Cambridge University Press.

Huang, Hsuan-fan 1982. Historical change of prepositions and emergency of SOV order. In Huang's Papers in Chinese Syntax, 165—206. Taipei: Crane.

Jepson, Jill Christine 1985. *Chinese Word Order: a Study of Language Acquisition and Linguistic Change*. Ph. D. Dissertation, the University of Chicago.

Kuno, Susumu 1978. Japanese: A characteristic OV language. In W. Lehmann (ed) 1978.

LaPolla, Randy 1994. On the change to verb-medial word order in proto-Chinese: Evidence from Tibeto-Burman. Current Issues in Sino-Tibetan Linguistics.

—— 1995. Pragmatic relations and word order in Chinese. In Pamela Downing & Micharl Noonan (eds) 1995.

—— 2002. Word order patterns in Sino-Tibetan and their significance to theories of explanation in typology. In Pan, Wuyun (ed) *Languages and Cultures in the East*（东方语言与文化）,

Shanghai: Oriental Publishing Center (东方出版中心).

Lehmann, Christian 1992. Word order change by grammaticalization. In Manuel Gerzitsen & Dieter Stein (eds.)*Internal and External Factors in Syntactic Change*. Berlin: Mouton de Gruyter.

—— 1995. *Thoughts on Grammaticalization*. München & New Castle: Lincom Europa.

Lehmann, Winfred P. 1973. A structural principle of language and its implications. *Language* 49:47—66.

—— 1978a. The great underlying ground—plans. In W. Lehmann (ed.) 1978.

—— 1978b. Conclusion: the profound unity underlying languages. In W. Lehmann (ed.) 1978:393—432.

—— (ed.) 1978. *Syntactic Typology*. Austin: University of Texas Press.

Li, Y-H Audrey 1985. *Abstract Case in Chinese*. Ph. D dissertation, University of South California.

—— 1990. *Order and Constituency in Mandarin Chinese*. Dordrecht: Kluwer.

Li, Charles N. (ed.) 1976. *Subject and Topic*. New York: Academic Press.

Li, Charles, N, & Sandy Thompson 1973a. An explanation of word order change from SVO to SOV. Foundations of Language.

—— 1973b. Historical change of word order: a case study of Chinese and its implications. *Historical Linguistics*, ed. by John M. Anderson and Charles Jones.

—— 1975. The semantic function of word order: a case study in

Mandarin. In Charles N. Li. (ed) *Word Order and Word Order Change*. Austin: University of Texas Press.

——— 1976. Subject and topic: a new typology. In Li (ed.) 1976.

——— 1978. An exploration of Mandarin Chinese. In W. Lehmann (ed) 1978.

Lindstrom, Lamont & John Lynch 1994. *Kwamera*. München-Newcastle: Lincom Europa.

Light, Timothy. 1979. Word order and word order change in Mandarin. *Journal of Chinese Linguistics* 7:149—180.

Liu, Danqing 2004. Identical topics: a more characteristic property of topic prominent languages. in *Journal of Chinese Linguistics* : 32—1 (Berkeley, USA).

Liu, Feng—hsi, 1998, A clitic analysis of locative particles. *Journal of Chinese Linguistics* :26—1.

Lu, Bingfu 1991. A comparison between English and Chinese parsing. *Proceedings of 1991 International Conference on Computer Processing of Chinese and Oriental Languages*, Taipei.

——— 1998. *Left-right Asymmetries of Word Order Variation: A functional Explanation*. Ph. D. dissertation, University of Southern California.

MacMahon, April M. S. 1994, *Understanding Language Change*. Cambridge: Cambridge University Press.

Mallinson, Graham and Barry Blake. 1981. *Language Typology: Cross-linguistic Studies in Syntax*. Amsterdam: North-Holland.

Mei, Kuang. 1980. Is Modern Chinese really an SOV language? *Cah-*

iers de Linguistique-Asie Orientale 7: 23—45.

Mithun, Marianne 1992. Is basic word order universal? In Payne (ed.) 1992.

Napoli, Donna Jo 1993. *Syntax: Theory and Problems*. Oxford: Oxford University Press.

Payne, Doris L. (ed.) 1992. *Pragmatics of Word Order Flexibility*. Amsterdam: John Benjamins.

Peyraube, Alain 1994. On the history of Chinese locative prepositions. Taipei:《中国境内语言及语言学》2.

Schiffrin, Deborah. 1988. Sociolinguistic approaches to discourse: topic and reference in narrative. In K. Ferrera et al (eds.) *Linguistic Change and Contact*. Austin: Department of Linguistics, University of Texas.

Sadakane, Kumi & Masatoshi Koizumi 1995. On the nature of the "dative" particle *ni* in Japanese. *Linguistics*, Vol. 33(1).

Shibatani, Masayoshi & Theodora Bynon 1995. Approaches to language typology: a conspectus. In Shibatani & Bynon (ed.) 1995.

Shibatani, Masayoshi 1991. Grammaticalization of topic into subject. In Traugott & Heine (eds.) 1991.

Shibatani, Masayoshi & Theodora Bynon (ed.) 1995. *Approaches to Language Typology*. Oxford: Clarendon Press.

Siewierska, Anna 1988. *Word Order Rules*. New York: Croom Helm.

—— 1991. *Functional Grammar*. London: Rutledge.

Steele, Susan 1978. Word order variation: a typological study. In

Greenberg (ed.)1978.

Sun, Chaofen 1996. *Word-Order Change and Grammaticalization in the History of Chinese*. Stanford: Stanford University Press.

Sun, Chao-Fen & Talmy Givón. 1985. On the SO-called SOV word order in Mandarin Chinese: a quantified text study and its implications. *Language* 61:329—351.

Tai, H-Y. James 1973. Chinese as a SOV language. In C. Corum et al(ed.) *Papers from the Ninth Regional Meeting of Chicago Linguistics Society*, Chicago: Chicago University Press.

——— 1976. On the change from SVO to SOV in Chinese. *Papers from the parasession on Diachronic Syntax*. Chicago Linguistic Society. Chicago: Chicago University Press.

Tao, Hongyin 1996. Units in Mandarin Conversation: Prosody, Discourse, and Grammar. Amsterdam: John Benjamins.

Tomlin, Russell, 1986. *Basic Word Order*. New York: Croom Helm.

Traugott, Elizabeth Closs & Bernd Heine 1991. Introduction. In Traugott & Heine (eds.).

Traugott, Elizabeth Closs & Bernd Heine (eds.) 1991. *Approaches to Grammaticalization*. Vol. I & II. Amsterdam: John Benjamins.

Tsunoda, Tasaku, Sumie Ueda & Yoshiaki Itoh 1995. Adpositions in word-order typology. *Linguistics*, Vol. 33:741—761.

Van Valin, Robert D. Jr. & Randy J. LaPolla 1997. Syntax: Structure, Meaning and Function. Cambridge: Cambridge University Press.

Vennemann, Theo, 1974. Topics, subjects, and word order: from SXV to SVX via TVX. In Anderson, John & Charles Jones (eds.) *Historical Linguistics* (Vol. I). Amsterdam: North-Holland.

——— 1984. Typology, universals and change of language. In Fisiak, Jacek (ed.) *Historical Syntax* . The Hague: Mouton.

Weninger, Stefan 1993. *Gəᶜəz* . München & New Castle: Lincom Europa.

Xu, Liejiong & D. Terence Langendoen. 1985. Topic structures in Chinese. *Language* 61: 1—27.

Xu, Liejiong 1998. Topic in word order typology. In Bernard Caron (ed.) *Proceedings of the XIVth International Congress of Linguistics* .

Zhang, Hongming 1994. The Grammaticalization of *Bei*ʼ in Chinese. Taipei:《中国境内语言及语言学》2。

Zoerner, Cyril Edward III 1995. *Coordination: The Syntax of &P* . Ph. D. Dissertation, University of California, Irvine.

主要术语索引

"把"字句 24,26,97—100,102—103,118—119,138,187—188,207,220—221,233,254,283—284,325

伴随者后置词 150

伴随者介词 203—205,233,277

被操作符 41—42

被动标记 281—282

被动句 23,82,96—98,103,133,137—138,188,205—207,221,280—282,287,308

被限定语 41

被蕴涵项 30,34

"被"字句 24,103,138,233

比较标记 39,53,73,140,177

宾语化 185,188,307

并列测试 171—172

并列连词 75,141,148—150,203—205,233,236—237,239—240,242,244,277,283,287,323,327

并列肢 22,74—75,237—238,240,242

"拨"字句 233

补足语 54,158,168,171

操作符 41—42

差比句 39,73,140—141,177,219,295,319

成绩体 267,299

持续体 231,261,267,299,302

重新分析 86—89,92,119,152,153,155,157—158,160,175—176,207,266,268,270,281,310—311,313

重新切分 86—87,160—161,174—175

处所标记 206,272,292,338

处所后置词 82,89,200,209,211,218,223—224,226,259,269,288—292,296—298,309—310,313,332—333

处所名词 88—89,133,163,196—197,257—258

处所题元 81,130—131,133—134,181,207,209,227—228,230,256,267,272,289,299—302,310,321,331

处所主义 82,205,223,309

纯联系项介词 178,222

词汇化 133,157,192

词汇性框式介词 312

词尾 106—107

次层关系 335

次动词 99,102,107

次话题 119—120,185,187—188,190—191,253—255,269,283—284,306—307,318,325,336

次话题化 188,191,269,323

次级介词 80

从属语 41,54—56,73—74,176,181,191,318

从属语标注 154,174,176—177,334

存在动词 193—194,198,201,223,225—228,230,233—234,261,264—265,269,271—274,299—300,302,331,335

错配 175,176

单向性 34,37,85,329

单用测试　171－172
定语标记　67,113,145,168,178,210,222－223,231,233,239,292,311,332
定语后置词　181,222,311
动宾类型学　48－49
动后前置词　145,194－195,271－273,276,278,285,301,307－308,332,334,337－338
动前前置词　144,271－273,276,278,301,307,337－338
动源介词　59,88,93,152－153,305,327,330
多式综合语　15
范域　73,112,127－128,133,161,168－173,180－181,248,312－313
范域整合原则　72
方所题元　92,132,153,158,163－166,176－178,181,195－196,210,212,233,261－264,266－267,269,272－276,278－279,289,293,299,301,308,314,316,324,334
方位词　106,110－114,130－135,137,145,155,157－159,162－165,168,170－171,181,195－196,210－211,288－290,309－310,312,332－333
方位后置词　132,134,137,163－165,170,172－173,181,196,203,211,213,215,218,222－224,231,233,263,269,274,277,288－290,293,297,300,309－311,316
方位名词　92,110,113,129－130,144,156,158,162－164,207,211,214－215,268,309,316,331－332
非谓语性介词　79－80,280,284
分裂式话题　105,186,189－190,254
分支方向理论　55－57

辅助性后置词　310
附缀　112,176,333
附缀化　120,176,333
复式蕴涵共性　46
复指　87,96－97,120,187
副动词　87,102,107－108,332
副源后置词　159－160,174,217
赋元　77－79,90－92,173,180
赋元动词　90－91,151－152,205,275
赋元介词　90
赋元名词　92
赋元虚词　90,151
感叹句　96
工具题元　142－143,152,220－221,233,293,314,317,324
孤岛　22
孤立语　15,63
古典类型学　15－16,29,37
固定词项　9,94,312
关系从句　39,41,46－48,52－53,121－122,231－232,234,319
关系化　231,314
关系名词(结构)　88,129,151,155－156,158－159,166,212,215,268,306,330,333
冠词　54,55,80,164－165,171－172,175－176,335
核心标注　154,174,176－178,228,230,266,307－308,334
核心居后　43,332
核心居末　36,42－44,46－48,55,75,319
核心居前　43,192,261,332
核心居首　36,42－44,75,319
核心相近原则　72,127
后附缀　174
后置连词　8,75,148,197,200,236－238,

240,242—249,251—252,307,317,319,
328
话题　22,98,104,105,118—120,185—191,
248—251,253—255,269,321,336
话题标记　82,119,190,248,250,252
话题化　96,105,120,185,187—188,191—
192,253—255,269,306
话题结构　7,83,105,121,186—187,189—
190,254
话题优先　62,83,104,120,306
话语范畴结构化语言　83
基本关系介词　179
基本介词　80
基本性序列　279
基本语序　95,101,117—118,120,188
基准　39,41,52—53,73,81,138—141,159,
177,179,197,219—220,294—295,313,
319
间接格　26,78—79,102—103,119,138,
153,174,220—221,283,306,322
间接题元　10,65,67,77—79,90,92,102,
138,152,236,322,330
渐进性　85,154,160,329,331
降格　33,78,103,119
焦点　83,187,255,321
焦点优先语言/焦点结构化语言　83
介词类型学　48—49,312
进行体　174,225,260—261,264,299—302
旧信息　321
局部类型学　63
句法化　59,84,118—120,190—191,238,
255,306,320,322,325
具体关系介词　179
客体　26,77,113,179,230,267,284—286
跨类和谐性　49
框式介词　9,61,81,92—94,112,125—126,

136,142,144—147,151,159,161,166—
170,173,180—181,183,197—198,217,
219—221,233,240,248,252,279,288,
293—295,298,304,310,312—314,325,
328,330,339
框式连词　148,245—246,249,317,328
框式虚词　328—329
框缀　9,92
类指　187—189
连动　86,119,151—154,160,178,244—
245,248,260—261,264,269,281,285—
286,339—341
连接式框式介词　313
连接性后置词　310,317
"连"字句　97
联系项　68—69,71—74,82,106,121—122,
125—127,129,134,138—139,141,143,
145—146,178,219,222—223,238,252,
266—269,275,315—317,320,323,327—
330,335,340
联系项居中原则　122,124,127,148,167,
199,232,236,252,261,268,315,317—
319,322—323,326—327
联系项原则/联系项语序原则　68—69,71—
75,109,121,124,127,129,199,315—317,
319—320,323—328,340—341
临时后置词　146,167
论元　26,96,111,118—120,185,187—188,
221,257,280,284,306,336
论元结构　26—27,79—80,99,280
名源介词　88—89,92—93,153,212,330
"拿"字句　188,221,233
黏着语　15
配对语序　52
歧义　72,127—128,133,140,149—150,
168,204

起词　95
前后置复合词　198,201,223,260,313,337,339
前置连词　8,75,146—148,197,236—240,243,245—249,251—252,317,319,327—328
强化式框式介词　312
屈折语　15,63
弱化　65,79,85,158,174,195,259,272,276,288—290,301,308,334,337,338
生命度　253—254
时间句　74,250
时空主义　82
实体共性　33
事件句　250,264
首层关系　335
受事话题句　24,187,189
受事前置句　97,103
受益者　81,90—91,179,203—206,216,233,283,287—288,308
受益者介词　205,233
属性句　264
双层介词短语　169
双重赋元框式介词　312
双位前置词　144—145,307—308,337
顺承句　250
四分表　17,29,31—34,36,42,124
特征类型学　61,63—64
题元后置词　233,309,310
体标记　53,114,176,184,186,198,204,219,229,230—232,234,237,261,264,267—269,296—297,299—302,314,328,331,334,338
条件句　35,59,249,250,251
同一性话题结构　190
外动词　95

谓语性介词　79,80,284
无定　186—188,254,282,321—322
辖域　23,188,191
限定语　37,41,170
象似性原则　72,286,315,320—321
小句内句法　10
新信息　59,250,321—322
信息结构原则　315,321,322,325
形容词定语　39,46—47,49,53,121—122,305
形态格　10,79
形态化　84,242
一般类型学　63
一致关系　10,120
疑问句　39,84,188—189,228,253,256
已知信息　59,189,250,253,321
优势语序　34—37,42,45,47—48,51,53—54,56,117,120,269,305,318,320
有定　55,164,188—189,253,321—322
与事标记　82,206,233,281—282,285—287,308,321
与事题元　286
语词　95
语序和谐性　35,40,45,49—50,52—53,57,101,252,261,315,319
语序类型学　7,9—10,12,16—17,29,35,38,40,42—43,45,51,54,56,61,62,64—68,73,77,99—100,109,117,146,224,231,305,314—315,323,326—328,339,341
语言共性　4—6,8,15—16,18—20,26,29,32,48,56,84,304,314
语种库　26—27,29,32—33,38,42,46,48,50—53
语种类型学　61,63—64
源点标记　279

源点题元　81,134,277,279,321
韵律词　133,176,338
蕴涵项　30,34
蕴涵性共性　16,29,31,32,33,34,35,36,
　47,57,62,101,326
蕴涵性命题　17,29—30,305
整体类型学　63,101
直接成分尽早确认原则　58,72,127
直接题元　77—79,102,152,261
止词　95—97
指别词　207,257—259,298
指示词　47—48,53—55,77,87,171—172,
　197,217—219,226,251,257,263,291,
　294,296—299
指示词短语　54,171
重度等级　57
主从关系　126
主话题　120,188,190—191,253—254
主话题化　188
主语-话题并重型语言　119
状语化　119,188
自我赋元　91—92,330
自由语序语言　62
左错位　191
作格　62,120

英汉术语对照表

adposition　介词
agent　施事
agreement　一致关系
argument　论元
basicness hierarchy　基本性序列
benefactive　受益者
Branching Direction Theory　分支方向理论
circumfix　框缀
circumposition　框式介词
clausal syntax　小句内句法
clitic　附缀
cliticization　附缀化
concomitant　伴随者
correlation pair　配对语序
coverb　副动词
Cross-Category Harmony　跨类和谐性
default role　默认题元
degrade　降格
dependent　从属语
dependent-marking　从属语标注
discourse configurational language　话语范畴结构化语言
domain　范域
dominant order　优势语序
DP　指示词短语
Early Immediate Constituents　直接成分尽早确认原则
ergative　作格
focus-configurational language　焦点优先语言/焦点结构化语言
general typology　一般类型学
generic　类指
Governing and Binding Theory　管辖与支配理论
graduality　渐进性
harmony　语序和谐性
head-final/head-last　核心居末
head-initial/head-first　核心居首
head-marking　核心标注
Heaviness Hierarchy　重度等级
holistic typology　整体类型学
implicatum　被蕴涵项
implicature　蕴涵项
individual level　属性句
language sample　语种库
language universals　语言共性
left-dislocated　左错位
lexical item　固定词项
localism　处所主义
mismatch　错配
morphological case　形态格
N-adposition　名源介词
oblique　间接格
operand　被操作符
operator　操作符
partial typology　局部类型学
patient　受事
postclitic　后附缀

postposition 后置词
postpositional conjunction 后置连词
PPC(pre-postposition compound) 前后置复合词
preposition 前置词
prepositional conjunction 前置连词
primary adposition 基本介词
primary relation 首层关系
re-analysis 重新分析
recipient 接受者
re-interpretation 重新理解
relational noun/relator noun construction 关系名词(结构)
relator 联系项
re-segmentation 重新切分
resumptive 复指
role-assigning verb 赋元动词
role assignment 赋元
role self-assignment 自我赋元

scope 辖域
secondary adposition 次级介词
secondary relation 次层关系
serial verbs 连动
specified 被限定语
specifier 限定语
stage level 事件句
substantial universals 实体共性
syntacticization 句法化
tempolocalism 时空主义
tetrachoric 四分表
The Principle of Domain Integrity 范域整合原则
thematic role 题元(语义角色)
theme 客体
topic 话题
unidirectionality 单向性
V-adposition 动源介词
VO/OV typology 动宾类型学

后　　记

　　这本书的基础是我 2000 年提交给香港城市大学的博士论文，这次出版作了很大的增删修改，从书名、主旨到内容都有实质性的改动。书稿加强了对现代语言类型学及相关学说的介绍与分析，便于国内读者较为系统地了解现代语言学的这个重要部门和重要学派。另一方面，精简了对吴语语法很多细节的描写和分析，主要保留了其中对阐述语序类型学理论特别是介词理论至关重要的部分，使不熟悉吴语的读者读起来更加方便。

　　在现代语言学形式、功能、类型三大学派中，类型学在中国国内的传播情况最不理想。现在翻译成中文的专著几乎仅有 Comrie（科姆里）《语言共性和语言类型》一本（沈家煊译，华夏出版社 1989 年），介绍进来的论文也寥寥无几。本书的修改，实际上就是适当减少个人专题研究的细度，而增加对大家关心的一些重要理论、方法问题的探讨，以此让国内语言学界更加熟悉语言类型学。希望有更多的人能逐步建立起一种观念，就是要在人类语言共同性和类型差异的背景之下来认识汉语，而不是在对其他语言甚至其他方言很少知情的情况下就侈谈汉语特点之类。至于这本书在多大程度上能起到这样的作用，就有待读者来评判了。

　　从博士论文的撰写到此书的最后定稿，我得到了许多人的帮助和支持。这里只能挂一漏万地深表谢意。

　　我首先深切感谢我的博士生导师徐烈炯教授。他对我的指导，大处，不拘泥于学派之别，而鼓励立足于语言事实的科学思维和深刻见解,小处,从文献引证、事实推敲到结论产生乃至行文格式都求细求精。这一番训练的意义远超过这篇论文本身,将使我在语言学的道路上受益终身。而且,假如没有徐教授的热情鼓励和支持,我可能就不会在取得硕士学位十多年后再次跨进学生的行列、抓住这难得的再学习机会。这是我尤其要衷心感谢的地方。

说起再学习的缘分,我也感谢张双庆教授和石锋教授。是张教授最早邀请我访问香港中文大学,使我得以首次踏足香港与香港语言学界接触,为日后到香港城市大学中文、翻译及语言学系做合作研究,后来再报读该系语言学博士生创造了条件。石锋教授的鼓励在我下决心攻读方面起了关键作用。

我非常感谢另两位令我自豪的指导委员会成员:德高望重的张斌教授(校外委员)和博学多能的罗仁地(Randy LaPolla)教授(本系委员)。张先生的热情鼓励和总是充满睿智的指导给了我很大的学术探索动力。LaPolla博士随时乐意提供我需要的各种帮助,从文献资料的介绍与提供,到大小学术疑问的解答启发,乃至一些重要理论问题的不厌其烦的讨论,这些都使我无尽受益。我也十分感谢城市大学的李行德和潘海华两位教授。与李先生的讨论永远是一种学术享受,他能够为我开启一扇扇展示语言学美妙风景的窗口。潘先生有关生成语法理论的课程对我语言学知识的构成至关紧要。他对句法语义前沿理论的娴熟和对许多问题切中要害的见解总能"迫使"我更加深入地思考问题。

我在学位论文写作和本书修改的不同阶段还有幸得到著名语言学家王士元(William. S-Y. Wang)教授、B. Comrie教授、J. Matisoff教授等的指点。我感谢他们以学术气魄、渊博知识和循循善诱、有问必答的态度给我带来的很大帮助。

在学位论文写作过程中,我与海内外许多同行师友就不同的问题做过讨论,我尤其要感谢 D. Gasde 博士、陆丙甫教授、潘悟云教授、平田昌司教授、郑张尚芳教授、钱乃荣教授、汪平教授、石汝杰教授、张洪明教授、张宁博士、张伯江教授、吴福祥博士、陶寰博士、花东帆博士、胡建华博士、胡方先生等。他们在语言事实、分析方法和理论探讨等方面给了我很多帮助。书中的部分内容曾在一些会议上报告,会议讨论意见也给我不少教益,难以一一尽录。

为本书所做的吴语区田野调查,获香港城市大学人文学院的立项资助,谨此深表感谢。我也感谢从上海到温州 12 个地方众多发音人的耐心合作。

我非常感谢我攻读学位时在内地的工作机构——上海师范大学,他们为我赴港学习提供了尽可能多的便利和帮助。

此书出版之际,我也非常怀念我的硕士生导师张拱贵教授。他恰在我赴港学习期间谢世,我则在数月后才获悉。没能回到南京为张先生送行,成为我永久的遗憾。张先生一丝不苟的治学态度和鼓励学生兼收并蓄、不断创新的开放精神一直是我学术道路上的动力。

方梅教授第一个将本书和商务印书馆联系起来。她赴港开会期间告诉我商务印书馆语言学出版基金的计划,并将我刚刚完成的装订得又厚又重的博士论文背到北京向商务印书馆推荐(当时还不知道我们不久将成为同事)。沈家煊教授多年来对我研究方向的鼓励和后来他作为本书评委所提的建议意见对本书的写作修改起了积极的作用。徐通锵教授的审稿意见对本书的修改有许多直接的帮助。商务印书馆周洪波先生为语言学出版基金的创立和本书的出版费心费力极多。没有以上这些先生的努力,这本书不可能这么顺利地在令我自豪的商务印书馆出版。我非常感谢这几位师友同道的无私帮助。同时也感谢商务印书馆设立这一基金,并使我有幸成为第一批著作的作者之一。

我要感谢妻子秦晓燕,我在港学习期间她在上海独自抚育年幼的儿子,使我能安心、顺利地完成博士论文。我也感谢我的姐姐和姐夫刘青青、凌恒武一家,他们全力承担起照顾我八十老母的重任,使我得以在香港安心攻读。

我父亲在我三年攻读期间不幸病逝。他在久病之际支持我远赴香港攻读,却终于未能亲眼看到我博士论文的完成和此书的出版。我将此书献给我的父亲刘建明,一个没机会读完小学、只会说吴语、却大半生被称为"刘校长、刘老师"的江南教师。他的自学精神是我求学路上的永恒动力。

刘　丹　青

重印版后记

拙著《语序类型学与介词理论》的出版，正赶上了语言类型学在中国乃至东亚地区渐成显学的好时光。

2003年10月本书首次面世，一年后就售罄，大概反映了中国语言学界对类型学的兴趣在大增。于是商务印书馆在2004年就进行了重印。重印之前，承蒙牛顺心、唐正大等友生帮助校对，发现了初印本的若干笔误和文献名的错漏，并吸收了网上同行指出的个别差错，一一订正。这是2004年重印本的情况。

近年来，又有读者向出版社或作者反映，此书已是市中难觅，建议重印，商务印书馆慨然应诺。正在此时，继本书韩文版（首尔Bogosa Books出版，金起赫、孙金秋译）2011年出版之后，日本著名汉语专家杉村博文教授领衔的翻译团队又完成了此书日文版的翻译，即将由日本日中言语文化出版社出版。这一情形，也许反映了整个东亚语言学界对类型学兴趣陡增的态势。难能可贵的是，杉村团队在翻译过程中又指出了本书的多处笔误及表达不妥之处，这些意见对改进拙著大有裨益；此外，陈玉洁、王芳、曹瑞炯、盛益民等友生也指出了一些问题，于是趁着这次重印，都做了修正完善。此时，正好我在南开的博士生牛彬同学和已毕业的王芳博士两位为本书辛苦制成了索引，商务印书馆同意趁着这次重印一并加入，以便于读者查考。凡此书与以前的印次有不同之处，请以这一印次为准。

借着重印之际，谨向为拙著的纠错完善和索引编制提供诸多贡献的以上各位表示深切的谢意！同时感谢商务印书馆为此书的出版、多次重印及外文版权的转让所提供的大力帮助!感谢重印责任编辑朱俊玄先生的辛勤工作!

刘　丹　青

2013 年 8 月 21 日

专家评审意见

沈家煊

语言学在 20 世纪有重大进展的一个方面是 1963 年格林伯格关于语序类型的经典论文所开创的当代语言类型学,其核心内容是"蕴涵共性"。这里的蕴涵主要是指单向蕴涵,就语序而言,包含两个很重要的概念,一个是"优势"语序,一个是语序"和谐"。格林伯格之后有一个倾向是过分强调"和谐"而忽视"优势",对此作者在开头部分有很明确的分析和说明。

汉语作为一种 SVO(主动宾)语言,其语序呈现出很多不和谐,为了说明汉语的语序也是和谐的,最初有一些学者要么认为现代汉语实际是 SOV(主宾动)语言,要么认为汉语经历了由 SVO 到 SOV 的演变。这是一种改变事实来迁就理论的简单做法。本书稿的作者不是采取这种简单的做法,而是从介词这个重要的语序类型参项着手,通过汉语和其他语言的比较,普通话和方言的比较,现代汉语和古代汉语的比较,用充分的事实说明汉语语序表面上的诸多"不和谐"背后仍然存在"和谐"的一面。书稿从类型学的角度对汉语介词、特别是长期以来被忽视的后置介词作系统的研究,建立起更全面的汉语介词理论,使汉语介词系统和相关语序同其他语言更具可比性,这对整个语言类型学的进展也会有一定的贡献。这项研究证明,将汉语置于世界语言的变异范围内来考察是何等的重要。

跟介词相关的语序包括两个方面,介词相对于介引名词的语序(是前置还是后置),介词短语相对于动词的语序(动词前还是动词后)。作者较好地说明了支配这两个语序的几个原则,其中最重要的是"关联项居中"的原则,其次有"和谐原则"、"时间顺序原则"、"信息结构原则"等。除了"和谐原则"是类型学的发现,其他三条原则都是近些年来功能语言学、认知语言学、话语语言学的研究成果,作者对这些成果都有很好的了解。书稿还借鉴近年来"语法化"的理论和研究成果,揭示了介词的历史来源和虚化轨迹及其与汉语语序类型演变的关系。此外,虽然不是主要的,书稿中还引用了形式语言学的一些成果。这说明我们的研究只有在兼收并蓄、融会贯通的基础上经过独立思考才能有所突破。

过去的汉语语法研究过分注重范畴特别是词类的区分,然而事实上存在的一些贯通不同范畴或词类的基本原则,十分重要,而我们却忽视了。本书的另一优点是将介词与其他词类特别是连词结合起来加以考察,拓展了视野,也更深刻地揭示出支配语序的原则或理据。

书稿最后提出一个值得进一步探索的大问题。那就是汉语史上介词短语(PP)的语序由动词后移到动词前的原因是什么。原来的语序 VPP 与 VO 语序是和谐的,移动后的语序 PPV 与 VO 语序不和谐,成为世界语言语序类型中罕见的例外。这确实是一个难题。相关的一个问题是,如何解释汉语 VO 优势语序与定语前置于 VP 这个一贯语序之间的不和谐?

要解决这个难题,也许应该先弄清"和谐"的性质和理据究竟是什么?所谓性质,就是"状态的和谐"与"趋势的和谐"两者之间是个什么关系?从普通话共时状态上看,VO 语序与 PPV 语序不和谐,前置词为主(或与后置词并重)与 VO 语序也不和谐。但是从吴语的演变趋势看,VO 语序的衰落与 PPV 语序的增强是和谐的,汉代以后汉语 VPP 到 PPV 的转变与后置词的发展也是和谐的。所谓理据,VO 语序与(来自动词的)前置介词之间的和谐也是理据的(虚化后的成分保留虚化前成分的语法特点），VPP 语序与前置介词之间的和谐也是有理据的（联系项居中的象似原则），但是 VO 语序与 VPP 语序之间和谐的理据是什么还不太清楚。

书稿中已经指出好几种与介词有关的优势现象，如：后置词比前置词更容易失去独立性而变为词缀；介词本身的语序比介词短语的语序更加固定；介词短语作定词的位置比作状语的位置更加固定。和谐问题可以结合它与优势的关系作进一步探讨。和谐体现的是对称，优势体现的是不对称，这个问题也许可以结合语言结构的对称和不对称这个更一般的问题来考虑。

书稿中提出了支配介词和介词短语语序的四个原则（关联项居中原则、和谐原则、时间顺序原则、信息结构原则），对它们之间的主次和互动关系还可以作进一步的研究。关联项居中原则虽然最重要，但是对"坐椅子上"（"上"为后置介词）这样的例子仍然不起作用。时间顺序原则是一条象似原则，但正如作者已经指出的，关联项居中原则也是一条象似原则。其实象似归根结底是对应关系，和谐语序体现的也是对应关系：VO 语序与 NG 语序和谐，也就是前者的支配项在前被支配项在后的顺序对应于后者同样的顺序。另外，在介词的语序问题上有没有纯粹的句法规则在起作用？

要解答上述难题，还必须对现有的语法化理论作重新的审视。书稿中已经从汉语特别是吴方言介词虚化的实际情形出发对某些语法化的观点提出质疑，语法化的过程、方式和动因很可能比我们已经掌握的要丰富和复杂得多。书稿已经说明前置词和后置词在虚化进程上的不对称，还可以深入考虑的一个因素是介词意义的差别。书稿按意义从抽象到具体将介词分为三个层次的做法值得肯定，后两个层次的区分更值得重视。

这些都是一些较大较难的问题，当然不可能在一部书里全部解答。

然而本书稿的意义正在于在解答不少疑难问题的同时又向我们提出了更多的富有挑战性的问题。

评审人：沈家煊

专家评审意见

徐通锵

语序类型学是近几十年发展起来的一种新的语言学思潮,理论和方法都取得了一些重要的进展。国内近年的语言研究对此已有反映,但多局限于介绍和译述,鲜有专题性的研究。刘丹青《语序类型学与介词理论》是这方面我所看到的第一本重要的专题性论著,填补了我国语言研究的一个空缺。此书理论新颖,材料详实,不仅将国外语序类型学研究的最新进展和其所取得的重要成果介绍到国内,更重要的是用这种理论和方法对汉语的介词和语序进行了全面的梳理和分析,具体论述哪些符合语言共性的结构原理,哪些无法纳入语言共性的类型框架,并作出相应的理论解释。此书理论与语言事实并重,用汉语事实检验理论的适用度和局限性,这样的研究途径是值得肯定的。

开始于 Greenberg 的语序类型学的研究大体上都以 S、V、O 或 V、O 及其相互的先后组合次序为参照点,对语序之间的蕴涵关系、和谐关系等做出相应的解释。此书吸收类型学的最新研究成果,以介词和介词短语在语句结构中的位置为参照点考察汉语的语序和语言类型学的关系,总结语言的共性结构规律。根据统计分析,介词一般都处于介词短语和其所修饰的动词之间的中介位置,因而类型学家据此提炼出介词的共性结构原理:联系项居中原则。OV 型语言的介词短语几乎都在动词前,由后置词联系 PP 与 V,VO 型语言的介词短语几乎都在动词后,由前置词联系 PP 与 V,就是这种介词居中原则的典型表现形式。连词的结构地位与介词类似,也是联系项居中,可以将它归入介词的引介体系进行研究。参照点的转移改变了语言研究的视野,增强了理论的解释力。汉语是 SVO 型语言,介词短语应处于动词后,但先秦以降,本来多处于动词后的介词短语却前移于动词,使介词离开了中介的位置,从而与介词联系项居中原则的共性结构原理不一致。作者认为,语序类型的共性结构原理是支配语言发展的一种杠杆,汉语介词短语的前移虽然偏了这种共性原理,但由此产生了一种补偿手段,由主要源自名词的后置词(里、中、上、面……)和与此相关的框式介词起中介联系的作用,维持介词的联系项居中的原理。这种演变是语言共性结构原理的体现。名源后置词一般称之为方位名词,将它称为后置词人们可能有异议,但这无关紧要,作者的看法自成一说,而且用这种新视野来观察名之为"后置词"的语言现象还更能揭示它的实质,因为带有这种方位词的短语翻译成外语往往跟一个介词相当(赵元任:《汉语口语语法》)。为了论证语言的这种共性结构原理,作者重点调查和研究了吴方言,既有个案的研究,也有跨吴方言的比较,材料详实,分析具体,对后置词在语句结构中的地位、作用强于前置词的现象进行了具体的论证,认为吴方言的结构与普通话有异,已产生了 OV 型语言结构的萌芽。这一研究自然对介词联系项居中原则的论证是有补益的。

汉语的介词短语毕竟以绝对优势处于动词之前,介词所处的位置与联系项居中原则的语序类型学的共性原理相背离;同时,由定语后置词引介的定语位于中心语之前,与 SVO 型语言定语后置于中心语的共性原理也不一致。语言事实与语序类型的共性理论产生了尖锐的矛盾。作者虽然遵守语言类型的共性结构原理,但是没有回避这种矛盾,还专门列出一节"值得进一步探索的一个问题"吁请学界关注和解决这一矛盾。这是实事求是的治学态度。现在的学界还缺乏这种诚实而严谨的态度,往往只选择一些"听话的例子"(计算机信息学界对某些语言研究的批评)来印证自己所选择和遵循的理论,以自圆其说。此书实事求是的治学态度应加褒扬。语言事实与理论的矛盾是诞生新理论的突破口。语言学史上任何新理论的诞生都是以解释这种矛盾的成因和提出解决的途径为基础的。汉语介词的位置与语序类型学的共性结构原理矛盾,说明现在国外流行的语序类型学的新理论还不完善,需要根据汉语的结构去补正、完善这种语序类型学的理论和方法。丹青同志找到了诞生新理论的突破口的大门,只是徘徊于大门外,没有敲开大门。这不能怪丹青同志,因为这种现象是中国语言学现状的反映,同时也是受当前学术水平的限制。自《马氏文通》以来,我们都是以西方的语言理论为楷模,碰到语言事实与流行理论的矛盾,即使是最有才华的语言学家一般也不敢逾越理论的禁区。丹青同志不是掩饰矛盾,而是大大方方地列出语言事实与流行理论的矛盾,这倒使我看到了汉语学术界的进步,看到了解决矛盾、诞生新理论的希望。

此书也还存在着一些不足。第一,尽管理论的介绍和语言事实的分析都很详实,但相互的结合有待于改进。此书的2、3、4章基本上是纯理论的介绍,缺乏语言事实的分析帮助理解相关的理论;而10—14章基本上是语言事实的分析,缺乏理论的点拨,因而读起来都很费劲。第二,此书每章的系统性都很强,但全书的结构却显得有些松散,读起来缺乏整体感和系统性。这主要是由于缺乏一条能驾驭书中所涉及的语言现象的简明、扼要的线索。任何复杂的问题,其中都隐含有一条能驾驭它的简单的线索;找出这种线索,并以此统率和分析复杂的现象,使之条理化,创建新理论,就成为科学研究的一项重要任务。书中涉及的主要问题,一是语序,二是介词,由于汉语占优势地位的前置介词的位置与语序类型学的共性结构原理矛盾,介词的联系项居中原则很难用来梳理和统率汉语语序的规律,因而书中的语序和介词两项内容基本上是分头论述,相互缺乏紧密的联系,难以形成能驾驭全局的简明线索。汉语的后置词和框式介词在语法结构中的比重比较小,不占支配的地位,因而根本无力承担语序的统率作用,自然也无法成为能驾驭语序规律的杠杆。哪一种原理能统率和驾驭汉语的语序,并且可以对汉语的语序与语序类型学的共性结构原理的某些尖锐的矛盾做出合理的解释? 这涉及前面所说的新理论的诞生,如果在这方面没有必要的进展,要把汉语的介词和语序的关系理清楚,使两者拧成一股绳,成为驾驭语序类型学的一条简明的线索,那是无法实现的。

如考虑篇幅,我建议吴方言的个案研究只保留11章的苏州话,删去12、13两章的上海话和绍兴话,如其中的某些内容确实重要,可以在跨吴语的比较研究中作适当的补充。

就总体说,丹青同志的《语序类型学与介词理论》是一本好书,应予出版。

另外有两点小意见供作者参考:

1、苏州话表"给予义"的"拨"的本字似应为"畀",它的入声读音可能与"勒"的成因一样,是后起的。

2、宁波话的"来东、来当"表近指,"来该"表远指,这都没有问题,而"来的"的意义,根据我的语感,应是中性的、客观的叙述,无明显的远、近指的区别。希望再找一些宁波人核对一下。

评审人: